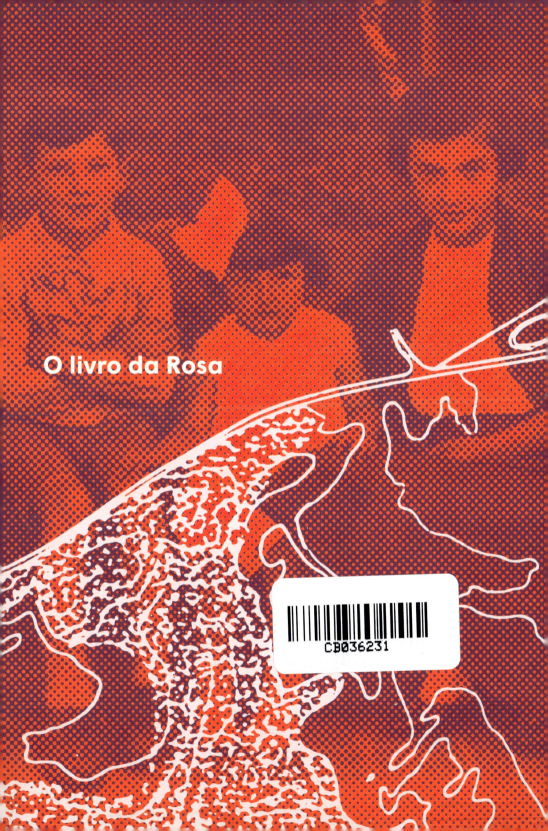
O livro da Rosa

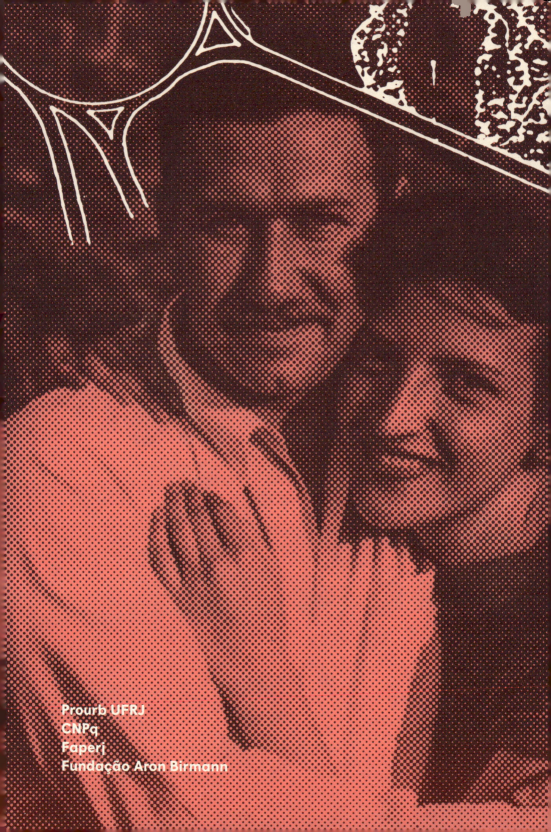
Prourb UFRJ
CNPq
Faperj
Fundação Aron Birmann

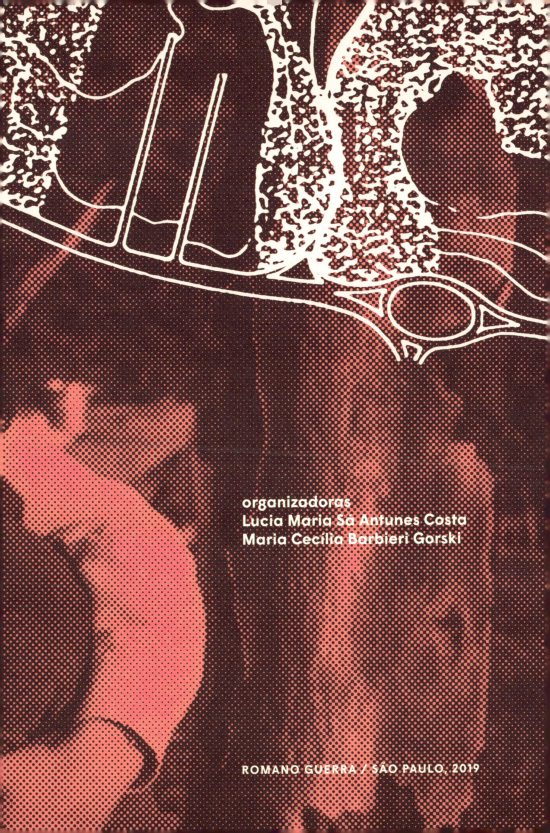

organizadoras
Lucia Maria Sá Antunes Costa
Maria Cecília Barbieri Gorski

ROMANO GUERRA / SÃO PAULO, 2019

10 INTRODUÇÃO
A arte de contar histórias
*Lucia Maria Sá Antunes Costa e
Maria Cecília Barbieri Gorski*

22 CAPÍTULO 1
A primeira paisagem

50 CAPÍTULO 2
Vivendo na cidade grande

84 CAPÍTULO 3
Os Kliass

110 CAPÍTULO 4
São Paulo, e além

138 CAPÍTULO 5
A mulher do carimbo grande

186 CAPÍTULO 6
O olhar para o espaço público

232 CAPÍTULO 7
Arquitetura, arte e paisagem

266 CAPÍTULO 8
Cidades do Norte

294 CAPÍTULO 9
A paisagista rebelde

330 OBRAS DE REFERÊNCIA

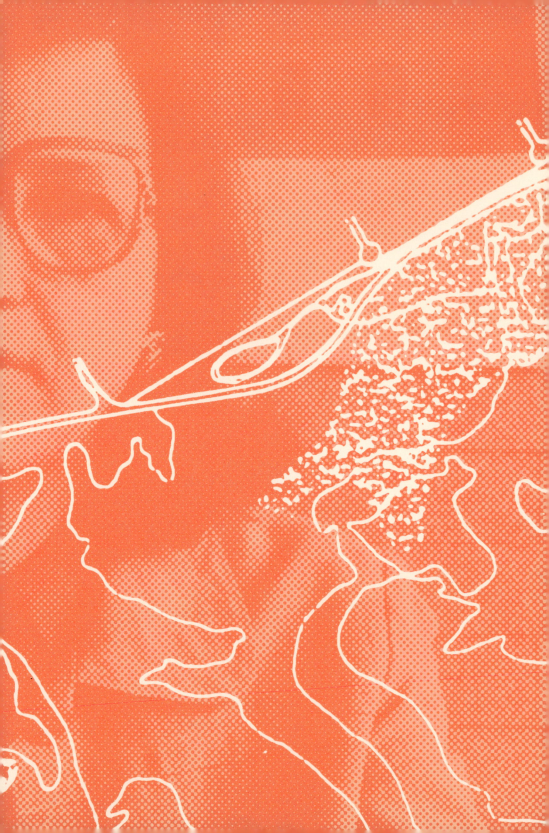

A arte de contar histórias

Lucia Maria Sá Antunes Costa e Maria Cecília Barbieri Gorski

Saber contar histórias é uma arte milenar. Envolver as pessoas com as palavras, as frases no tempo certo, a inflexão da voz, as pausas aliadas aos gestos, olhares e expressões faciais. A arte de contar histórias traz implícita a mágica de nos transportar para diferentes lugares e situações, e ampliar a nossa experiência de mundo.

A arquiteta paisagista Rosa Kliass, reconhecida internacionalmente como uma das profissionais contemporâneas mais importantes na área do projeto e do planejamento da paisagem, é também conhecida como uma excelente contadora de histórias. Este livro reúne algumas destas histórias que Rosa vem contando ao longo de sua vida, para seus parentes e amigos, em reuniões científicas ou profissionais, em entrevistas no Brasil e no exterior. Reúne também relatos contados por colegas de profissão, clientes, parentes e amigos, gerando um diálogo rico e importante, no qual Rosa determina o fio condutor.

Este livro não tem a pretensão de apresentar a sua biografia. Também não é um livro voltado especificamente para a sua atuação profissional. Na verdade, trata-se de uma coleção de histórias de vida e de trabalho contadas por Rosa e pontuadas por vários depoimentos. Vivências pessoais e profissionais se mesclam em uma narrativa tecida a partir de memórias, lembranças, fotografias, desenhos, projetos e outros fragmentos delicados de uma jornada destemida, que vai consolidar a construção da profissão de arquitetura paisagística no contexto brasileiro. Em seu conjunto, estes relatos costuram e revelam um pouco do percurso de uma vida extraordinária.

É sabido, porém, que as histórias que contamos muitas vezes revelam mais do que dizemos. Deste rico acervo de histórias emergem também momentos importantes da história da arquitetura, do paisagismo e do urbanismo no Brasil, além de questões voltadas para a imigração judaicas no interior de São Paulo, para a participação cada vez mais protagonista das mulheres no mercado de trabalho e para tantas outras questões. É um relato que conecta o século 20 ao século 21 no Brasil a partir de diferentes temáticas, tendo como pano de fundo a cidade de São Paulo – cidade que recebeu Rosa ainda menina, e a qual ela ajudou a transformar.

A compreensão deste conjunto de narrativas está aberta, portanto, a diferentes interpretações. Do mesmo modo em que é possível uma leitura a partir de um olhar ampliado que abarque contextos nacionais e internacionais, o livro também permite leituras particulares, com focos mais precisos. A riqueza destas informações nos traz um pouco da visão de mundo e das experiências de vida de Rosa, conectando suas paisagens de vida e de projetos.

Uma menina do interior – esta adjetivação, algumas vezes preconceituosa, já foi muito corrente nas capitais brasileiras. Rosa não era uma menina do interior, nesta acepção. Os eventos que marcaram a trajetória de sua família ultrapassam e muito os limites da cidade de São Roque, no interior de São Paulo, onde ela nasceu. Rosa se relacionava com um universo amplo que abarcava culturas diferentes, o que contribuiu para uma formação pessoal rica e despida de preconceitos. Suas memórias de São Roque nos falam também sobre um interior de São Paulo da primeira metade do século 20, da cultura judaica, e principalmente da capacidade de adaptação e recomeços.

A formação profissional de Rosa iniciou-se nos anos 1950, um período em que a arquitetura ocupava uma posição de grande prestígio e relevância social no Brasil. Oscar Niemeyer, Affonso Eduardo Reidy e Lúcio Costa no Rio de Janeiro; e Rino Levi e Vilanova Artigas em São Paulo estavam entre os principais arquitetos brasileiros cujos trabalhos eram reconhecidos e divulgados internacionalmente. Ao nos contar sobre sua experiência de estágio em escritórios de importantes arquitetos tais como Abelardo de Souza, Rino Levi e Jorge Wilheim, Rosa nos revela seu contato direto com a construção do moderno em arquitetura e urbanismo no Brasil, e a relevância desta experiência em sua formação. Além disso, com Jorge Wilheim, ela veio a estabelecer uma longa amizade e profícua parceria profissional, com resultados de indiscutível importância para a história do urbanismo no Brasil.

Uma das mais relevantes contribuições de Rosa neste campo foi a sua participação na Associação de Municípios do Vale do Paraíba – Codivap nos anos 1970 quando, a convite de Paulo Egydio Martins, ela coordenou uma equipe multidisciplinar na construção de diretrizes para um planejamento regional do Vale do rio Paraíba. Ele diz: "Todos da equipe foram importantes, mas Rosa Kliass exerceu um papel fundamental [...]. Conheci-a em minha casa e me encantei com a cabeça dela, com sua maneira de raciocinar e com sua capacidade técnica. Além disso, ela tinha a capacidade de reunir pessoas e tirar delas um bom rendimento".[1]

Esta foi a primeira vez no Brasil em que uma arquiteta paisagista esteve à frente de um plano desta envergadura. Até então, os grandes planos regionais ou territoriais eram coordenados por arquitetos e engenheiros, onde o planejamento paisagístico era apenas uma das disciplinas. O arquiteto paisagista era um consultor, que atendia a uma pauta e diretrizes pré-estabelecidas. E, ao construir esta pauta como coordenadora, Rosa traz a paisagem como ponto de partida, e propõe a ecologia como um dos setores que compõem o trabalho, como reconhece Paulo Egydio:

> "Falava-se pouco em ecologia mas, por causa da Rosa Kliass, houve uma preocupação grande com o meio ambiente. Mais tarde, no governo, tombei toda a Serra do Mar no Estado de São Paulo, a Mata Atlântica e as ilhas do litoral paulista, começando com Anchieta, Ilhabela e Ilha do Cardoso. Tudo isso foi surgindo desse contato com o problema no Codivap".[2]

Esta sua atitude pioneira teve, portanto, repercussões importantíssimas para o Estado de São Paulo.

As viagens de estudo eram práticas presentes na formação de arquitetos em algumas escolas de arquitetura brasileiras nos anos 1950 e 1960, tais como a Faculdade de Arquitetura e Urbanismo da Universidade de São Paulo – FAU USP, a antiga Faculdade Nacional de Arquitetura – FNA no Rio de Janeiro, e a Faculdade de Arquitetura da Universidade Federal do Rio Grande do Sul – FA UFRGS em Porto Alegre. Estas viagens representavam uma parte importante da formação dos arquitetos naquele período, e Rosa nos conta sobre estas experiências quando era aluna da FAU USP. Ao longo de sua vida, estas viagens de estudo irão fazer parte de sua trajetória profissional e, entre elas, a viagem aos EUA em 1969 foi, sem dúvida, a de maior repercussão em toda a sua carreira.

Viajar pelos EUA ao longo de três meses, conhecendo os principais escritórios, escolas e arquitetos paisagistas americanos foi um ponto de inflexão em seu percurso profissional que marcou definitivamente sua atuação em arquitetura paisagística no Brasil. Até então, nenhum outro arquiteto paisagista brasileiro tinha tido a oportunidade de uma experiência similar, muito menos uma arquiteta. Isto já sinaliza o quanto Rosa se destacava no meio profissional naquela época. O professor Francis Violich, da Universidade da Califórnia, Berkeley, numa carta de recomendação para que Rosa recebesse uma bolsa de estudos para realizar esta viagem, apresentava-a ao Consulado dos Estados Unidos com os seguintes argumentos:

> "Eu conheço a Sra. Rosa Kliass profissionalmente desde 1965, quando eu estive com um grupo de jovens profissionais em planejamento, arquitetura e arquitetura paisagística. [...] conheci o projeto que ela está desenvolvendo para o município, avaliando o atual sistema de parques e áreas de recreação. Ela demonstra um alto nível de competência, que seria invejável numa situação municipal neste país. Por esta razão eu sei que ela seria muito respeitada por profissionais neste país e que ela iria aproveitar muito esta experiência".[3]

Violich estava se referindo ao Plano de Áreas Verdes de São Paulo, que Rosa e Miranda Magnoli estavam desenvolvendo na prefeitura. Foi um trabalho pioneiro e de tamanha importância que a partir dele foi criado o Departamento de Parques e Áreas Verdes da Prefeitura de São Paulo, o Depave. Na mesma carta, Violich continua:

> "Eu conheço muito bem a América Latina no que diz respeito a este campo, e sei que em arquitetura paisagística em particular existem grandes oportunidades para a construção de contribuições significativas para os grandes problemas sociais encontrados nas cidades. Existem muito poucas pessoas com o treinamento técnico e a motivação para se especializar em arquitetura paisagística, especialmente no que diz respeito às grandes questões urbanas e políticas. A Sra. Kliass é pioneira nesta direção, e valeria a pena ser exposta ao estímulo deste trabalho nos EUA".[4]

Violich estava certo. O mergulho intenso nesta primeira viagem de estudos nos EUA marcou profundamente o percurso profissional e pessoal de Rosa pelo menos em três aspectos. Primeiro, quando voltou de sua viagem, ela sentiu-se confiante o suficiente para abrir seu próprio escritório de arquitetura paisagística. Esta decisão foi de um forte significado simbólico, pois marca definitivamente sua atuação neste campo profissional. O RGKPPP[5] foi, provavelmente, o primeiro escritório de arquitetura paisagística no Brasil liderado por uma arquiteta. Esta decisão era pouco comum mesmo a partir de uma perspectiva internacional, pois eram poucas as arquitetas paisagistas que abriram seus próprios escritórios:[6] Sylvia Crowe em 1945 na Inglaterra, Cornelia Oberlander em 1953 no Canadá, Carol Johnson em 1959 nos EUA, Rosa Kliass em 1970 no Brasil. Além disso, quantas arquitetas no Brasil lideravam escritórios próprios de arquitetura no início dos anos 1970?

Segundo, a viagem aos EUA trouxe uma grande influência do trabalho do arquiteto paisagista Ian McHarg em seu trabalho. Profundamente impressionada com as possibilidades metodológicas que o método McHarg propiciava, Rosa foi pioneira no Brasil na introdução do método em seus trabalhos de planejamento paisagístico em diversa cidades brasileiras, o que demonstra a sua capacidade de incorporar e compartilhar o que aprendeu e vivenciou na sua prática profissional de volta ao Brasil.

Finalmente, Rosa logo passou a viajar com frequência pelo mundo afora participando de conferências representando o Brasil em palestras e reuniões de trabalho, conhecendo pessoas, paisagens e culturas. Estas viagens representam um investimento importante em sua formação profissional, que ela cultivou sistematicamente até a sua viagem à China em 2004, já com mais de 70 anos. Quem vai à China sozinha aos 70 anos? A Rosa vai. Só isso já nos fala sobre sua personalidade e seu posicionamento no mundo. A aventura do conhecimento. A curiosidade sobre o novo.

A liderança da Rosa na criação da Associação Brasileira de Arquitetos Paisagistas – Abap parte de um desafio que lhe foi colocado em uma das viagens aos congressos internacionais da International Federation of

Landscape Architects – Ifla.[7] Seus relatos sobre este momento importante da história da arquitetura paisagística do Brasil revelam não só sua energia, como também o seu reconhecimento do pequeno número de profissionais atuantes no país, apesar do prestígio nacional e internacional de Roberto Burle Marx.

Nos Estados Unidos, a arquitetura paisagística se estabelece oficialmente como profissão a partir da criação da American Society of Landscape Architects – Asla[8] em 1899, e vai ter uma primeira arquiteta paisagista como presidente apenas em 1981, Darwina Neal.[9] Silvia Crowe foi a primeira mulher presidente da Ifla em 1969.[10] No Brasil, a profissão já se estabelece oficialmente com uma arquiteta na presidência da Abap, a paisagista Rosa Kliass, em 1976 – por diversas vezes a presidência da entidade foi ocupada por mulheres, casos de Ciça Gorski e Nina Vaisman,[11] presentes nesse livro. Apesar da indiscutível relevância e visibilidade do trabalho de Roberto Burle Marx, além do ensino de arquitetura paisagística na FAU UFRJ e na FAU USP a partir dos anos 1950, é apenas com a criação da Abap que a profissão teve o reconhecimento de seus pares, como o Instituto de Arquitetos do Brasil – IAB, por exemplo. Esta constatação traz uma importante perspectiva da força da Rosa e de sua capacidade de condução deste processo.

Todo o seu empenho na criação e consolidação da Abap representou o início de uma liderança e visibilidade ímpares no campo da arquitetura paisagística. No âmbito da associação, Rosa liderou a realização de um sem numero de palestras e cursos que foram fundamentais para a capacitação profissional na área. Liderou ainda publicações com foco em projetos paisagísticos em diversas escalas, promovendo a atividade dos colegas e divulgando a profissão em escala nacional. E compartilhou sua compreensão da importância das viagens na formação profissional ao organizar viagens de estudo ao exterior pela Abap, nos moldes de sua experiência nos EUA. Sua contribuição para consolidação da profissão no Brasil é, portanto, extraordinária.

Estas histórias também nos revelam que Rosa tem um papel relevante no ensino e na capacitação profissional em arquitetura paisagística no Brasil. Embora tenha ministrado cursos de paisagismo em faculdades de arquitetura e urbanismo, ela não abraçou a carreira acadêmica formalmente; porém, nunca deixou de se envolver com a questão do ensino com paixão. Rosa promoveu o encontro que reuniu, pela primeira vez, professores de todo o Brasil para discutir o ensino de paisagismo nas escolas de arquitetura, origem do Encontro Nacional de Ensino de Paisagismo em Escolas de Arquitetura – Enepea, hoje consolidado no país. Também em escala nacional, Rosa aproveitou sua posição como vice-presidente da Região Ocidental da Ifla para conseguir, junto à Organização das Nações Unidas para a Educação, a Ciência e a Cultura – Unesco, financiamento para o curso de capacitação de professores de arquitetura paisagística. Conseguiu com isto viabilizar uma experiência inédita no Brasil, congregando professores brasileiros e estrangeiros. Na verdade, o papel e a importância da Rosa no ensino e capacitação profissional em arquitetura paisagística no Brasil ainda está por ser estudada e valorizada.

Ao longo deste livro, não podemos deixar de notar como, ao longo dos anos, Rosa circula e se relaciona com figuras importantes não apenas em arquitetura paisagística, mas também na política, na arquitetura, na música, no mundo empresarial, acadêmico e artístico, no Brasil e no exterior. E ela usa muito bem esta sua habilidade de se relacionar, aliada a um profundo conhecimento de sua profissão, para viabilizar suas ideias e propostas que, via de regra, tem como objetivo avançar o nosso entendimento do que vem a ser o o papel da arquitetura paisagística no mundo contemporâneo.

Rosa compreende a intervenção paisagística fundamentalmente como uma ação estruturante. Quando ela intervém, nunca é de modo pontual. Suas propostas apresentam sempre um olhar expandido, que se preocupa com o entorno onde seu trabalho se insere. Esta é a questão que, para ela, a arquitetura paisagística coloca. Por esta perspectiva, a arquitetura paisagística exige uma ação interdisciplinar, e Rosa sempre procurou inserir, em sua equipe, profissionais com formações diversas.

Na verdade, a arquitetura paisagística sempre teve um caráter interdisciplinar, porém com diferentes formatos e abordagens. Burle Marx, por exemplo, buscou uma interdisciplinaridade principalmente com arquitetos e botânicos. Rosa, por sua vez, amplia este escopo em suas parcerias de trabalho principalmente a partir dos anos 1970. Ela foi, no Brasil, a primeira arquiteta paisagista a buscar uma interdisciplinaridade com a geografia, por exemplo. Seus trabalhos na grande escala propiciavam a contratação de equipes multidisciplinares de enorme riqueza: geógrafos, climatologistas, luminotécnicos, sociólogos, artistas plásticos, pedólogos, botânicos, agrônomos ou engenheiros florestais. Sempre havia uma busca de parceiros de estatura para enriquecer o trabalho, para ampliar a discussão. Esta visão expandida vai gerar um impacto indiscutível na metodologia de leitura e de proposições, principalmente no âmbito do planejamento paisagístico. Sua grande capacidade de articulação de diferentes saberes, além do domínio do projeto em suas várias escalas, trouxe um impacto significativo, especialmente nas suas ações sobre o espaço público, como foi o caso de sua atuação na Secretaria Municipal do Planejamento – Sempla, em São Paulo.

Muito se tem discutido atualmente sobre a condição feminina no mercado de trabalho em arquitetura – os honorários, as diferenças de oportunidades, a invisibilidade, a compatibilização da carreira com a família, enfim, a pauta é extensa. Um aspecto importante na trajetória da Rosa é o seu destaque e liderança profissional num universo que era predominantemente masculino. Conforme Rosa vai contando suas histórias, vamos conhecendo suas estratégias em conciliar o exercício profissional com a vida familiar, a criação dos filhos, e a convivência com os amigos. Todos estes aspectos são igualmente importantes para ela e vão sendo paulatinamente entrelaçados. Porém Rosa não traz um discurso sobre a condição feminina na sua fala – na verdade, o seu discurso é a ação em si. Ela diz: "Eu não sou uma mulher paisagista. Nunca fui. Eu sou paisagista".

Este livro, o terceiro de autoria de Rosa, vem contribuir para o entendimento de uma experiência de vida muito particular. Cada um dos livros corresponde a uma diferente etapa de sua vida. O primeiro,[12] resultado de sua pesquisa para a dissertação de mestrado na FAU USP, apresenta uma discussão sobre a evolução dos parques públicos de São Paulo. Revela seu esforço teórico em articular áreas verdes, questões ambientais e a cidade. Seu segundo livro[13] é um registro de seus trabalhos mais significativos e foi lançado justamente no momento em que coube a ela uma sala especial na 6ª Bienal Internacional de Arquitetura, em 2005. Condensa mais de cinquenta anos de atividade profissional, e é uma referência fundamental para o entendimento do conjunto da sua obra em projeto e planejamento paisagístico. Este terceiro livro se origina de uma pesquisa realizada por Lucia Costa no Programa de Pós-Graduação em Urbanismo da Faculdade de Arquitetura e Urbanismo da Universidade Federal do Rio de Janeiro – Prourb FAU UFRJ,[14] e tem a intenção de registrar suas vivências no âmbito profissional e na sua relação com o mundo e com as pessoas de seu convívio. É uma mescla de casos permeados por relatos de familiares, amigos, parceiros de trabalho e clientes – vida e obra amalgamadas.

Durante três anos nos reunimos duas vezes por mês em sua casa, quando ela sempre nos recebia com muito afeto, e com sua alegria e energia vibrantes. Compartilhou conosco suas fotografias, documentos, projetos e histórias que iam e vinham ao sabor da memória.

O percurso se inicia nos anos 1930, a partir de suas histórias em São Roque. A cidade, seus personagens, sua paisagem e seus elementos-chave constituem o universo primeiro da menina que, aos onze anos, amplia seus horizontes quando sai para estudar na cidade de São Paulo. A partir de sua posterior formação universitária na FAU USP até seus últimos projetos, o livro nos conduz por sua trajetória profissional, contextualizada num rico relato pessoal.

O papel da Rosa deve ser reconhecido a partir de uma multiplicidade de contextos: quanto ao projeto e ao planejamento, ao posicionamento político, a difusão de saberes e inovação da prática profissional, ao engajamento cívico e disseminação de ideais. Suas histórias revelam que seu pioneirismo se manifesta muito além de sua prática profissional – na esfera pública ou privada –, prática esta que ela tanto se empenha em consolidar no Brasil. Sua modernidade situa-se não apenas no modo como ela estrutura seus projetos, mas também na maneira como construiu sua carreira, na sua visão de mundo, na sua postura crítica e desafiadora e, não menos importante, no seu jeito feminino de conciliar trabalho, projetos, família, viagens, amigos – ou seja, a vida.

NOTAS

1. MARTINS, Paulo Egydio. *Paulo Egydio conta: depoimento ao CPDOC/FGV*, p. 354-355.
2. Idem, ibidem, p. 358.
3. VIOLICH, Francis. Carta de apresentação, 3 jan. 1969.
4. Idem, ibidem.
5. Rosa Grena Kliass Arquitetura Paisagística, Planejamento e Projetos Ltda.
6. Ver: DÜMPELMANN, Sonja; BEARDSLEY, John (Org.). *Women, modernity, and landscape architecture*.
7. Federação Internacional de Arquitetos Paisagistas.
8. Associação Americana de Arquitetos Paisagistas.
9. **Darwina L. Neal**, 1942. Arquiteta americana (PennState Univeristy, 1965). Presidente da Asla (1983-1984), delegada da Ifla (1989-1992 e 2000-2003). Arquiteta paisagista atuando no serviço de parques nacionais americanos (design e management) em Washington DC. Cf. STREATFIELD, David C. Gender and the History of Landscape Architecture, 1875-1975.
10. DÜMPELMANN, Sonja; BEARDSLEY, John (Org.). Op. cit., p. 18.
11. Jacobina (**Nina**) Albu **Vaisman**, 1936. Arquiteta e urbanista (UFRJ, 1961), foi presidente da Abap (2015-2017). Participou da equipe de Jorge Wilheim, Secretário de Planejamento no prefeito Mário Covas (1983-1985), tendo sido parceira na execução do Plano Diretor da cidade.
12. KLIASS, Rosa Grena. *Parques urbanos de São Paulo*.
13. ZEIN, Ruth Verde; KLIASS, Rosa Grena. *Rosa Kliass: desenhando paisagens, moldando uma profissão*.
14. Este livro foi desenvolvido como pesquisa realizada no âmbito do Prourb FAU UFRJ, com apoio Faperj, CNPq e Prourb. Todos os depoimentos de Rosa Kliass e seus convidados foram gravados, transcritos, e posteriormente reorganizados por Lucia Costa e Ciça Gorski nos diálogos que constroem a narrativa do livro.

A primeira paisagem

Rosa Grena Alembick, São Roque, 1934

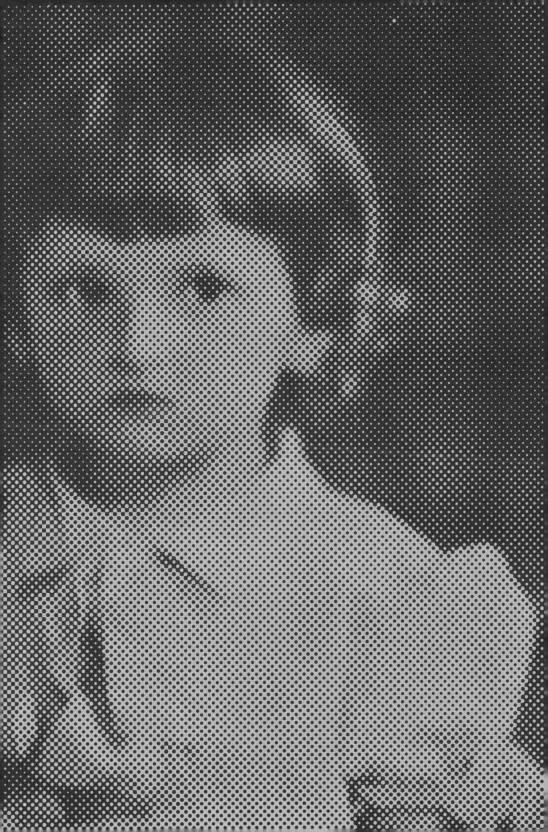

Casamento Sonia e José Alembick, São Roque, 1932

*"São Roque não ficou para trás,
ele ficou no fundo..."*

A minha história começou em uma cidade do interior do Estado de São Paulo. Nasci em São Roque, em 15 de outubro de 1932.

São Roque se desenvolveu num sítio geográfico muito interessante – um fundo de vale, cercado por montanhas com vertentes muito abruptas. A cidade teve uma origem diferente de outras cidades do Estado de São Paulo, que surgiram, de um modo geral, em torno da estação ferroviária. São Roque nasceu antes do trem, que só foi chegar em fins do século 19 com a Estrada de Ferro Sorocabana. Era um posto de troca dos tropeiros que buscavam por São Paulo. Posteriormente, recebeu uma colonização de imigrantes italianos e portugueses, que plantaram vinhedos nas encostas da cidade. Assim, São Roque ficou conhecida como a "terra do vinho".

Sou filha de imigrantes judeus: pai polonês e mãe russa. Meu pai chegou em São Roque em 1929. Minha mãe, em 1932.

Meu pai era uma figura muito interessante. Ele se chamava Yosef Alembick, e aqui no Brasil foi registrado como José Alembick. Veio da Polônia, deixando lá três filhos pequenos: duas gêmeas de cinco anos, Marja e Masza, e um menino de um ano, Lajbus.[1] Quando imigrou, sua mulher já estava muito doente, internada, e lá faleceu. Deixou emergencialmente os filhos na Polônia, com famílias para cuidarem deles, e veio sozinho para São Paulo.

Aqui papai se encontrou com seus conterrâneos – *landslat* –, pessoas que também tinham vindo da Polônia para o Brasil, que arranjaram trabalho para ele de caixeiro viajante, comum entre os judeus naquele tempo. São Roque tornou-se sua sede, pois lá havia uma pessoa com clientela fixa, que se mudaria para Sorocaba e deixaria a clientela para ele. Então o papai ficou. O que recebia quem comprava uma clientela? Recebia os cartões, com o nome da pessoa, endereço e tudo mais. As pessoas compravam roupa, ou o que fosse, pagavam em não sei quantas prestações, e isso ficava no cartão.

Papai chegou e foi para São Roque. Lá já viviam umas três famílias judias e uma delas era do seu Marcos e dona Marta – irmã da dona Shura, que veio a ser minha mãe.

•

Minha mãe, mulher bonita, morava numa cidadezinha muito pequena na Bessarábia – quando nasceu a cidade era na Rússia, depois virou Bessarábia, que depois virou Romênia, hoje República Moldova. Quando veio para cá, era romena. Dona Shura era considerada uma solteirona, pois com trinta anos ainda não tinha se casado. Arranjou um namorado que emigrou para os Estados Unidos com o compromisso de mandar buscá-la. Para tal, ele deveria enviar uma "carta de chamada" para ser apresentada no consulado. Para obter o visto de entrada nos Estados Unidos era preciso ter uma prova de profissão. Mamãe foi então fazer

José Alembick,
São Paulo, 1978

um curso de corte e costura, para ter um diploma: ela ia aprendendo e já ia fazendo o enxoval. Fez o curso, obteve o diploma e ficou esperando a tal "carta de chamada". E a carta não vinha, não vinha, não vinha... Um dia veio uma carta – não a de chamada, mas de uma amiga comum, dizendo que ele tinha casado com outra. Como ela tinha uma irmã que veio para o Brasil, resolveu imigrar para o mesmo país.

Mamãe veio para o Brasil e foi morar com a irmã, Marta, em São Roque. Tia Marta a levou para São Paulo; queria que conhecesse a cidade, a colônia judaica, e escolhesse alguém com quem se casar. Ficou apavorada! "Eu não queria casar com nenhum deles! *Ale grober ing!*" E aí, em São Roque, encontrou Yosef. "Quando eu conheci teu pai, eu disse: é com ele que eu vou casar!"

> Eles eram muito cultos. Principalmente a mãe da Rosa – minha madrasta, a quem eu chamava de mãe – era muito culta. Ela, em São Roque, acompanhava tudo sobre Nijinsky, o dançarino, e cantores de ópera... e livros, lia muito. Aliás, nós também desde pequenos líamos muito porque, primeiro, minha mãe lia muito. Meu pai lia jornal diariamente, mas lia também livros. [Lajbus Alembick]

Ficou combinado que ele ia para São Paulo marcar o casamento. O casamento judaico não é necessariamente celebrado por um rabino; pode ser feito por um *guter yid* – um "bom judeu". Então meu pai foi para São Paulo, à casa de conhecidos, para combinar e marcar a data do casamento. Mamãe me contou que, à noite, quando ele ia voltar de São Paulo, ela foi para a estação. O trem chegou, meu pai desceu na plataforma, e ela disse: "*Nuh?*" Ele respondeu: "Você é uma louca: eu sou um viúvo, com três filhos que você, uma mulher solteira, nem conhece... Eu não marquei nada!" Minha mãe respondeu: "Amanhã você vai voltar para São Paulo e marcar a data, porque eu vou casar com você!"

•

Rosa no colo da mãe, no quintal de sua casa, São Roque, 1933

E eles se casaram. Ela estava muito bonita, de vestido branco comprido, muito chique. Um dia em São Roque, anos depois, eu já moça, estava olhando as gavetas no quarto da mamãe. Encontrei uma caixa de Biotônico Fontoura[2] e perguntei o que tinha dentro. Ela me encorajou a abrir a caixa e olhar. Eu abri: dentro tinha um pedaço de cortina de filé, enroladinha. "O que é isso?" E ela me falou: "Na hora do casamento eu deveria ter um véu para cobrir a cabeça, mas eu não tinha. Aí madame Schatan, a dona da casa onde aconteceu o casamento, arrancou um pedaço da cortina e pôs na minha cabeça!" E ela guardou essa lembrança...

E aí vieram os filhos do papai da Polônia. Os meninos foram entregues no navio para outros judeus que vinham para São Paulo, com a recomendação que cuidassem deles. Papai foi buscá-los em Santos, e de lá foram para São Roque. Imaginem essas crianças que não lembravam do pai e encontram uma mãe que não conheciam! Masza ficou doente assim que chegou, e veio a falecer.[3]

Muitos imigrantes, ao se registrarem após sua chegada ao Brasil, tinham seus nomes alterados para uma grafia que se aproximasse mais da sonoridade dos nomes brasileiros. Quando papai foi registrar meus irmãos em São Roque, Marja – mãe do arquiteto Michel Gorski,[4] sobrinho de Rosa Grena Kliass – se tornou Maria,[5] mas Lajbus era um nome tão complicado que resolveram registrar como Luiz, nome de pronúncia mais fácil. E ele ficou sendo Luiz até ir para o Ginásio do Estado em São Paulo, quando teve que se matricular com os documentos da imigração. Aí ele passou a ser Lajbus novamente. Da mesma forma, mamãe quando chegou foi registrada como Sônia, porém em São Roque todo mundo a conhecia por dona Shura, seu nome ídiche. Ninguém sabia que ela era Sônia!

Pouco depois da chegada dos meus irmãos, eu nasci. No judaísmo costuma-se dar nome de antepassados, e meu pai conta a história que, na ocasião, quis me dar o nome de uma tia já falecida, Reizel Grene, que

José Alembick e os filhos Maria, Luiz e Rosa, São Roque, 1934

significa rosa verde. E quando ele foi dar o nome no cartório... saiu Rosa Grena! Em vez de verde, eu virei grená!

>É uma determinação histórica! [Michel Gorski]

•

Minha mãe era uma pessoa fantástica. Sabe como ela chamava os filhos? Ela chamava assim: a *minha* Rosinha, o *meu* Luizinho e a *minha* Maria". Ela tomou posse!

>Ela era enérgica, enérgica. Papai trabalhava, e ela cuidava da educação, preocupada com o futuro, o que é que vão fazer, o que vão aprender. Naquela época ninguém aprendia música, as meninas ficavam em casa, e a mamãe falava que agora as mulheres têm que fazer as mesmas coisas que todo mundo faz, não podem ficar isoladas do mundo, tem que acompanhar a civilização. A mamãe tinha uma visão muito boa do futuro. [Maria Gorski]

Já com dezoito anos e morando em São Paulo, fui a uma festa de aniversário. E lá, um senhor que eu não conhecia se aproximou e perguntou o meu nome, e então o da minha mãe. Eu falei: "Shura". Ele então perguntou seu sobrenome. Quando respondi, ele disse: "*Got!*"[6] Ele havia perguntado porque ele me achou muito parecida com a mamãe! Ele havia sido namorado dela na Romênia, e me reconheceu! E ainda me contou que, quando ele foi embora da Romênia, deu a ela o casaco dele de inverno...

•

Minha mãe cozinhava muito bem. Fazia comidas judaicas, o tal do *gefilte fish*, bolinho de peixe típico do leste europeu. Fazia muito bem língua de boi. Fazia bolos, pão de ló, manjar branco: tinha muito manjar branco. Em São Roque não era servido com calda de ameixa, era servido com calda de vinho! Porque estávamos em São Roque, terra do vinho!

Sonia Alembick e os
filhos Maria, Rosa e Luiz,
São Roque, 1936

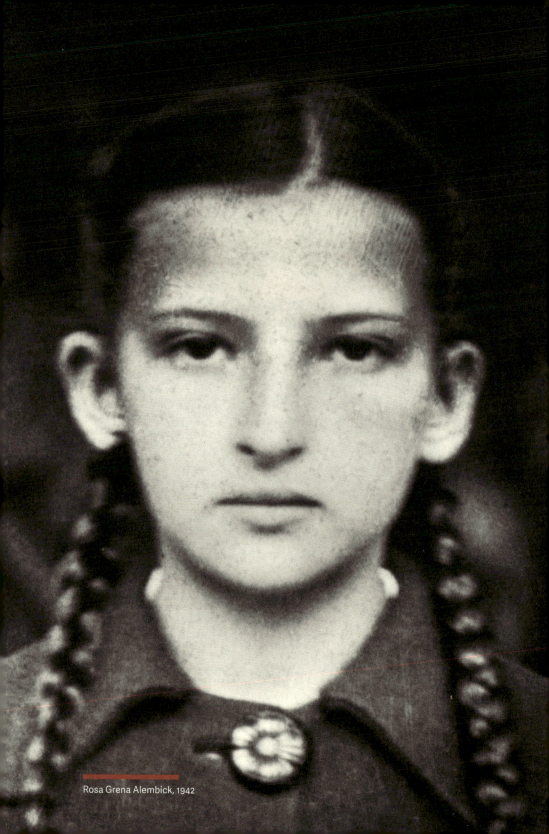

Rosa Grena Alembick, 1942

Mas, no almoço diário, na minha casa, nós comíamos feijão, arroz, bife, batata frita e salada de tomate... Se eu saísse da minha casa na hora do almoço e entrasse num vizinho, eles estariam comendo a mesma coisa. Ela tinha essa preocupação. Entre eles falavam ídiche, mas conosco eles falavam só português. Acabei até indo aprender ídiche em São Paulo, já menina, mocinha. Mas eu não falava ídiche. Eles se esforçaram para falar português, para se integrar.

•

Quando meu pai chegou aqui, adotou a seguinte atitude em relação aos problemas que ele tinha tido lá: "O que ficou, ficou. Passou! Agora eu estou aqui! Eu estou aqui e aqui é que eu vou viver!" Quando Lajbus já era moço, formado, teve um Festival da Juventude em Moscou. Meu irmão, que era comunista, disse ao papai que iria para Moscou, e na volta queria passar pela Polônia e ver a cidade onde ele havia nascido, e se ele poderia lhe contar alguma coisa. Eu me lembro, eu estava presente ali quando aconteceu isso. Meu pai, que tinha passado coisas terríveis lá com o antissemitismo, não queria ligação nenhuma com a Polônia e respondeu assim: "Eu não lembro de nada! E quando você voltar, por favor, não me conte nada!" Resultado: meu irmão não foi!

Meu pai me contou que, na Polônia, tinha sido membro de um partido de judeus socialistas e sionistas, que pleiteava a Palestina. Chamava-se *Bund*, que significa ligação, liga. Quando ele chegou a São Roque, queria participar de alguma coisa e entrou na maçonaria, o que havia naquela época. Contou também que, quando surgiu o integralismo, os italianos da cidade – a maioria dos moradores – entraram no partido integralista. Lembrou das passeatas dos camisas preta e da presença de integralistas na maçonaria, que ele então deixou de frequentar. Quando perguntei se ele tinha saído, ele respondeu: "Não, minha filha, da maçonaria ninguém sai! Maçom uma vez, maçom para sempre!" Quando surgiu o Rotary, ele foi para o Rotary. Ele tinha que pertencer a alguma associação.

•

Meu pai não cumpria o dia a dia da cultura judaica. Ele não era ortodoxo, só mantinha algumas tradições, como a cerimônia da Páscoa – durante a semana inteira não se come pão: se come uma bolacha que se chama *matzsá*, sem fermento. Na noite de Páscoa, ele cantava a reza que descreve a saída do Egito.

> Meu pai tinha feito, na Europa, uns anos de escola judaica para se tornar rabino no futuro. Era curso primário, mas já direcionado à religião. [Lajbus Alembick]

Papai ia na sinagoga no Rosh Hashaná[7] e no Yom Kipur.[8] Íamos para Sorocaba, onde uma pequena comunidade se reunia para rezar. O pessoal ficava o dia inteiro na sinagoga, jejuando. Papai tinha úlcera no estômago, então tomava um chá ou outra coisa antes de sair de casa, depois ia para a sinagoga. Ele dizia que, pela religião, é pecado um doente fazer jejum, pois seria uma agressão ao próprio organismo.

•

A música entrou cedo na minha vida. Quando eu tinha provavelmente sete anos, comecei a estudar piano em São Roque. Estudava com a professora Maria Verani, na casa dela, e repetia as aulas na minha casa, numa pianola que mamãe havia comprado da nossa vizinha, dona Rosina. Era como uma vitrola, mas em tamanho de piano; você ligava, e ela tocava sozinha as músicas selecionadas, cada uma de um jeito. Assim, eu comecei a minha vida musical, com uma pianola em casa.

Depois eu saí da primeira professora e fui estudar piano com a Hortência de Moura, professora já mais douta, que tinha dado aulas em São Paulo, no Conservatório. Aí eu já estava num estágio mais avançado.

•

No grupo escolar só se podia entrar com sete ou oito anos, mas eu fui com seis para uma escola de freiras, o Colégio São José. Uma vez perguntei para mamãe porque ela me pôs num colégio de freiras, se eu era judia. Ela disse: "Ah! Mas eu não aguentava você! Quando eu procurava, você nunca estava em casa, eu nunca sabia onde você estava, então eu te pus lá..."

[E aí falaram:] "Mas como, ela vai para o colégio de freiras? Não tem nenhum perigo? Ela é judia!" Aí mamãe falou: "Para estudar, vai onde pode. Não faz diferença, religião é cultura!" Mamãe era muito avançada, queria que os três estudassem tudo o que pudessem. [Maria Gorski]

As irmãs usavam chapéu branco, engomado. Eu tinha mais relação com a irmã Modesta. Eu gostava muito dela, ela gostava muito de mim, nos relacionávamos muito bem. Ela me ensinava a fazer crochê. Eu me lembro do xale cor-de-rosa... Para aprender crochê, tinha que fazer uma coisa muito simples. Um dia falei para a irmã Modesta que eu havia sonhado com Nossa Senhora, que ela tinha vindo conversar comigo... inventei! Inventei! Na cabeça dessa freira, ela ia converter a menina judia!

Eu ganhava muito santinho, trazia para casa e dava para mamãe. Uma vez eu ganhei um santinho com moldura toda de lã, tecido: era lindo! Levei para casa e a mamãe disse que também achou lindo e sugeriu guardarmos bem guardado... Tão bem guardado que nunca mais achamos o santinho! Muitas vezes eu fui às missas, mas não sei se minha mãe sabia ou não...

•

Minha mãe, uma senhora muito elegante, usava chapéu comprado numa chapeleira importante e fazia sapatos no melhor sapateiro da capital, que se chamava Lassandro. Quando meus irmãos foram estudar em São Paulo passaram a morar na casa de uma família, no Bom Retiro. Como a

Casamento de Maria e Meyer Gorski,
São Roque, 1943

dona da casa não fornecia alimentação, eles almoçavam na frente, em uma pensão. Essa senhora, ao apresentá-los à dona da pensão, pediu para que fizesse um preço baratinho... Então ela dava um desconto, já que eles iam todo dia. Um dia mamãe visitou São Paulo e foi almoçar com os meninos na pensão, com chapéu e um *tailleur* chique. No dia seguinte a dona da pensão disse para meus irmãos que não haveria mais desconto, pois mamãe era muito chique!

•

Minha irmã se casou com dezoito, dezenove anos. O marido da Maria, Meyer Gorski, era um imigrante polonês de São Paulo. A festa foi em São Roque, em nosso quintal. A loja de meu pai, na frente, foi desativada e virou um salão de festas, com bebidas e comida toda feita em casa. Para isso, uma semana antes vieram as tias: a tia Chaie de Guaratinguetá, a tia Ana, de Sorocaba, e a tia Ita, de São Paulo. As três, cozinheiras de forno e fogão, fizeram todas as comidas.

No dia da festa, de manhã, as pessoas chegavam de trem. Foi montada a chupá[9] no quintal e veio um "bom judeu" para realizar a cerimônia. Para entrar no chupá, as cabeças tinham que estar cobertas. Os judeus, todos de chapéu. Quando o homem não tem chapéu, ele põe um lenço na cabeça.

Eu tinha dez anos... Eu e a minha prima Liba, de Sorocaba, fomos as duas de dama de honra. Nós duas com vestidinhos brancos, iguaizinhos, bonitinhos, com fitas brancas na cabeça. Primeiro o almoço, depois a cerimônia do casamento e em seguida, os doces. Durou o dia inteiro!

•

A nossa casa inicialmente era de taipa. Havia uma geladeira, onde era colocado o gelo entregue toda manhã. Depois veio a geladeira elétrica. E tinha fogão a lenha e o fogão a gás. Nós usávamos o fogão a lenha para tudo. Era aquele fogão com nariz grande... e nos sentávamos ali.

Quando chegou o fogão a gás, papai falou para a mamãe e para a empregada que era só para ferver água e leite. Comida tinha que fazer no fogão a lenha! Se não ficaria cheirando a gás...

> Moramos bastante tempo lá, eu já estava no ginásio quando meu pai derrubou a casa e construiu a de alvenaria, com a loja na frente.
> [Lajbus Alembick]

E a planta da reforma era do senhor Abel de Almeida, empreiteiro. Era a única planta que eu tinha visto até entrar na faculdade de arquitetura!

•

Eu morava na Quinze de Novembro, a rua principal. A estrada chegava nessa rua, que dava na Praça da Matriz. Além dessa grande praça diante da igreja, São Roque tinha também um cineteatro. Originalmente era apenas teatro, mas quando veio o cinema, passou também a exibir filmes. Ficava na Travessa do Teatro e tornou-se o Cine Teatro São José.

A rua Quinze era onde tudo acontecia. A procissão passava por ela, todas as festas, tudo acontecia ao longo da rua Quinze. Depois papai fez a loja na frente e a casa ficava toda para trás. Quando ela ainda se voltava para a rua, a gente ia para a janela e ficava vendo as coisas acontecerem. A rua era palco dos acontecimentos diários.

Eu me lembro que de manhã cedinho tocava a sirene da fábrica de tecidos Brasital,[10] que era famosíssima. Tocava e se ouvia na cidade inteira! Aí a gente via as tecelãs subindo de manhã cedo pela rua Quinze, pelas calçadas em frente de casa. Tocava outra vez às onze horas, na hora do almoço: elas desciam e subiam novamente. Finalmente elas descem às dezoito horas. Era o passeio das tecelãs.

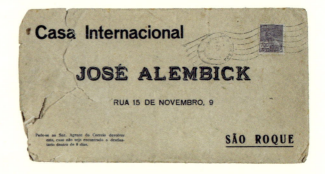

Rua xv de Novembro com a travessa do Teatro, São Roque

Casa Internacional José Alembick, envelope comercial, São Roque

Tinha o Germano, um professor do primário, que morava por ali e hoje é nome de rua. Era uma figura que, hoje, eu diria machadiana! Sempre na mesma hora ele descia a rua Quinze de terno preto, ou sobretudo, todo de preto, com chapéu preto e bengala. E eu o via descer. Eu o via subindo e descendo...

No início a rua Quinze não era pavimentada e sim de terra, e era uma festa quando chovia! Quando vinha a chuva, íamos para a rua, sentávamos na calçada e fazíamos bonequinhos com o barro. Fazíamos os brinquedos com os quais brincávamos – não comprávamos, nós mesmos fazíamos os bonequinhos e as panelinhas para fazer a comida. Quando não chovia, era uma maravilha também, porque daí fazíamos os jogos de rua. Cantávamos "Senhora dona Sanja, vestida de ouro e prata..." Ou então, era o barrabol, jogo de bola, com dois times... Eram essas as brincadeiras de rua. Era muito bonito!

•

E sábado à noite, o que fazíamos? Tinha o *footing*, o passeio pela praça da Matriz, onde as moças passeavam pela calçada, rodando, e os meninos ficavam parados nas sarjetas, na rua. Depois, a sessão de cinema.

Na praça íamos no sábado à noite, e ao jardim, como era conhecida a praça da República, no domingo pela manhã, com as famílias. No jardim havia os micos! Os macaquinhos! E tinha a banda todo domingo no coreto.

O jardim beirava um rio. Neste rio tinha uma ilha; e era tão estreita a separação entre o rio e o jardim que nós pulávamos... e íamos para o lado de lá, para a ilha, de sapato e tudo! Era muito lúdico.[11]

Maria Cristina e Clara eram minhas amigas. Eu frequentava muito a casa da Maria Cristina. Brincava muito com ela, mas gostava mesmo era da boneca Simonetti! Era um bebê francês, maravilhoso, de louça. A gente

José Alembick e Sr. Salomão na charrete, São Roque, década de 1940

só tinha boneca de celuloide... Na casa dela se tomava sopa, coisa que lá em casa quase não se fazia. Era sopa de macarrãozinho chumbinho... Eu gostava muito de ir na casa dela, para mim era uma grande festa. A Clara era filha da dona Ana e do seu Jacó Schwarz. Morava em frente de casa e era uma menina um pouco mais nova que eu.

•

A cidade tinha cheiros... cheiro de padaria, cheiro de quitanda, cheiro de pipoca. E quando eu passava na rua Rui Barbosa via a casa de uma senhora que fazia doces caseiros, com a porta sempre aberta: do corredor vinha um cheiro de doce de figo... huummmm!

E a cidade tinha sons... o som do carrinho do Dito Sorveteiro, figura típica da cidade. Ele fazia sorvete e distribuía pela cidade pedalando um triciclo com carrinho de sorvete que tinha uma figura de galo. Ele ia buzinando, e já se sabia que o Dito Sorveteiro estava passando, e a gente saía na rua para comprar sorvete. Não havia uma criança em São Roque que não tivesse tomado sorvete. Se a criança não tivesse dinheiro para pagar, ele dava o sorvete de graça! Esse era o Dito Sorveteiro...

•

Tudo era feito de charrete, não havia carro. Papai tinha uma e eu andava muito de charrete com ele. Ele não saía de casa sem chapéu! O Salomão era um auxiliar do papai. E eu me lembro uma vez que papai foi trabalhar e eu fui junto: era na fazenda do Cinzano. A fazenda tinha uma colônia de operários, e ele ia para fazer a venda e a cobrança. Na volta havia uma ladeira muito forte e o cavalo tropeçou, a charrete virou e nós caímos. Mas felizmente não aconteceu nada com ninguém! E eu era uma criança...

•

Dia da Vitória, em frente à loja José Alembick, São Roque, 1945

O dia 15 de agosto é dia de São Roque. A cidade organizava uma grande festa, e vinham os barraqueiros de todos os lugares para vender coisas diversas. Tinha comida, tinha música, tinha tudo. Divertiam-se na festa de São Roque, que durava uma semana com quermesses e com procissão, aproveitavam e faziam um mercado. Uma das barracas era montada por judeus que vinham de São Paulo, e lá vendiam roupas e artigos variados.

•

No fim da Segunda Guerra Mundial, em 1945, no Dia da Vitória, papai fez uma grande festa em São Roque. Ele tirou os móveis e deu uma chopada dentro da loja! As portas eram de ferro, quando elas levantavam ficava tudo aberto. No dia estava todo mundo fazendo o "V" da vitória na frente da loja: seu Júlio Mirim, sapateiro; o farmacêutico; meu pai; minha mãe; o Rubens, filho da Maria; eu e minha amiga Clara, de vestido xadrez. De lá saiu uma passeata com as bandeiras dos Estados Unidos, do Brasil, da Rússia...

> Em São Roque só tinha primário, não havia como continuar os estudos, então papai e mamãe achavam que as meninas também tinham que estudar e aprender e viver numa cidade grande. Não em São Roque, sem recurso algum de cultura, que só tinha primário.
> [Maria Gorski]

NOTAS

1. **Lajbus Alembick**, 1928. Engenheiro mecânico (Centro Universitário FEI, 1952). Irmão de Rosa Grena Kliass, nasceu na Polônia e se radicou no Brasil, onde atuou durante muitos anos na área de refrigeração.

2. Biotônico Fontoura é um medicamento fortificante, muito popular no Brasil na primeira metade do século 20.

3. "Deus!", em ídiche.

4. **Michel** Todel **Gorski**, 1952. Arquiteto (Mackenzie, 1976) e especialista em Planejamento Urbano (UnB, 1977). Ex-diretor da Associação das Empresas de Parques de Diversões do Brasil – Adibra (1995-2003). Autor dos livros (em parceria com Silvia Zatz): *Por um triz* (juvenil), *O soprador* (romance adulto), *Irerê da Silva* e *A mão livre do vovô* (infantis). Atualmente, é sócio-diretor do escritório Barbieri & Gorski Arquitetos Associados (1985) e coeditor da revista *Arquiteturismo* (2007).

5. **Maria Gorski**, 1924-2019. Nascida em Belchetov, Polônia, é filha de Chaim Alembick e Rivka Rotstein, e irmã de Rosa Grena Kliass pelo lado paterno. Radicou-se no Brasil em 1932, e estudou comércio na Fundação Escola de Comércio Álvares Penteado, em São Paulo.

6. Ver GORSKI, Michel. "Beissoilem briders", irmãos para sempre.

7. Ano Novo judaico.

8. Dia do Perdão.

9. Tenda, ou pálio nupcial, onde se realiza o casamento judaico.

10. Ver KLIASS, Rosa Grena. Meu São Roque.

11. Ver LUIZ, Vander. *Rosa Grena Kliass – projeto para o Largo dos Mendes*.

Rosa Grena Alembick, 1952

Vivendo na cidade grande

Rosa Grena Alembick, 1947

> *"A Rosa ficou muito bem em São Paulo. Ela não se afirmava como uma menininha do interior. Ao contrário: ela era cosmopolita, falava outros idiomas, ela sabia se comunicar".*
> Michel Gorski

Saí de São Roque com onze anos para estudar, e fui com meu irmão Lajbus para a casa da minha irmã Maria, recém-casada, em São Paulo. Morávamos em Santana, na rua Voluntários da Pátria. Santana é no norte, logo acima do Rio Tietê; e o Ginásio do Estado[1] ficava no Parque D. Pedro. Eu pegava o bonde na rua Voluntários da Pátria, atravessava o Rio Tietê, subia a rua Florêncio de Abreu, onde ficava todo o comércio atacadista de ferragens e louças, e chegava no largo São Bento. Dali eu ia a pé para o Ginásio.

No primeiro dia que fui ao Ginásio, o Lajbus me levou. Ele já morava em São Paulo, com minha irmã, mas o ginásio dele era em outro lugar. Nós pegamos o bonde, e descemos no largo São Bento. Ele então me disse para prestar bem atenção porque ele não poderia mais me trazer e, do dia seguinte em diante, eu iria ao Ginásio sozinha. Agora imagina, uma menina de onze anos, de São Roque, ter que prestar atenção numa cidade como São Paulo! Eu não conhecia o Centro; imagina o cuidado que tive para pegar toda rua Boa Vista, cruzar o Pátio do Colégio, descer a ladeira, para ir até o Ginásio do Estado! E foi mesmo isso que aconteceu: depois ninguém me levou, eu fui sozinha. Imagina! Não tinha outra solução.

-

O Parque Dom Pedro era um lugar proibido, porque era um lugar sem ninguém, perigoso. E a minha trajetória para o Ginásio do Estado era esta. Ou fazia isto, pela Boa Vista, ou descia a ladeira Porto Geral e vinha pela rua 25 de Março. Tudo a pé... e é um percurso de uns quinze minutos. Não é perto, não! Nós saíamos do Ginásio às seis e meia. Mas às vezes não tinha a última aula e saíamos às cinco e meia. Aí fazíamos diferente: em vez de vir pela Boa Vista, a gente vinha pela rua Direita, que era mais divertido! Havia a Lojas Americanas para tomar suco de laranja e comer hot dog!

Uma vez meu tio Sany foi falar com a mamãe que ele havia me visto na rua Boa Vista, que ela era uma louca por deixar uma menina como eu andando sozinha em São Paulo, pois era muito perigoso. Mas mamãe disse para mim: "E tem outra alternativa?!" Ir para São Paulo era o destino. Eu tinha que fazer o ginásio, não tinha discussão. Minha irmã já estava em São Paulo, meu irmão também. Em São Roque todo mundo vinha para São Paulo; alguns faziam isso diariamente, como minha irmã antes de casar.

-

Uma das questões que surgiram quando fui morar com a minha irmã, foi o meu estudo de piano. Como eu iria fazer para ter aulas de piano em São Paulo? Logo a Maria descobriu uma professora em Santana, na rua Carandiru, com quem fui ter aulas. Mais tarde, mudamos para o Bom Retiro, e, então, ia um professor na casa da Maria me dar aula. Não foi fácil manter a continuidade da minha música!

-

O evento do qual eu mais me lembro antes de entrar para o Ginásio do Estado é o exame de admissão. Para me preparar para este exame, eu estudei com o diretor do Grupo Escolar de São Roque, o professor Odonhes. O primeiro exame, de matemática, era eliminatório. Eram duas partes: uma era um "carroção", expressões aritméticas; e a segunda era um problema. E quando começaram a falar do tal "carroção", eu nunca tinha visto aquilo na minha vida! Eu não sabia nem copiar! Nada! Cada item valia cinco – que era a nota mínima para aprovação. Felizmente eu era muito boa em problema, e eu consegui fazer o meu, tirei cinco e pude fazer o resto dos exames.

Quando eu cheguei, não conhecia ninguém. Como muitos meninos da coletividade judaica faziam Ginásio do Estado, no Bom Retiro havia um cursinho onde os professores preparavam para o exame de admissão, e assim muitos meninos e meninas já se conheciam. Era muito importante ser bom aluno, e o Ginásio do Estado era o melhor colégio de São Paulo, então todo mundo queria ter os filhos estudando lá. Eu conheci o grupo das meninas do cursinho do Bom Retiro, e cursamos todo o ginásio juntas.

•

Eu tinha várias amigas desde o primeiro ano de ginásio. Uma delas, a Etale Wainer,[2] é amiga até hoje, e nossos filhos ainda são amigos. Naquela época, com onze anos de idade, ela morava no Bom Retiro. Morava numa vilazinha, uma travessa da José Paulino, uma rua curtinha que acabava no muro dos trilhos do trem. Os trilhos do trem passavam por cima, você pode imaginar o que era o barulho quando o trem passava? A gente não conseguia falar, nem ouvir nada! Essa é uma das lembranças...

> Eu conheci a Rosa numa sala, minutos antes da gente sentar para fazer exame de admissão no Ginásio do Estado. Nós somos amigas desde aquele encontro. No começo era vida escolar, que virou amizade mesmo, ficamos amigas por afinidades. Os maridos eram amigos,

os filhos foram amigos, não houve nenhum hiato. Continuamos a vida amigas até agora. [Etale Wainer]

Nossos filhos são muito amigos, são como irmãos ou primos. Nós éramos assim tão iguais que nossos filhos, os primogênitos, nasceram com quinze dias de diferença! A Etale morava na Aclimação, e um dia saímos as duas andando pela rua e passou um senhor. Ele nos olhou e disse: "Perigas de nascer gêmeos!" Eu nunca esqueci isso!

Na primeira parte do ginásio, o núcleo de amigas mesmo eram quatro: eu, a Rosa, a Terezinha e a Geni. Nós éramos todas boas alunas, mas uma vez nós fomos suspensas juntas. Nós nos considerávamos rebeldes! Nós fundamos um clube chamado FOQQ – Fazemos O Que Queremos! Mas enfim, o que era rebeldia? A gente andava à pé, e dizia: "Agora nós vamos dar dois passos, e no terceiro a gente dá um pulinho..." A nossa rebeldia era assim, ridícula! [Etale Wainer]

A suspensão foi porque uma outra colega, a Joana, subiu numa janela do ginásio. E como nós estávamos juntas, fomos todas suspensas: a Geni, a Etale, a Joana e eu. Recebemos uma declaração do ginásio informando que estávamos suspensas por tantos dias, a família deveria assinar que estava ciente, e tínhamos que levar de volta. Eu não tinha pais aqui, não tinha problema nenhum... Não lembro quem assinava para mim. Mas para elas, era um problema! E o que fizemos? Uma caravana: íamos todas na casa de cada uma, e contávamos a história. E qual era a história? A suspensão foi devido ao antissemitismo!

Essa de nós usarmos o antissemitismo foi muito infeliz! Eu me lembro que o Dr. Damy, o diretor que nós temíamos, e que me parecia uma figura agourenta, se mostrou uma pessoa incrível. Parece que durante a ditadura, alguém o chamou e disse que na escola dele tinha muito judeu. Era para ele dar um jeito, porque era uma escola boa... Havia um tempo em que, para a primeira geração de imigrantes,

Jardim em São Roque, 1946.
Da esquerda para a direita:
Luiz Alembick, Maria Gorski,
Rubens Gorski, Mejer Gorski
e Rosa Grena Alembick

Da esquerda para direita, de pé: Rosa Alembick, Maria Gorski, José Alembick, Mejer Gorski, Freida Gorski, Rubens Gorski, Sonia Alembick, Luiz Alembick, São Roque, 1949

> para um pai, quando o filho entrava na melhor escola – ainda mais que não precisava pagar – era uma honra. Então havia muito judeu, mesmo. E o diretor respondeu: "Na minha escola tem alunos bons e alunos maus. Não tem outro tipo de aluno". Quando eu soube disso – eu soube depois – eu fiquei muito tocada! Quer dizer, a gente ter usado antissemitismo foi uma injustiça! [Etale Wainer]

Em nosso grupo de amigas, éramos as três meninas judias – eu, a Etale, a Geni –, e a Terezinha de Jesus Almeida Prado, que era mais que católica. Ela acabou se tornando freira, uma Irmãzinha de Jesus do Padre de Foucauld.

> Para nós, meninas, a religião nunca foi muito importante. Mas a identidade foi muito forte. A gente sabia que era judia, a gente se sentia judia. E teve a guerra… e nós, meninas ainda, éramos bem permeáveis para as coisas que aconteciam. Eu morava no Bom Retiro, um bairro judeu. E quando chegavam as grandes festas judaicas, como todas as lojas eram de judeus, todas fechavam. Na minha cabeça, fechava a cidade toda! Depois, quando eu vi que não fechava, eu fiquei tão admirada! Eu tinha um pouco aquela consciência do gueto, que eu morava no gueto. Depois nós nos abrimos para o mundo, e não tinha diferença. [Etale Wainer]

•

E todo fim de semana eu e o Lajbus íamos para São Roque, no sábado. Depois da escola, eu pegava o trem Ouro Verde, que saía às seis e meia da tarde e ia para o interior do Estado. Eu ia sozinha; meu irmão ia em outro horário, pois ele tinha a turma dele. O trem levava todos os imigrantes nordestinos que iam para as fazendas. Eu tinha passe livre, de primeira classe, mas às vezes não havia lugar na primeira, e então eu ia de segunda classe. Sentava num banco de madeira, ao lado de mulheres carregadas de trouxas e de crianças, e ia… sozinha!

O fim de semana era uma festa! Eu fazia tanta coisa que não sei como é que dava tempo. Eu chegava em São Roque tarde, às oito horas da noite. Chegava em casa e já ia para a praça, fazer o *footing*. No domingo de manhã íamos ao jardim, e depois à matinê, com duas sessões – entrava às duas e meia e saía às cinco e meia. E eu ia embora na segunda de manhã.

> Eu ia muito a São Roque. Eu gostava muito de ir. Nós íamos passear na pracinha, na quermesse. Era outra vida, né? Ficávamos na casa da Rosa, e íamos passear bastante. Íamos ao cinema. Conversávamos, conversávamos, conversávamos... nunca ficávamos sem assunto! E os dias passavam, as férias passavam, era incrível! [Etale Wainer]

•

Toda vez que voltávamos para São Roque, meu pai pedia para a gente fazer uma relação do que iríamos gastar. Ele não discutia, o que eu pusesse ali ele aceitava, somava, e me dava o dinheiro. Um dia eu passei numa loja, e vi uma bolsa vermelha linda! E como é que eu ia incluir a bolsa na relação? Eu não tive coragem! Foi a primeira vez que eu resolvi que eu queria ganhar dinheiro. A bolsa vermelha fez com que eu fosse dar aula particular, uma aula de auxílio para fazer lição de ginásio. Eu tinha um aluno lá em Santana; depois, não sei como me apareceu um aluno lá na avenida Paulista. Era um palacete chique...

•

Mais tarde eu fiz cursinho para entrar na Faculdade de Arquitetura e Urbanismo da Universidade de São Paulo – FAU USP. Nessa época eu morava na casa da outra amiga, a Geni, na rua dos Italianos. Eu e o Lajbus alugamos um quarto da dona Regina, mãe da Geni. Quando não morávamos mais com a minha irmã, alugávamos um quarto para nós dois. Mas só o Lajbus dormia no quarto alugado, eu dormia com a Geni no quarto dela! E os quartos davam para a rua, que era onde passava o bonde.

Rosa e amigas no Jardim de São Roque, 1950. Da esquerda para a direita: Judith Knopman, Célia Alembick, Etale Rubinstein, Esther Malka Mutchnik, Rosa Grena Alembick, Bela Hochberg

Turma FAU USP, 1955

Me lembro claramente quando nós nos encontrávamos: eu vinha do cursinho à noite, e a Geni chegava só de noite também. Era quando podíamos deitar na cama e conversar. Só que conversávamos muito, muito! Mas tínhamos que interromper a conversa quando o bonde passava, pois estremecia a casa inteira! Mais tarde, quando se casou, a Geni foi morar num kibutz em Israel, onde está até hoje. O curioso é que o marido dela, que era irmão do maestro Karabtchevsky,[3] era conhecido por Carabina.

•

Sempre me perguntam porque eu fiz arquitetura, e eu não sei dizer. Quando eu tive que optar sobre o que fazer, me inscrevi em dois vestibulares: física e arquitetura, porque eu era muito boa em matemática e física. Mas depois teve a coincidência de exames e, tendo que optar, escolhi arquitetura.

Mas vem uma lembrança... Eu tinha um tio que se tomava por uma figura muito importante. Tanto é que minha mãe dizia que ele pensava que era nobre, de tão importante que ele se achava. Ele tinha dois filhos, e decidiu que o mais velho ia ser médico e o segundo, arquiteto. Essas eram duas profissões importantes na Rússia. O primeiro foi médico, mas o segundo não passou no vestibular de arquitetura, e acabou sendo topógrafo; depois fez direito. Mas aquela coisa ficou na minha cabeça: arquitetura... Provavelmente, eu não sei...

Quando eu entrei na Faculdade de Arquitetura, na primeira aula de projeto, o professor mandou a gente desenhar a cozinha da nossa casa. Eu não sabia desenhar! A única planta de arquitetura que eu tinha visto na minha vida era reforma da casa de São Roque, feita por um empreiteiro.

•

A faculdade era na Vila Penteado, em Higienópolis: a FAU velha. E foi para mim um deslumbramento! O encontro com os colegas... foi uma grande festa! Quando fui fazer a faculdade eu tinha um namorado, Bernardo, que era meu professor de cursinho, engenheiro já formado. A gente havia iniciado um namoro, e ele inclusive já tinha ido para São Roque para conhecer os meus pais.

Mas quando eu entrei na faculdade, em 1951, a minha cabeça virou... eu descobri o mundo! Aquela gente toda diferente, aqueles meninos com ideias, aquela FAU com aquele grêmio, com aquelas coisas todas... A FAU era uma festa! Daí que tudo começou a mexer na minha cabeça... e de repente, apareceu o Wlademir, meu Valódia![4] Quando eu terminei com o Bernardo, cheguei em casa e contei para meu pai e minha mãe que eu tinha terminado o namoro. Aí meu pai diz para mim: "Sem nos consultar?!" E eu disse a ele: "Pai, se você dissesse que não, você acha que eu não iria terminar?"

E é muito interessante, porque essa história se repetiu, de uma certa forma, jocosamente, quando nós criamos a Abap.[5] Quando eu e Chacel[6] fomos ao Instituto de Arquitetos do Brasil – IAB para contar que havíamos criado a Abap, o presidente do IAB, Benno Perelmutter,[7] disse: "Mas como? Vocês ousaram criar uma associação de arquitetos sem consultar o IAB?" Aí eu contei para ele essa história... E disse: "Benno, e se vocês dissessem que não, vocês acham que nós não iríamos fundar?!"

•

A FAU foi criada em 1948 pelo professor Anhaia Mello,[8] que era professor e ex-diretor da Escola Politécnica. Ele se dizia urbanista, e era muito culto, um *scholar*, com uma especial predileção pelo urbanismo inglês, que naquela época já incluía o planejamento paisagístico. Ele dizia que não poderia formar arquitetos urbanistas sem paisagismo. Era preciso criar uma cadeira de paisagismo, que não existia. Mas quem iria dar aula de paisagismo?

Rosa e Wlademir Kliass
(Valodia), 1951

O Roberto Burle Marx[9] estava lá no Rio de Janeiro, nem se cogitava. Foi quando o Artigas[10] recebeu uma carta de um colega de Berkeley,[11] onde ele havia estudado – que era nada mais, nada menos do que Garrett Eckbo.[12]

O Eckbo tinha escrito ao Artigas apresentando um aluno dele recém-formado em arquitetura paisagística em Berkeley. Era o Roberto Coelho Cardozo,[13] que tinha vindo ao Brasil para trabalhar no escritório do Burle Marx no Rio de Janeiro e que, naquele momento, estava de mudança para São Paulo. Ao receber esta carta, Artigas disse para o Anhaia que era ele que deveriam chamar para a nova cadeira. Cardozo aceitou o convite e criou a cadeira de Paisagismo na Faculdade de Arquitetura. Mas criou com toda aquela conotação americana, do Eckbo, Church[14] e Halprin.[15] Eu acredito que eu e a Miranda,[16] minha colega de turma, fomos as pioneiras a serem contaminadas por este vírus do paisagismo. Realmente as aulas do Cardozo abriram este mundo para nós.

O Cardozo tinha tradição do desenho à lápis – aquele desenho americano, eficientíssimo, belíssimo. [Luciano Fiaschi]

Foi com o Roberto que eu aprendi a executar jardins a partir de um projeto. Saber o que é um projeto paisagístico. [Walter Doering]

Roberto Coelho Cardozo era um norte-americano filho de portugueses, mas que não falava português. "Rouza, Mirranda...", era assim que ele falava.

O Roberto tinha umas brincadeiras muito divertidas. Até por causa da dificuldade dele de pronunciar claramente, ele falava meio enrolado. E às vezes ele não achava as palavras, e em desespero usava expressões inadequadas... Uma vez eu estava executando um jardim dele no bairro Chácara Flora, em São Paulo. Era um bairro bem chique. Ele estava atendendo a um casal, donos da Eletrolândia, uma casa que vendia móveis, televisões, eletrodomésticos. Eu me lembro que o Roberto estava modelando uns barrancos entre o terreno, para dar uma forma. E ele estava desesperado, os operários não conseguiam acertar as curvas que ele queria. No fim ele disse, com aquele cachimbo na boca, que dificultava [ainda mais] o falar: "Mestre, mestre, olha, você não entende, eu quero uma bunda aqui!" E todo mundo ficou quieto... O casal, que estava olhando, ouviu tudo. De repente um deles quebrou o silêncio, dizendo: "Escuta, Roberto, você vai me fazer um jardim obsceno?!" Esta eu guardei para sempre, pois eu presenciei, estava lá, foi totalmente inesperado! [Walter Doering]

As aulas dele eram fantásticas! Era curioso, por que ele ensinava realmente o desenho, mas quando chegava na hora da vegetação, ele não ensinava muito. Ele não conhecia muito das plantas brasileiras no começo.

A aula dele era muito interessante. Ele era um professor que nunca falou: "Essa plantinha chama-se quaresmeira..." Eram exercícios de construção do vazio. Para os arquitetos foi muito importante trabalhar com os vazios. Os exercícios eram muito interessantes: ao longo de um eixo você vai distribuir volumes. Então você imaginava... É uma rua, e são casas... E os volumes estão na escala de uma caixinha de fósforos, e você organiza as caixinhas de fósforo. Então a gente pensava: bom, onde está o banheiro, insolação... Não, não interessava, era a construção do vazio. Eu acho que a contribuição para a formação do arquiteto foi muito interessante. Os arquitetos começaram a trabalhar com o espaço, os vazios. [Luciano Fiaschi]

Aí eu comecei a me interessar e a pesquisar plantas para poder utilizar. Idealizei até uma ficha de plantas, mostrei para o Roberto e perguntei se ele não acharia interessante fazer isso para deixar na faculdade para consulta. "Vamos pensar, vamos pensar..." Ele não deixou! E a Miranda era estagiária dele, trabalhava elaborando os desenhos finais. Quando chegava a hora de fazer o plantio, o Roberto se fechava numa sala e trabalhava sozinho. Uma vez a Miranda perguntou a ele se poderia assisti-lo alguma vez que fizesse o plantio. E sabe o que ele falou pra ela? "Ôu, Mirranda, você é muito curiosa..." Esse era nosso professor...

ECKBO, ROYSTON *and* **WILLIAMS**
Landscape Architects · Planning Consultants
LOS ANGELES · SAN FRANCISCO
1028⅛ N. WESTERN AVENUE, LOS ANGELES 27 · HUDSON 2-1571

July 13, 1950

TO WHOM IT MAY CONCERN:

This letter will certify that the bearer, Robert Coelho, has been employed by our firm for about two years, and that we have found him in addition to being very competent and imaginative in his professional work, to be a person whose honesty and integrity can not be questioned.

We would recommend him without reservation to anyone concerned with his services.

Garrett Eckbo

O Cardozo era um cara que sentava, fazia o projeto, e você não participava. Um dia ele me deu um cantinho de um jardim: "Faz um banco aí..." Eu fiz um banco. E assim ia... ele sentava, fazia todas as etapas do projeto num único dia. [Luciano Fiaschi]

•

Durante a faculdade, os estudantes organizavam viagens de estudo pelo Brasil. Nós sempre conseguíamos verba com empresas para financiar nossas viagens. Sempre era preciso ter a companhia de um professor. E em 1954, nós fomos de navio para Salvador. O Wlademir não foi porque naquele ano ele e outro colega foram contratados pelo Luís Saia[17] para fazer um trabalho para o 4º Centenário de São Paulo. Assim, foi toda a turma para Salvador, menos o Wlademir.

No nosso grupo desta viagem estava a Joyce Campos,[18] que era a neta do Monteiro Lobato[19] e foi quem o inspirou para a personagem Narizinho. Ela gostava de colocar apelido em todos! O apelido do Nestor Goulart,[20] de quem ela era muito amiga, era "Tozinho dos pés *espaiados*"!

•

Uma das lembranças que tenho da minha tia querida é de quando ela me levou numa viagem a Ubatuba, quando eu tinha oito anos. Naquela época, ir de São Paulo a Ubatuba não era simples. Eram dois ônibus: o primeiro parou em Taubaté, onde esperamos muito para pegar o outro ônibus que finalmente nos levaria para o nosso destino.

Em Ubatuba ficamos na casa de uns amigos da Rosa da faculdade. Ela estava esperando o Valódia, que era o namorado, que iria até lá para se encontrar com ela. E eu torcia para que o namorado não fosse, para que eu não ficasse sozinha... E no fim o Valódia não foi: a Rosa infeliz, e eu muito feliz!

Rosa em viagem com a turma da FAU USP, Abaeté, Salvador, 1954

Viagem com a turma da FAU USP, Abaeté, Salvador, 1954. Da esquerda para a direita, sentadas: Miranda Martinelli (primeira) e Rosa Alembick (terceira)

Mas nós nos divertimos muito. Foi uma viagem inesquecível! Ela tinha os amigos dela, e eu arrumei uma amiga. E nós íamos catar caramujo, enfim, ela arrumou um jeito de eu me enturmar.

Ela era muito presente. A Rosa, para mim, sempre foi o sinônimo de alguém que é inteligente, antenada, que vai atrás. Ela é um ídolo para mim até hoje. Há muitos anos que às vezes eu sonho com ela quando tenho que dar um passo importante na minha vida. É um sonho recorrente e, em geral, quando esse sonho aparece, é sempre assim: eu estou comprando sapatos novos, e ela está comigo. Isso quer dizer que tenho um passo novo a ser dado. Ela sempre foi uma grande inspiradora. [Freida Abramovich]

•

Antes a arquitetura paisagística não estava consolidada em São Paulo. Era tarefa para jardineiros. Havia o Germano Zimber, dono de uma chácara e que fazia jardins. Talvez o Waldemar Cordeiro[21] tenha sido da primeira leva de arquitetos paisagistas de São Paulo, com projetos como, por exemplo, o Clube Esperia. Isso nos anos 1955, 1960. O Roberto Cardozo tinha escritório com arquitetos trabalhando com ele. O último deles foi o Luciano Fiaschi.[22] Quando o Roberto foi para a Inglaterra, deixou o Luciano no escritório dele, e foi embora.

O último projeto que o Cardozo fez em São Paulo foi para a família Villares. O arquiteto foi o Marcos Acayaba. O Cardozo fez um projeto incrível. Ele descascou um morro para revelar pedras que estavam cobertas por terra ou vegetação rasteira. Eu realmente acho que ele era um grande artista plástico. Eu nunca vi uma pessoa com uma sensibilidade para pegar dois materiais assim e juntar. E a planta era vista também como material de construção, embora ele soubesse mexer com planta. [Luciano Fiaschi]

os alunos do 5.º ano da faculdade de arquitetura e urbanismo da universidade de são paulo, têm o prazer de convidar v. s. e exma. família, para as solenidades de formatura:

colação de gráu

dia 15 de dezembro, às 21 horas, no grande auditório do palácio mauá, viaduto dona paulina, 80.

missa em ação de graças

dia 16 de dezembro, às 9 horas na igreja n. s. da paz, rua glicério, 225, celebrada por frei anselmo villar o. p..

turma de mil novecentos e cinquenta e cinco

ary albano
armando rebollo
alfredo ribeiro dos santos
cláudio celso bruschini ribeiro
dario imparato
edoardo rosso
francisco rodrigues torres
guaracy moreira pimentel
gilbert othoniel toni
hidéo maeda
inocêncio patrocinio
josé luiz fleury de oliveira
luiz akira fukugawa
luiz monzoni pinheiro santos

marianilza brasil de oliveira
miguel feres
miranda maria martinelli
osmar antonio tosi
oduvaldo ferreira
rosa grena alembick
roberto fonsêca de carvalho
rodolpho almeida fernandes
rubens s. magliano
sigfrido martin rieber
shioju mukai
yoshimasa kimachi

bolsistas da alemanha: dieter czarnetzki e günter buchholz
orador: nestor goulart reis filho
paraninfo: j. b. vilanova artigas

Interior do convite para a colação de grau FAU USP, 1955

ABELARDO DE SOUZA
ARQUITETO

A QUEM POSSA INTERESSAR.

      Pela presente e a bem da verdade tenho a declarar que o arquiteto ROSA GRENA ALEMBIK trabalhou em meu escritorio ha varios anos a principio como auxiliar tecnico e ha mais de 2 anos como colaboradora das mais eficientes.

      O arquiteto ROSA GRENA ALEMBIK sempre demonstrou grande capacidade de trabalho e eficiencia, aliada a um grande conhecimento de profissão.

ABELARDO DE SOUZA.

Documento de Abelardo de Souza apresentando Rosa Grena Alembick, São Paulo, dez. 1955

Eu tenho uma teoria para a ida dele para a Inglaterra. Naquela época fizeram o túnel passando por baixo da praça Roosevelt, aqui em São Paulo, e o Roberto refez o projeto dela. Ele projetou uma praça toda sofisticada, muito bonita. Quando foram executar, para variar, não implementaram nada do que ele tinha projetado. Ficou horrível, muito ruim. Eu acho que ele fugiu porque não aguentou ver o que tinha acontecido!

> Eu trabalhei algum tempo com ele, e foi muito bom. Porque você precisa estar preparado para aprender. Como é que você vai entender tudo no primeiro ano da escola? Não tem nem perguntas para fazer ainda... É importante amadurecer um pouquinho para poder aprender. Então, depois que eu comecei a enfrentar alguns projetos e tudo mais, eu tinha questões a levantar. O Cardozo era uma pessoa interessantíssima, e a gente se apaixonava por ele, não é isso? Ele era muito carismático. [Luciano Fiaschi]

Era... mas eu não cheguei a me apaixonar por ele! O Cardozo me eliminou da vida dele no dia em que apareceu um artigo sobre mim no jornal. O jornalista, que era aluno do meu sogro, disse: "Ai, Rosa, não aguento mais aquele suplemento feminino, vamos fazer uma matéria com você, vai..." Daí levei o Paulinho, meu filho, que era pequenininho, num jardim que eu tinha feito; um terraço. E dei uma entrevista que saiu no Suplemento Feminino do jornal *O Estado de S. Paulo*. Desse dia em diante, ele passou a não me cumprimentar mais! Ele não admitia que alguém estivesse fazendo paisagismo independentemente dele.

•

Quando eu era estudante, fiz estágio no escritório do arquiteto Abelardo de Souza.[23] Depois fui para o escritório do Rino Levi,[24] onde fiquei como estagiária por algum tempo. No escritório do Rino trabalhavam o Roberto Cerqueira César[25] e o Luiz Roberto Carvalho Franco.[26] Era no prédio do IAB – eu ia lá à tarde, fazia estágio, e aí eu esticava... Às seis horas da tarde todo mundo deixava o lápis na mesa e ia embora. Mas o Rino ficava, e eu também.

Sempre com a perspectiva da chance eventual de poder ter um contato com ele. Eu me lembro uma vez que o Rino me chamou, e me mostrou a sala dele, onde ele tinha uma gavetinha com todos os detalhes executivos do escritório. Detalhes de gradil, de madeira, de ferro... Era o acervo técnico. E uma parede inteira com pastas de arquivo, com todos os projetos dele completos. Era assim: "Quer ver aquele projeto da casa da Yara Bernette?[27] Então vamos pegar!" Ele abria e me mostrava o projeto. E eu adotei isso no meu escritório também. Tínhamos todos os arquivos. Este foi um dos legados do Rino.

•

Em 1954, no último ano da faculdade, fui trabalhar como estagiária no escritório do Jorge Wilheim.[28] Foi um estágio com um caráter diferente daqueles outros dois, que eram arquitetos renomados, e onde na verdade eu fui aprender muitas coisas. No escritório do Jorge a experiência era fazer junto, porque ele também tinha muito pouco tempo de formado.

O Jorge era muito amigo do Wlademir, de juventude. Eu tenho a impressão que eles eram do ginásio do Mackenzie. Era um grupo de amigos que se davam apelidos. O do Wlademir era "Baixinho". O Israelis Kairowski era o "Grou", ele tinha um narigão, parecia um grou... e o apelido do Jorge era o "Violino", porque ele tocava violino!

O Jorge era arquiteto, com seu próprio escritório. E, naquela ocasião, iria fazer o primeiro plano urbanístico da vida dele, o Plano Diretor de Angélica, em Mato Grosso do Sul. Uma família de industriais de Campo Grande – que também tinha a concessão da rádio – resolveu fazer um loteamento numa fazenda de café de sua propriedade. Eles queriam uma vila para os funcionários – tanto para os que trabalhavam na fazenda, como para os demais funcionários. Seria, assim, uma pequena cidade.

Jorge chamou este plano de "Angélica – Plano Diretor de uma cidade cafeeira".[29] Ele tinha lido muito sobre as fazendas de café e as cidades pioneiras do Estado de São Paulo, principalmente em um livro do Pierre

Rosa e Paulo Kliass em foto para a matéria suplemento feminino, jornal *O Estado de S. Paulo*, 1962

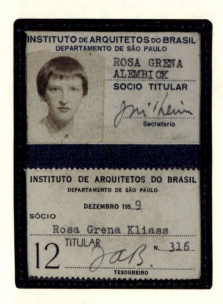

Carteira IAB SP de Rosa, com Jorge Wilheim como secretário, 1959

Monbeig.[30] E, com base nisso, ele conseguiu levar algumas ideias para esta nova cidade cafeeira. O Jorge era muito culto e sempre usava em seus trabalhos tudo o que tinha estudado.

E eu fui trabalhar com ele, no que foi também o meu primeiro plano urbanístico. Eu já estava no quinto ano de arquitetura. E como estava com todas aquelas ideias do Anhaia Melo, a cidade cafeeira saiu com *playgrounds, playfields*,[31] parques de bairro, tudo! Criamos inclusive as ruas de pedestres e as de carro para a entrada das casas. Separávamos pedestre de carro – imagine, naquele lugar! Angélica, a cidade cafeeira, foi um exercício muito importante.

NOTAS

1. Ginásio do Estado de São Paulo, hoje Escola Estadual São Paulo.
2. **Etale** Rubinstein **Wainer**, 1932. Dentista (USP, 1953).
3. **Isaac Karabtchevsky**, 1934. Regente, atuou por 26 anos como maestro da Orquestra Sinfônica Brasileira, onde comandou o "Aquarius", projeto de popularização da música clássica. Na Europa, dirigiu orquestras de prestígio e atuou como diretor artístico da Tonkünstlerorchester de Viena (1988-1994), do Teatro La Fenice de Veneza (1995-2001) e da Orchestre National des Pays de la Loire (2004-2010). Atualmente dirige a Orquestra Petrobras Sinfônica (2004) e a Sinfônica de Heliópolis (2011). Cf. <www.karabtchevsky.com.br/biografia>.
4. Wlademir Kliass (**Valódia**), 1929-1985. Arquiteto (USP, 1955), formado na mesma turma de Rosa Grena, com quem se casou em 1956. Os amigos o conheciam pelo apelido Valódia.
5. Associação Brasileira de Arquitetos Paisagistas, criada em 1976. Cf. <www.abap.org.br>.
6. **Fernando** Magalhães **Chacel**, 1931-2011. Arquiteto e urbanista (Universidade do Brasil, atual UFRJ, 1953), e um dos mais importantes arquitetos paisagistas brasileiros. Dedicou-se à recuperação de áreas degradadas, incorporando o conceito de ecogênese em projetos paisagísticos a partir de sua parceria com o botânico Luiz Emygdio de Mello Filho no projeto da Gleba E, hoje Península (1986), no Parque de Educação Ambiental Mello Barreto (1995),

entre tantos outros. Professor visitante da Universidade de Montreal (anos 1970), alguns de seus trabalhos constam do acervo da Coleção de Projetos Paisagísticos Contemporâneos da Dumbarton Oaks, EUA (2005). Cf. CHACEL, Fernando. *Paisagismo e ecogênese*.

7. **Benno** Michael **Perelmutter**, 1935-2017. Arquiteto e urbanista (USP, 1960), nascido na Alemanha e naturalizado brasileiro. Foi sócio-fundador do Escritório Pluricurricular de Projetos – Pluric (1961-1981) e sócio-titular, com Marciel Peinado, do escritório Benno Perelmutter Arquitetura e Planejamento (1981-2017). Foi professor da FAU Santos (1970-1976), presidente do IAB-SP (1976-1977), além de outros cargos de representatividade profissional. Recebeu diversos prêmios, entre eles o Prêmio Internacional de Urbanismo (Viena, 1988) pelo plano urbanístico da Riviera de São Lourenço, em Bertioga SP. Cf. <www.benno.com.br>.

8. Luís Inácio Romeiro de **Anhaia Melo**,1891-1974. Engenheiro-arquiteto paulista (Poli USP, 1913). Um dos criadores da FAU USP (1948), foi seu primeiro diretor, articulando o ensino de arquitetura ao de urbanismo e de paisagismo, e onde organizou o Centro de Pesquisas e Estudos Urbanísticos – Cpeu. Foi prefeito nomeado de São Paulo (1930-1931). Cf. BIRKHOLZ, Lauro Bastos; RONCA, José Luiz Caruso. Anhaia Mello na Vila Penteado.

9. Roberto **Burle Marx**, 1909-1994. Paisagista, artista plástico, pintor (ENBA, atual EBA UFRJ, 1934), nascido em São Paulo. Reconhecido internacionalmente como um dos paisagistas mais importantes do século 20. Traz um novo discurso estético e ecológico para o paisagismo moderno, onde a plasticidade das espécies vegetais e outros elementos são explorados em formas abstratas que revelam seu domínio das relações entre as artes, a botânica e o projeto do espaço exterior. Entre seus inúmeros trabalhos públicos e privados, pode-se destacar os projetos paisagísticos para o Palácio Gustavo Capanema (1938), Residência Olivo Gomes (1950), Parque do Flamengo (1965), Calçadão de Copacabana (1970), Banco Safra (1982). Teve seus trabalhos apresentados em exposições individuais no MOMA (1991), Masp (2009), Museu Judaico de Nova York (2016), entre outros. Recebeu vários prêmios nacionais e internacionais em reconhecimento de sua atuação e obra, entre eles a Medalha Fine Arts do American Institute of Architects (1965). Cf. CAVALCANTI, Lauro; EL-DAHDAH, Farés (Org.). *Roberto Burle Marx 100 anos – a permanência do instável*.

10. João Batista **Vilanova Artigas**, 1915-1985. Engenheiro-arquiteto (Poli USP, 1937), é um dos mais importantes arquitetos brasileiros, com importante papel na construção da Escola Paulista de arquitetura moderna. Participou na criação da FAU USP, onde foi professor até 1985, com um período de exílio político no Uruguai (1964-1965). Entre seus trabalhos destacam-se o Estádio do Morumbi (1952), Garagem de Barcos Santa Paula (1961) e o projeto da sede da FAU USP (1961-1969), em coautoria com Carlos Cascaldi. Recebeu os prêmios Jean Tschumi (1972) e Auguste Perret (1985), da Union Internationale des Architects – UIA. Cf. PORTELA, Giceli. João Batista Vilanova Artigas, Curitiba, 1915-2015. Exposição "Nos pormenores um universo" no Museu Oscar Niemeyer.

11. Universidade da Califórnia, Berkeley.

12. **Garrett Eckbo**, 1910-2000. Arquiteto paisagista norte-americano (Berkeley, 1935; Harvard, 1938), reconhecido por sua contribuição na chamada Escola Californiana e por sua influência no debate sobre o papel da arquitetura paisagística, principalmente a partir da publicação de seu livro *Landscape for Living* (1950), entre outras publicações relevantes. Dentre seus principais projetos, estão: Park Planned Homes (1946), University of New Mexico Plan (1962), Union Bank Plaza (1964), Tucson Community Center (1970). Professor de Berkeley (1969-1978), onde foi diretor do Departamento de Arquitetura Paisagística. Recebeu a Medalha de Honra da Asla (1975) entre outros prêmios. Cf. <https://tclf.org/pioneer/garrett-eckbo>.

13. **Roberto Coelho Cardozo**, 1923. Paisagista norte-americano (Escola de Agricultura, Berkeley, 1947). Trabalhou no escritório de Garrett Eckbo, e veio ao Brasil trabalhar no escritório de Burle Marx (1952). Primeiro professor da disciplina de Paisagismo da FAU USP (1954-1969), reconhecido pela sua influência no paisagismo paulista. Realizou vários projetos de paisagismo em São Paulo, onde deixou clara a sua filiação à chamada Escola Californiana, como por exemplo a residência Alfredo Rosenthal (1952) e a Praça Roosevelt (1970). Cf. TAMARI, Gabriela Tie Nagoya. *Modernidade paulistana: o paisagismo de Roberto Coelho Cardozo*.

14. **Thomas** Dolliver **Church**, 1902-1978. Arquiteto paisagista norte-americano (UCLA Berkeley, 1922; Harvard, 1926), pioneiro do paisagismo modernista nos EUA conhecido como estilo californiano. Seu escritório em São Francisco (1933) teve como assistentes Garrett Eckbo e Lawrence Halprin. Construiu sua carreira principalmente a partir de projetos de jardins residenciais, onde trouxe um novo discurso estético que incorporava formas simétricas, abstratas ou naturalísticas que se relacionavam com o local e o estilo de vida dos clientes, como as residências Dewey Donnell (1948) e Alice Ervin (1953). Autor dos livros *Gardens are for People* (1955) e *Your Private World* (1969). Cf. STREATFIELD, David C. Thomas Church.

15. **Lawrence Halprin**, 1916-2009. Arquiteto paisagista (Cornell University, 1939; University of Wisconsin, 1941; Harvard, 1942). Um dos mais influentes arquitetos paisagistas modernistas norte-americanos, seu trabalho destaca-se pela ênfase no processo colaborativo e na experiência dos usuários, além da qualidade das soluções projetuais. Seu escritório Lawrence Halprin & Associates (1949), na Califórnia, desenvolveu projetos paisagísticos emblemáticos, tais como Ghirardelli Square (1968), Freeway Park (1976), Franklin Roosevelt Memorial (1997), Yosemite Falls (2005). Publicou *Cities* (1963) e *RSVP Cycles* (1970), entre outros trabalhos. Recebeu a Medalha de Ouro da Asla (1976) e a Medalha Nacional das Artes do Congresso Americano (2002), entre vários outros prêmios. Cf. <https://tclf.org/sites/default/files/microsites/halprinlegacy/lawrence-halprin.html>.

16. **Miranda** Maria Esmeralda Martinelli **Magnoli**, 1932-2017. Arquiteta e urbanista (1955), doutorado (1973), e livre-docência (1983) pela FAU USP, onde foi professora de paisagismo desde 1956, tornando-se professora titular (1988). É reconhecida como uma das pioneiras no ensino e pesquisa em paisagismo no Brasil, sendo responsável pela criação do grupo de disciplinas Paisagem e Ambiente na FAU USP e pela formação de uma geração de professores e pesquisadores na área do Paisagismo. Cf. GOULART REIS FILHO, Nestor. Miranda Magnoli...

17. **Luís Saia**, 1911-1975. Engenheiro-arquiteto (Poli USP, 1948), atuou no Serviço do Patrimônio Histórico e Artístico Nacional, atual Iphan (1937-1945), onde foi diretor regional em São Paulo (1945-1975). Com reconhecida atuação no restauro do patrimônio histórico, tem vários trabalhos publicados, entre eles *Residências rurais do Brasil Colônia* (1958) e *A morada paulista* (1972). No 4º Centenário da cidade de São Paulo trabalhou na restauração da Casa do Bandeirante (1954-1955). Cf. SODRÉ, João Clark de Abreu. Luís Saia e a formação de uma geração.

18. **Joyce Campos Kornbluh**,1930. Arquiteta formada no Mackenzie, neta do escritor Monteiro Lobato.

19. José Bento Renato **Monteiro Lobato**, 1882-1948. Escritor e tradutor paulista, é um dos pioneiros da literatura infantil no Brasil, com destaque para a coleção Sítio do Pica-Pau Amarelo, onde a menina Narizinho é uma das personagens principais.

20. **Nestor Goulart** Reis Filho, 1931. Graduado em Arquitetura e Urbanismo (1955) e Ciências Sociais (1962) pela USP. Professor titular da FAU USP, onde foi diretor (1972-1975). Foi vice-presidente e presidente da Empresa Municipal de Urbanização de São Paulo – Emurb (1975-78 e 1979), presidente do Conselho de Defesa do Patrimônio Histórico, Artístico, Arqueológico e Turístico do Estado de São Paulo – Condephaat (1986-1987) além de outros cargos públicos ligados ao patrimônio histórico. Autor de extensa bibliografia e obras seminais sobre arquitetura e urbanismo, entre elas *Quadro da Arquitetura no Brasil* (1970), *Imagens de vilas e cidades do Brasil Colonial* (2000), e *O caminho do Anhanguera* (2014). Cf. Plataforma Lattes.

21. **Waldemar Cordeiro**, 1925-1973. Artista plástico, paisagista e crítico de arte nascido na Itália, com nacionalidade brasileira. Apresenta expressiva atuação no campo das artes plásticas, principalmente a partir de sua liderança no Grupo Ruptura (1952), marco do concretismo no Brasil. Desenvolve em paralelo uma carreira como paisagista, a partir do seu escritório Jardins de Vanguarda (1953). Cf. CORDEIRO, Waldemar. Parque infantil.

22. **Luciano Fiaschi**, 1945. Arquiteto e urbanista (FAU USP, 1968). Fundador do escritório Luciano Fiaschi Arquitetura Paisagística Ltda., onde desenvolve projetos paisagísticos em diversas escalas, foi também sócio da Kraf (1987-1991) com Rosa Kliass, Benedito Abbud e Maddalena Ré. Sócio fundador da Abap (1976) e professor de Arquitetura de Exteriores" na FAU Mackenzie (1977). Cf. <lfpaisagismo.com.br>.

23. **Abelardo** Riedy **de Souza**, 1908-1981. Arquiteto carioca formado pela Escola Nacional de Belas Artes (1932), com importante atuação dentro dos princípios da arquitetura moderna brasileira. Transferiu-se para São Paulo em 1939, onde foi autor de obras importantes como o Conjunto Residencial Ana Rosa (1950) e o Edifício Nações Unidas (1952). Professor da FAU USP (1948-1956 e 1961-1971), e organizador do livro *Arquitetura no Brasil, depoimentos* (1978). Cf. CONSTANTINO, Regina Adorno. *A obra de Abelardo de Souza*.

24. **Rino Levi**,1901-1965. Arquiteto paulista, com curso de arquitetura em Roma (1926). Um dos mais importantes arquitetos modernistas brasileiros, com expressiva produção de projetos dos mais diversos programas, a partir da atuação de seu escritório, Rino Levi Arquitetos Associados (1927), como por exemplo: Edifício Columbus (1934), Cine Ufa-Palácio (1936), Residência Olivo Gomes (1949), Hospital Israelita Albert Einstein (1958), Centro Cívico de Santo André (1965). Diretor executivo do Museu de Arte Moderna de São Paulo – MAM-SP (1948); participou da formação do IAB-SP e foi seu presidente (1952-1955); participou com Vilanova Artigas da reformulação do curso de arquitetura da FAU USP, onde foi professor (1957-1959). Cf. ANELLI, Renato; GUERRA, Abilio; KON, Nelson. *Rino Levi – Arquitetura e cidade*.

25. **Roberto Cerqueira César**,1917-2003. Engenheiro-arquiteto (Poli USP, 1940), professor da FAU USP (1954-1967), sócio-diretor, com Luiz Roberto Carvalho Franco, do escritório Rino Levi Arquitetos Associados (1955). Um dos fundadores do IAB-SP (1943); presidente da Empresa Municipal de Urbanização – Emurb e da – Coordenadoria Geral de Planejamento Cogep, em São Paulo. Cf. BELLEZA, Gilberto. Roberto Cerqueira César (1917-2003).

26. **Luiz Roberto Carvalho Franco**, 1926-2001. Arquiteto paulista (Mackenzie, 1951). Sócio-diretor, com Roberto Cerqueira César, do escritório Rino Levi Arquitetos Associados (1955); professor da FAU USP (1958-1965); 1º secretário (1957-1958) e diretor (1959-1961) do IAB-SP. Cf. SANT'ANNA JR, Antonio Carlos. Luiz Roberto Carvalho Franco, 1926-2001.

27. **Yara Bernette** Epstein, 1920-2002. Uma das principais pianistas brasileiras, nasceu nos EUA e radicou-se no Brasil. Iniciou seus estudos com o professor de piano José Kliass, seu tio. Estreou profissionalmente na Orquestra Sinfônica Municipal de São Paulo (1938) e iniciou sua carreira internacional em Nova York (1942), atuando na América do Norte, América Latina e Ásia. Estreou na Europa regida por Villa-Lobos em Paris (1955). Ocupou a cadeira 17 da Academia Brasileira de Música. Cf. <https://enciclopedia.itaucultural.org.br/pessoa636791/yara-bernette>.

28. **Jorge Wilheim**, 1928-2014. Arquiteto e urbanista (Mackenzie, 1952). Nascido na Itália, é um dos mais importantes urbanistas brasileiros. Fundou o escritório Jorge Wilheim Consultores Associados (1953), onde desenvolveu projetos importantes como a reurbanização do Vale do Anhangabaú e planos diretores para diversas cidades brasileiras, entre elas Curitiba e São Paulo. Foi secretário de Economia e Planejamento do Estado de São Paulo (1975-79); secretário de Planejamento da Prefeitura de São Paulo (1983-1985 e 2001-2004); secretário do Meio Ambiente do Estado de São Paulo (1987-1990) e presidente da Empresa Metropolitana de Planejamento da Grande São Paulo – Emplasa (1991-1994). A convite da ONU atuou no Quênia (1994) e foi secretário-geral adjunto da Conferência Mundial Habitat 2 em 1996, Istambul. Escreveu vários livros e recebeu diversos prêmios, entre eles o IAB de Urbanismo (1965 e 1967), e o Pensador de Cidades Luiz Antonio Pompéia (2010). Cf. <www.jorgewilheim.com.br>.

29. Cf. <www.jorgewilheim.com.br/legado/Projeto/visualizar/1663>; ARRUDA, Ângelo Marcos. Plano urbano de Jorge Wilheim fez nascer a cidade de Angélica há 50 anos.

30. **Pierre Monbeig**,1908-1987. Geógrafo francês, professor da USP (1935-1946). Defendeu sua tese de doutorado *Pioneiros e fazendeiros de São Paulo* em 1947, na França. É considerado um dos pioneiros dos estudos de Geografia Urbana no Brasil. Cf. AB'SÁBER, Aziz. Pierre Monbeig: a herança intelectual de um geógrafo.

31. Os termos em inglês – *playfields, playgrounds* – eram usuais na literatura sobre espaços livres dos anos 1950 e 1960, à qual arquitetos e paisagistas tinham acesso.

Capa do álbum de casamento de
Rosa Grena Kliass, São Paulo, 1956

Rosa e Wlademir Kliass, sob o Chupá na cerimônia de casamento, São Paulo, 1956

> *"A Rosa sempre teve uma vida profissional independente, e isso significou que os filhos passaram a ter que se virar. Quando o escritório era em casa, até que era mais fácil. Mas ela sempre se dedicou também para vida profissional".*
> *Paulo Kliass*[1]

Valódia e eu namoramos os cinco anos da faculdade; e nos casamos em 1956, depois de formados.

Wlademir Kliass também vinha de uma família de judeus, mas absolutamente desvinculados dos rituais. A diferença era que os Kliass não tinham relações familiares fortes aqui. A ligação deles era com a aristocracia paulista, que apreciava música, ia aos concertos, recebia os artistas. Então não havia, digamos, a relação religiosa. E, para os meus pais, as relações eram muito ligadas à família e à comunidade, com um fundo judaico grande, mesmo que não necessariamente religioso.

> Os judeus da Alemanha que viviam em Berlim, nas cidades maiores, tinham muito mais acesso à cultura. Eram uma aristocracia entre os judeus. Os meus pais e os pais da Rosa eram judeus de cidades pequenas na Polônia, de aldeias. A vida deles era mais do chão, de todo o dia, da luta difícil. [Etale Wainer]

O professor Kliass[2] e a dona Lídia, pais do Valódia, faziam parte da intelectualidade de São Paulo. Na verdade, se confundia um pouco aristocracia com intelectualidade. Meus sogros tinham uma roda social muito grande, formada por intelectuais e gente rica. E eu me lembro que eles saíam muito. Toda noite; ou era um jantar na casa de alguém, ou era um concerto no Municipal.

O pai do Valódia veio da Alemanha, mas a mãe, dona Lídia, veio da Rússia. Ela era a única filha de um industrial, e a família tinha uma casa muito grande. Quando veio o comunismo, ele foi considerado um "bom burguês" porque era um bom patrão. E foi então designado que seria o gerente da indústria – que era dele!

E a casa deles, por ser muito grande, foi dividida para ser usada por dez famílias. Mas o pai da dona Lídia não aguentou esta situação por muito tempo, e veio com a família para o Brasil. Dona Lídia contava que saíram da Rússia sem nada, a única coisa que ela tinha era o casaco de peles da mãe – que vendeu para ter um dinheirinho. No navio, o capitão notou que ela falava francês, e ela passou a ser sua intérprete. Assim, a família mudou da terceira para a segunda classe. Esta é a história...

•

Meu sogro era professor de piano: o professor Kliass era uma entidade. De manhã cedo descia do quarto para tomar o seu café, já inteirinho paramentado, prontinho, perfumado. Tomava o café da manhã, e ia para o ateliê. Era uma edificação na parte de trás da casa, onde ficavam os pianos de armário – o piano de cauda ficava na sala do estúdio. E ele ficava trabalhando. Depois ia almoçar, descansava, e voltava sempre impecável.

•

Rosa, Wlademir Kliass e o rabino durante o casamento, São Paulo, 1956

Familiares no dia do casamento civil, na Residência Kliass. Da esquerda para a direita: Lidia Kliass, José e Sonia Alembick, Wlademir e Rosa Kliass, José Kliass e sua mãe Dona Dária, São Paulo, 1956

Nupcial Alembick-Kliass

DOIS arquitetos formados pela FAU, a noiva Rosa e o noivo Wlademir, construíram o alicerce de seu futuro com o casamento, celebrado dia 16, às 19 horas, no Templo de Beth-el, rua Martinho Prado.

A cerimônia, religiosa, no templo israelita, foi oficiada pelo "Rabino" e orada pelo "Kantor", seguida de todos os rituais, singelos e interessantes que são normas daquela seita.

O noivo é filho do maestro José Kliass e de dona Lídia Kliass, e teve como padrinhos, no ato civil, o sr. Adolfo Serson e sra. Rita Lebre Seabra. No religioso, conforme é ritual, as testemunhas foram seus pais.

A noiva, Rosa Chcna Alembick, é filha do sr. José Alembick e da sra. Sonia Alembick. Seus padrinhos no ato civil fo-

ram o sr. Luiz Alembick e sra. Maria Gorsky, e na benção nupcial religiosa, seus pais.

No Templo viamos, entre a numerosa assistencia, os amigos da familia: sr. e sra. Ciro Resende, sr. e sra. Luciano Gualberto, sr. e sra. Milciades Porchat, sr. e sra. maestro Sousa Lima, sr. e sra. maestro Camargo Guarnieri, sr. e sra. Cloude Lovatelli, sr. e sra. Gregory Warchavchik, sra. Luba Klabin, sra. Ester Laudan, sra. Erna Klabin, sr. e sra. Rubens Svetner, sr. e sra. Rino Levi, sr. Abelardo de Sousa, sr. e sra. Ruí Sodré, sr.

e sra. Wolf Netter, sra. Marinha Fleury, sr. Miranda Martinelli, sr. Mauricio Segall, sr. Caetano Fracaroli, sr. e sra. Jacó Lafer, sr. e sra. Guido Mozanca, sra. Nenê Medici, sra. Iara Bernette e Gregorian, sr. e sra. Marcos Occugne, sra. Ritinha Soares, sr. e sra. Pinto Assunção, sr. e sra. Nicanor Miranda, sr. e sra. Antonio Carlos Assunção, sr. e sra. Isaak Epstein, sra. Marina Medeiros, sr., Antonieta Sousa Toledo, sr. e sra. Hugo Barbieri, sr. e sra. Jaime de Carvalho, sr. e sra. José Silva Martins, sr. e sra. Bruno Hollnagel, sra. Doris Alexander, sra. Estelinha Epstein, sr. José Birman, sra. Sonia Letaif, sra. Ivone Loeb, sra. Schiek, sra. Ivone Loeb, sra.

Madalena Beruheim, sr. Luís Carlos Moreira, sr. e sra. Joseph Hamburguer, sra. Lucile Vilato, sr. e sra. Horacio Leifert, sra. Vanda Amaral, sr. e sra. Eneu Amaral, sr. e sra. Artur Kraufman, sr. e sra. Diogenes Tupinambá, sr. e sra. Simon Leirner, sr. e sra. Cito Brisola, sr. e sra. Bernardo Federovsky, sr. e sra. Marcel Kliass, sra. Elizabete Petigor, sr. Jarbas Pereira Braga, sr. Alexandre Kliass, sr. David Leifert, sr. Israelis Kairovsky, sr. Nestor Neis, sr. Francisco Witaker, sr. Sacha Harnisch, sr. Adolfo Kleiner, sra. Ivone Kliass, sra. Anita Epstein, sra. Dora Bandeira, sr. e sra. Rangel Bandeira, sr. Silvio Pinto Freire, sr. Decio Rodrigues.

Sr. e sra. José Kliass

Sr. e sra. Mejer Gorsky

Rosa e Wlademir Kliass

Respeite os sinais e sua culpa será sempre dos outros

Nota em jornal sobre o casamento de Wlademir e Rosa Kliass, São Paulo, 1956

Quando eu conheci o professor Kliass, eu escondi tudo o que eu tinha relacionado a piano. Eu não contava para ninguém que eu tocava! Nunca contei para ele. Primeiro, porque ele nunca me perguntou – mas eu também não contaria, mesmo... Mais tarde, já com nossos filhos, Valódia e eu fomos morar na casa do professor Kliass, num período em que ele e dona Lídia foram para os Estados Unidos e que nós estávamos arrumando nossa casa na rua Tabapuã. Embora eu tivesse todos aqueles pianos na casa, eu nunca toquei... Seria uma heresia!

Meus sogros nunca puseram os filhos para tocar piano. E fizeram muito bem... Eram artistas tão grandes que passavam por lá que não era o caso, realmente, dos meninos aprenderem. Mas eles também nunca sentaram num piano. Não lhes foi pedido, e eles também não quiseram.

•

Na casa dos Kliass se comia à francesa. A dona Lídia não entrava na cozinha, não sabia nem onde tinha colher na casa dela, só cuidava da Escola Kliass. Era ela quem fazia os horários, quem recebia. Foi ela quem comprou carro, providenciou a elaboração do projeto e a construção da casa na Brigadeiro Luís Antônio.

Mas existia a avó. A dona Dária – a vovó Dária –, a mãe da dona Lídia. Ela adorava o Valódia. Era uma russa – russa, russa. Ela dizia que havia estudado medicina na Rússia; na verdade, tinha sido parteira. Aqui no Brasil parteira era uma profissão menor, então ela dizia ter estudado medicina – nós vimos a malinha de parteira que ela trouxe da Rússia. Na casa da dona Lídia, a vovó Dária é quem entrava na cozinha, era ela quem cuidava da casa.

•

Uma vez, seria feita uma homenagem ao professor Kliass no Teatro Municipal. E claro que eu, como futura nora, deveria estar presente – e estar elegantíssima! Então, eu precisava de um chapéu. Procurei a melhor chapeleira de São Paulo. Põe um chapéu, experimenta outro, e uma hora a chapeleira disse que um deles ficou ótimo. Então tudo bem, levei o chapéu. E no dia seguinte fui para o Teatro Municipal.

Quando cheguei, para minha surpresa, vi que tinha outra pessoa com um outro chapéu igualzinho ao meu. Era a Esther Klabin[3] – a mulher mais chique de São Paulo. Acho que ela ficou muito chateada por eu ter aparecido com um chapéu igual ao dela!

•

Quando meu pai soube que eu tinha decidido me casar com o Valódia, ele me perguntou se eu tinha consciência que estava entrando em uma família de artistas. Meus pais eram judeus médios, digamos, não eram ricos. Era uma disparidade grande entre as duas famílias. Não havia intercâmbio entre elas, mas tudo bem. Eu frequentava muito a casa do Valódia, e o Valódia, a minha; e foi pacífico, digamos assim. Quando decidimos casar, eu acho que a família do Valódia não teria feito um casamento na sinagoga. Teria feito provavelmente só no civil, e depois uma festa em casa.

Mas papai quis que se fizesse o casamento na sinagoga. Havia várias sinagogas em São Paulo, entre elas a Beth-El, que era no Centro, e a sinagoga do Bom Retiro. Nosso casamento foi na Beth-El. Todos os amigos dos Kliass estavam presentes, eram figuras importantíssimas da sociedade. E foram os meus parentes e os meus amigos.

Nós fizemos um jantar para a família e convidados, mas não foi logo depois do casamento. Após a cerimônia fomos à casa da minha irmã, só os noivos, irmãos, filhos. Dali, saímos para viajar à noite.

•

O casamento já estava marcado, era preciso um vestido de noiva. Em São Paulo havia as grandes casas de vestido de noiva, e eram aqueles vestidos de cauda, de organza, de cetim. Existia inclusive a "rua das noivas", a rua São Caetano, repleta de casas de vestidos de noiva. Minha irmã Maria acabou tendo uma casa lá. Mas eu pensei: o que eu vou fazer depois com o vestido? Nada. Ele seria colocado num baú, numa mala. Concluí: não, isso é um desperdício muito grande. Eu gostava muito de fazer os modelos das minhas roupas – e tinha à disposição a Dona Elvira, costureira que fazia toda a minha roupa.

Eu disse para ela que não ia ter cerimônia religiosa, e que eu precisaria de um vestido só para o civil. Comprei uma peça inteira de laise suíça, bordada, linda! Comprei na Tecelagem Francesa – na rua Direita, onde ficavam as casas de tecido. Essa peça inteira de laise suíça não foi cortada; foi só dobrada, e se fez uma saia e uma sobressaia com ela. Eu que criei! E era aberta, inclusive. Ficava em cima de um vestido de tafetá de seda pura, que era um vestido inteiro. Mas era um vestido curto.

Depois do casamento, eu desfiz as duas saias. Transformei em dois vestidos, um deles para minha sobrinha Freida.[4] E o vestido de tafetá eu usava. Foi totalmente aproveitado!

•

Quando eu saí da faculdade, quis fazer um curso de fotografia. Entrei primeiro na escola de fotógrafos Foto Cine Clube Bandeirante, mas não gostei muito das aulas. E existia em São Paulo um fotógrafo famosíssimo, Sascha Harnisch,[5] considerado o grande fotógrafo da cidade. Ah, eu vou pedir para ele me dar umas aulas... e fui na casa dele, na rua Aurora, no centro da cidade. Mas ele não dava aulas... Eu disse a ele: "Bom, mas para mim você não vai poder dar?" E expliquei porque eu estava querendo aprender: na faculdade haviam os fotógrafos da turma, que tiravam todas as fotos para os colegas. Mas agora, formada, eu mesma iria ter que tirar minhas fotos, e precisaria aprender. Ele então aceitou, sugerindo irmos aos sábados tirar fotos em parques. E aí eu fiz uns três, quatro passeios em parques com ele, foi ótimo. E assim comecei a tirar fotos. Logo depois eu casei, e ele me deu de presente de casamento o álbum de fotografias.

•

Nossa lua-de-mel foi na Argentina. Buenos Aires era um sonho, vamos dizer assim, para muita gente. Os brasileiros iam muito para lá. E nós tínhamos uma grande ligação com a Argentina por causa da mãe do Valódia, a dona Lídia. Lá vivia um grande professor de piano que era o contraponto do professor Kliass, Alberto Ginastera, com quem eles tinham relações pessoais e profissionais. E ela dizia: "Ah, eu gosto quando eu vou pra Buenos Aires! Lá tem morango! Lá tem framboesa!" Coisas que aqui não chegavam naquela época.

Nós tínhamos a indicação do Hotel Llao Llao em Bariloche através da Joana e do Jorge Wilheim, que haviam estado lá pouco tempo antes. Optamos por ficar em um outro hotel, mas íamos muito lá porque era o centro dos acontecimentos. Bariloche foi uma viagem maravilhosa, lá descobrimos matas nativas, paisagens incríveis. Era dezembro.

Em Bariloche ficava a Belgiorno, uma loja de joias no Grande Hotel. Lá o Wlademir me comprou um par de brincos e um anel muito bonitos, de prata, que eu uso até hoje. O curioso é que, depois de muito mais de trinta anos – não me lembro quanto tempo –, levei os brincos e o anel, que estavam opacos, perdendo um pouco o viço, na matriz da Belgiorno, na rua Santa Fé em Buenos Aires, para ver se eles podiam restaurar. Quando eu cheguei e mostrei, a vendedora gritou para os outros vendedores virem olhar o que eu tinha trazido. Era realmente uma relíquia... E eles restauraram!

Wlademir e Rosa Grena Kliass na saída para viagem de lua de mel, São Paulo, 1956

O Wlademir tinha um olho azul que eu acho que o Paulo herdou. Quando ele falava da Rosa, ele abria aquele olho azul e se iluminava!
[Nina Vaisman]

Nossa meta era Bariloche, mas voltamos por Buenos Aires, onde tínhamos alguns amigos, e foi muito gostoso encontrar, passear pelas lojas da capital, aquela fascinação. A cidade era muito refinada, lojas com coisas muito finas, muito boas. As malhas portenhas eram famosíssimas, o couro...

•

O Wlademir era arquiteto, da minha turma, e nós fazíamos projetos juntos. O começo da minha vida profissional foi de arquitetura e decoração. Mas no nosso escritório eu também fazia paisagismo. Entrava uma residência, eu fazia o jardim. Ninguém pedia, mas eu fazia! Existia uma demanda muito interessante naquela época. As construtoras vendiam os apartamentos "na planta", que eram comprados antes do edifício estar construído. O projeto poderia ser todo reformulado, mantendo apenas as estruturas. Isso tinha uma procura muito grande, pegávamos muitos projetos de apartamentos para fazer. E aí, claro, no terraço eu entrava com jardineirinhas, e tudo o mais. E fomos criando assim uma demanda.

•

No final dos anos 1950, papai e mamãe moravam em São Roque e nós, seus três filhos – Maria, Lajbus e eu –, morávamos em São Paulo. Nesta época Santos era a meta de todo casal paulistano para garantir as férias com a família. Daí a sugestão, que fizemos ao papai, de comprar um apartamento em Santos para passarmos as férias juntos. Porém esta opção trazia o seguinte quadro: todos iriam para a praia nos fins de semana, enquanto papai e mamãe ficariam em São Roque. Eles dificilmente passariam o fim de semana ou férias em Santos.

Rosa Kliass em Bariloche durante a lua de mel, 1956

A solução foi a compra de uma chácara, numa situação privilegiada, junto à zona urbana de São Roque. Era de propriedade de um industrial libanês, o senhor Katan, que possuía uma fábrica de tecidos. A chácara era uma plantação de uvas, naquele momento uma demanda das vinícolas. O senhor Katan mantinha ainda, no subsolo da casa, uma adega onde guardava o vinho produzido para uso próprio. A chácara tinha como marco paisagístico uma grande rocha junto a uma mangueira, criando um desnível que definia dois pavimentos. No nível superior, três pinheiros, provavelmente para lembrar a paisagem do Líbano. Demos o nome de Chácara Sônia, em homenagem à mamãe.

Deu-se início à reforma da casa para acomodar os novos usos. Para atender os pedidos dos familiares, foi montada uma área para churrasqueira e criado um pergolado para garantir o sombreamento. A entrada da chácara, no nível da rua, abrigava a casa do caseiro, seu Antônio. Foi combinado com ele que poderia ser plantada uma horta, bastando garantir toda semana uma sacola de verduras para cada um dos filhos. A esposa do caseiro, dona Maria, mantinha uma produção de grande variedade de ervas aromáticas, o que atraia moradores da cidade.

A chácara proporcionou fins de semana prazerosos com amigos. Nós organizávamos churrascos para famílias de amigos com filhos da mesma idade dos meus filhos, Paulo e Sonia,[6] que faziam muito sucesso. Foi realmente o grande espaço de convívio dos filhos do nosso rico grupo de amigos.

Com a mudança da legislação de uso do solo do município, a área deixou de ser rural, sendo passível de parcelamento urbano. A pequena estrada de terra que dava acesso à chácara foi transformada numa avenida de duas pistas, o que comprometeu totalmente o caráter da paisagem. Com o falecimento do papai, a chácara foi vendida pelos herdeiros.

•

Rosa, Wlademir e Paulo Kliass na
Chácara Sonia, São Roque, 1959

Rosa Kliass e Henrique Brenner, em visita à obra da residência Henrique Brenner, São Paulo, c. 1960

O Rino Levi e a senhora dele, Ivone, eram muito amigos dos meus sogros, e se frequentavam regularmente. O Rino recebia muito, e era quem oficialmente recepcionava os arquitetos que chegavam ao Brasil. Era uma casa muito linda, projeto dele, com uma pérgola maravilhosa e bromélias do Burle Marx.

Numa noite em que iria receber arquitetos, ele convidou a mim e ao Valódia para irmos a este jantar. Lembro que nesta noite, comentando a casa, o Valódia me disse: "São poucos os lugares aonde a gente pode, em cima de um sofá, encontrar um Léger..."[7]

Eu já era formada, e tinha feito até um estudo de um projeto paisagístico para o Hospital Albert Einstein, projeto do Rino. Enfim, já tínhamos uma relação profissional.

Estávamos lá, e em certa hora o Rino me chamou e disse que me apresentaria ao "Roberto" – era o Roberto Burle Marx! Ele então me apresenta dizendo que eu era a paisagista paulista. Aí eu fiquei... eu queria me esconder, sumir! Percebendo a minha reação, o Roberto me pergunta: "Ô, menina, você acha que é tão importante ser paisagista?!" Nunca esqueci isto!

Esta foi a primeira vez em que vi o Burle Marx.

•

> Meus pais, o Valódia e a Rosa, moravam no centro de São Paulo, na rua Rêgo Freitas. Esta rua fica numa região que eu chamaria de "arquitetolândia": onde ficava a sede do IAB, do sindicato, os escritórios dos arquitetos e paisagistas mais conhecidos; logo ali era a rua Maranhão, onde era a própria sede da Faculdade de Arquitetura da USP. Era um apartamento num bairro de arquitetos. [Paulo Kliass]

Paulo Kliass na prancheta, São Paulo, 1961

Quando morávamos na Rêgo Freitas, no mesmo prédio morava a Miranda. Meu filho Paulo e o Demétrio, filho dela, praticamente cresceram juntos, desde bebezinhos.

> A praça Leopoldo Fróes[8] ficava a 100, 150 metros da nossa casa. Ela me contava que ia me levar no carrinho para tomar sol, junto com a Miranda levando o filho que nasceu em dezembro, como eu, no mesmo ano. Depois nos mudamos para uma casa que ficava muito perto dali, na rua Major Sertório. Lá a gente continuava vivendo no bairro da arquitetura. Eu me lembro que saía com minha mãe, de vez em quando com meu pai, e ia nessa pracinha, que era uma praça de referência. A nossa casa passou a ser também o escritório dos meus pais. Mais da Rosa até do que do Valódia, porque ele também tinha outras atividades fora do escritório. [Paulo Kliass]

> Existiam dois universos, o familiar e de relacionamento, e o outro, que era o profissional e que corria por um outro caminho. A Rosa tinha uma afirmação muito maior que o Valódia, que foi procurando nichos. Ele se dava muito bem com as pessoas. [Michel Gorski]

O Wlademir trabalhava com arquitetura, depois fez curso de Administração Hospitalar, e trabalhou muito em hospitais. Ele era funcionário público do Estado, trabalhava no DOP.[9] Foi indicado para trabalhar no Hospital Franco da Rocha, um manicômio. Eu me lembro que, uma vez, tendo que fazer uma reforma no refeitório, ele achou lógico perguntar aos médicos se haveria alguma recomendação especial. Qual não foi a sua surpresa ao saber que nunca nenhum médico tinha assistido a uma refeição dos internos!

> A Rosa é uma dupla com o Valódia. Não é uma pessoa, é uma associação. O Valódia, um pouco diferente da Rosa, era muito interessado nas pessoas. Ele perguntava o que é que você vai fazer, o que é que você fez, onde você vai, o que é que você está pensando. Ele

tinha uma relação com os outros, e de certa forma ele me aproximou muito da Rosa. Além de ser uma pessoa muito culta, muito sabedora das coisas, ele nunca foi de esnobar suas virtudes pessoais de conhecimento. Isso me atraiu muito até para eu fazer arquitetura. Eu via muito o trabalho da Rosa, a Rosa era mais a pessoa do escritório. [Michel Gorski]

O Valódia era uma pessoa muito interessada. Ele queria saber, queria sentir, ele era interessado em tudo, qualquer assunto. Ele era muito estimado. Era encantador! Todo mundo gostava muito dele. São memórias boas, queridas. [Etale Wainer]

Era uma casinha comprida, a parede dava para rua, e não tinha nem um quintalzinho de frente. No quartinho da frente, que dava para rua, ficava o escritório, tinha uma prancheta... Era um escritório pequenininho, no máximo uma ou duas pessoas. As pessoas que trabalhavam no escritório naquele tempo brincavam comigo, eu era o filhinho do casal... Aí começa, vamos dizer assim, a minha vida com mamãe nessa segunda casa, mas a vida no centro da arquitetura. [Paulo Kliass]

NOTAS

1. Paulo Kliass, 1958. Filho de Rosa Grena Kliass, administrador público (EAESP FGV, 1985), mestre em economia (IPE USP, 1988), e doutor em economia (Universidade de Paris 10, 1994). Desde 1994 reside em Brasília, trabalhando em diversos órgãos do governo federal como especialista em políticas públicas e gestão governamental.

2. **Joseph Kliass**, 1895-1970. Pianista russo radicado no Brasil, para onde imigrou após a Primeira Guerra Mundial, também conhecido como José Kliass. Estudou no Conservatório Stern em Berlim com o pianista Martin Krause, discípulo de Liszt. Fundou a Escola Pianística Kliass em São Paulo, considerada uma das mais importantes escolas de piano do Brasil, e de renome internacional. Tecnicamente, seu método de ensino foi atribuído aos princípios teóricos da chamada "escola do peso do braço", cujos principais formuladores foram, no início do século 20, Rudolf Breithaupt na Alemanha e Tobias Matthav na Inglaterra. Formou pianistas com carreiras de destaque, como João Carlos Martins, José Eduardo Martins e Yara Bernette. Ministrou Master Classes como professor convidado na Brigham Young University, EUA. Cf. MARTINS, José Eduardo. Escola pianística do professor José Kliass.

3. **Esther Klabin**, 1907-2002. Nascida em São Paulo, herdeira das empresas Klabin de papel e celulose.

4. **Freida Abramovich**, 1946. Filha de Mejer Gorski e Maria Gorski, é sobrinha de Rosa Grena Kliass pelo lado materno. É psicóloga (PUC-SP, 1970).

5. **Sascha Harnisch**, 1920. Nascido na Itália, mudou-se para o Rio de Janeiro em 1946. Um dos divulgadores da arquitetura moderna brasileira em São Paulo, foi colaborador das revistas *Acrópole*, AD e *Habitat*, e fotógrafo do livro CRULS, Gastão. *Aparência do Rio de Janeiro*.

6. **Sonia Kliass**, 1964. Filha de Rosa Grena Kliass, psicóloga (PUC-SP, 1987). Vive e trabalha na Catalunha, Espanha, desde 1992, atuando em todo o país como formadora e assessora de profissionais da educação infantil, e consultora de famílias.

7. Joseph **Fernand** Henri **Léger**, 1881-1955. Pintor francês, amigo dos artistas Robert Delaunay, Marc Chagall e Blaise Cendrars, adere ao cubismo em 1910 e participa de uma série de exposições nas cidades de Paris, Moscou e Nova York – nesta última, no Armory Show de 1913. Cf. <http://mediation.centrepompidou.fr/education/ressources/ENS-Leger/ENS-leger.html>.

8. Praça Leopoldo Fróes, atualmente praça Rotary.

9. Departamento de Edifícios e Obras Públicas, Estado de São Paulo.

Família em Santos, 1961. Da esquerda para direita: Michel Gorski, Maria Gorski, Rosa Kliass, Sonia Alembick, Paulo Kliass e José Alembick

Parque do Morumbi, São Paulo, 1966

São Paulo, e além

Rosa Kliass e José Gandolfi durante o 1º Encontro Nacional de Arquitetos Planejadores, Curitiba, 1966

> "A minha relação com o cliente nunca era só o trabalho, mas ia muito além do papel pintado que eu entregava".

Curitiba foi a primeira cidade fora de São Paulo em que eu trabalhei. Comecei a fazer muitos projetos paisagísticos em residências projetadas por Luiz Forte Netto, José Maria e Roberto Luis Gandolfi,[1] que eram sócios. A socióloga Eugênia Paesani,[2] prima do Gandolfi e com quem eu já tinha trabalhado em São Paulo, me recomendou a eles como paisagista. Então passei a elaborar os projetos dos jardins das residências projetadas pelo escritório Forte Gandolfi.

Uma das minhas lembranças das idas à Curitiba era o clima: a cidade era muito fria e úmida, e não havia aquecimento central. Então, o que a gente fazia? Colocávamos jornal embaixo do colchão para evitar que a umidade subisse! Assim foi meu começo em Curitiba...

•

Em 1962, entrou o projeto do Santa Mônica Clube de Campo para fazer com eles. Era uma espécie de parque, uma coisa maior. O parque era muito grande, fora da cidade, e eu fiz o projeto paisagístico e o plano de ocupação de toda a área.

Quando eu era estudante de arquitetura havia uma disciplina com visita a obra, e fui visitar o Santa Mônica Clube de Campo. E foi lá onde eu tomei conhecimento da existência da Rosa e de um dos seus primeiros trabalhos em Curitiba. Para mim foi uma experiência extraordinária, alucinógena quase! Para um jovem ainda completamente cru, não sabendo das coisas, se deparar com aquela escala de projeto de paisagismo e de arquitetura, foi fantástico! Eu lembro que fiquei fascinado com o talude, com a escadaria, que era composta por patamares simplesmente pousados nesse talude gramado e com muitas Hemerocallis.[3] Essa experiência do Santa Mônica foi a minha abertura para conhecer esta grande mestra. [Orlando Busarello]

-

Uma vez tive que ir para Curitiba a trabalho e ficar uns dias lá. O Paulo tinha uns quatro ou cinco anos, e a Soninha era bebê. Eu não podia deixá-los em São Paulo, então eu os levei. Fomos de carro para lá: o Wlademir, eu e as crianças. A Soninha foi na parte de trás: tivemos que comprar um tipo de bercinho de criança para carro e até uma persianinha, para não bater o sol nela. Dá para imaginar o que foi essa viagem...

Eu sempre vivi com essa imagem de uma mãe que tem uma profissão. Acho que é uma coisa muito significativa. Uma mãe profissional para quem trabalhar era muito importante, porque trabalhava muito, mas que também estava muito presente nas coisas do dia a dia. Sempre almoçou em casa com todo mundo, sempre que tinha uma coisa de escola, uma apresentação... nunca tive a sensação de que a mamãe não estava presente nas situações importantes na vida. Ela estava sempre muito presente nas nossas vidas, uma vez que o escritório era dela e isso lhe dava maior controle dos horários. Depois que a gente é mãe é que pensa: nossa, como é que ela dava conta de tudo?! [Sonia Kliass]

Quando chegamos em Curitiba, o Gandolfi me emprestou seu apartamento – com a cozinheira dele e tudo! –, e eu me instalei com a família inteira. Depois o Valódia voltou, e eu fiquei lá com os meninos. Eu ia trabalhar, e o Paulo, que era mais ou menos da idade das filhas do Luiz Forte, brincava muito com elas. Eu me lembro que, quando nós chegamos de volta a São Paulo, ele contava para as pessoas: "Sabe como é que a Cristina falava? Ela falava assim: eu-que-ro-um-co-po-de-lei-te-quen-te-com-cho-co-la-te!" A pronúncia curitibana!

•

O plano diretor de Curitiba nasceu na na minha casa, em 1965. Eu e o Valódia tínhamos um grande amigo, o Isaac Milder[4] – um engenheiro hidráulico de Curitiba, mas que morava em São Paulo e era casado com uma médica, a Regina. Nós nos dávamos muito bem. Um dia, estávamos conversando na casa da Major Sertório, na salinha, e o Isaac disse para mim e para o Valódia que precisava da nossa ajuda. Ele havia sido convocado para fazer o plano diretor de Curitiba, precisava de um arquiteto; e havia pensado em chamar o Rino Levi. Então eu sugeri o Jorge Wilheim, porque o Rino Levi era um grande arquiteto, mas não era um urbanista. O Jorge Wilheim era um arquiteto jovem, mas estava muito ligado em urbanismo. Ele então foi chamado para fazer o Plano de Curitiba, e me pediu para fazer a parte paisagística.

> No Plano coordenado pelo Jorge Wilheim, a Rosa tratou da questão da paisagem, quer dizer, mais um elemento novo em Planos Diretores. E eram propostas muito avançadas, eu diria que revolucionárias para a época, numa província. Este Plano balizou todas as propostas que foram implantadas em Curitiba ao longo desses últimos cinquenta anos. [Orlando Busarello]

Naquela época, o Jaime Lerner[5] era estagiário do escritório do Instituto de Pesquisa e Planejamento Urbano de Curitiba – IPPUC. Muito do que

Praça Benedito Calixto,
Pinheiros, São Paulo, 1967,
Rosa Kliass e Miranda Magnoli

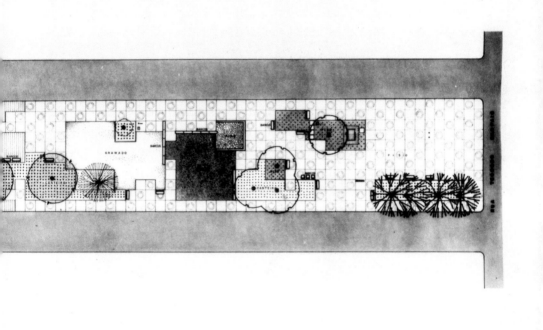

ele fez em Curitiba é o pensamento do Jorge. Por exemplo, a questão do transporte público, da definição das vias onde deveriam passar ônibus, o sistema de transporte rápido... essas eram ideias do Jorge.

Na época do Plano de Curitiba, eu já morava na Major Sertório com o escritório dentro de casa. Sempre que eu trabalhava com o Jorge era assim: eu no meu escritório e o Jorge no escritório dele.

O Jorge morava na rua Bocaina, uma rua sem saída. É um beco nas Perdizes, uma travessa da Cardoso de Almeida. E era assim: o Jorge morava nessa rua, fez o escritório nessa rua. Depois a Joana, quando se formou em psicologia, fez o consultório dela nessa mesma rua, e quando a Aninha, filha deles, casou, ela passou a morar nessa rua também. Então eu dizia que aquela era a Wilhemstrasse.

> A Rosa morava na Major Sertório num sobrado onde era o escritório dela, e nós morávamos ali por perto. A gente começou a se encontrar numa praça, a Leopoldo Fróes, eu com meu filho recém-nascido e ela empurrando o carrinho com a Soninha. Me lembro que de vez em quando o Paulo vinha correndo na praça para chamar a mãe, porque tinha alguém no telefone para um projeto. [Nina Vaisman]

•

Para elaborar o planejamento paisagístico integrado ao plano urbanístico de Curitiba, estabeleci que era necessário conhecer a cidade, os espaços ocupados, os espaços vazios, as praças e parques existentes. E seria ainda necessário dominar a questão da vegetação, tanto a utilizada na cidade quanto a disponibilidade de espécies nativas. Eu me lembro que fui conversar com o diretor de Parques e Jardins de Curitiba, e perguntei a ele se utilizavam uma determinada espécie nativa. Ele olhou bem para mim e disse: "Mas isso é planta de cozinha!"

Foi com o Plano de Curitiba que começou a nascer uma metodologia de Planejamento Paisagístico, onde eu fiz o primeiro inventário de praças. Um estagiário me acompanhava, levantava as dimensões e os equipamentos existentes, os usos, a vegetação, enfim, fazia o levantamento. Finalmente, eram inventariados os equipamentos e usos urbanos lindeiros. Era uma metodologia que tanto dimensionava o atendimento destas praças quanto fazia uma projeção, juntamente com o plano urbanístico, da população que deveria ser demandatária destas áreas. Ou seja, avaliava o déficit e a demanda.

> Um aspecto que a Rosa propunha no Plano era verticalizar, permitir a construção de edifícios, e as alturas maiores seriam com recuos progressivos. Curitiba tinha uma estrutura fundiária de lotes pequenos, e construir em pequenos lotes e verticalizar pura e simplesmente não era bem o caso. Foi uma visão extremamente inovadora e progressista da Rosa propor que esses lotes fossem agregados, que a indústria fundiária agregasse o maior número deles e verticalizasse, mas com um grande entorno de áreas livres, abertas, verdes, e o prédio, dependendo da altura, tivesse afastamentos progressivos. Essas propostas mais progressistas não se transformaram em lei, mas a semente ficou plantada e germinou muito. Em diversos momentos essas ideias voltaram, e hoje nós temos muita coisa na cidade que está fundamentada lá atrás, nesses conceitos precursores da Rosa. [Orlando Busarello]

Quando o Jorge apresentou o Plano de Curitiba na prefeitura, o prefeito depois disse a ele: "Mas doutor Jorge, como é que o senhor vai tirar os carros da rua Quinze? O senhor não pode tirar os carros de lá! É onde todo mundo vai, a cidade inteira vai para lá para conversar, é o centro dos empresários, não pode tirar os carros". O Jorge então respondeu: "Senhor prefeito, o senhor então pode dizer a eles que, em vez de uma calçada, eles vão ter um *calçadão*". E daí que veio o nome calçadão, não existia esse termo!

-

Em Curitiba, o aeroporto vivia sem teto. Era uma loucura! Muitas vezes demorava muito, e não era possível prever o tempo de espera para o voo. Então eu levava tricô para fazer enquanto esperava. Naquela ocasião eu fazia muito crochê, tricô; eu fazia muitos trabalhos manuais. Isso eu herdei da minha mãe... Maria, minha irmã, também era muito habilidosa. E uma vez eu estava lá no aeroporto, fazendo tricô, e passou o prefeito de Curitiba. E ele olhou para mim admirado e disse que a última coisa que ele podia imaginar era me ver fazendo tricô!

-

O Jorge mostrou o Plano de Curitiba para o doutor Meiches,[6] que era o secretário de Obras do governo Faria Lima.[7] O Faria Lima queria fazer em São Paulo o que a mulher do Lyndon Johnson estava fazendo nos Estados Unidos: plantar florzinhas nos canteiros das avenidas. Um dia eu cheguei no meu escritório da Major Sertório e o Sebastião, que era o nosso secretário, me disse: "Rosa, não sei se é trote, mas o Faria Lima ligou para você, e ele deixou um telefone aqui para você ligar". O Faria Lima era aquele que falava ele mesmo ao telefone. Eu liguei, e era ele mesmo, que então me convidou para uma conversa. Fiquei surpresa, e fui lá falar com ele – no gabinete dele, com uma mesa enorme, cheio de engenheiros, todos homens: não havia nenhuma mulher, nem como secretária. Nesta ocasião, eu tinha 34 anos.

Ele me deu ciência de que queria implantar em São Paulo o tal do plano das flores nos canteiros das avenidas. E virou para os engenheiros na mesa e perguntou como é que aquela arquiteta poderia ajudá-los. Ninguém falou nada. A prefeitura não contratava profissionais externos. Então o Faria Lima virou para mim e perguntou se eu, como cidadã paulistana, não poderia dar uma contribuição para a cidade – o que vale dizer: sem receber honorários. Surpresa, sem muito tempo para elaborar a resposta, eu disse: "Senhor prefeito, assim como eu, tem uma centena de arquitetos em São Paulo que poderiam fazer isso. Eu não acho ético aceitar". E fui embora. Quando cheguei em casa, o Wlademir me recriminou: "Como você deixa um prefeito assim?"

•

Tempos depois, o Faria Lima me ligou novamente. Uma outra audiência então foi marcada. O prefeito me informou que agora tinha um projeto para mim: era o Parque do Morumbi. Aceitei, e este foi o meu primeiro parque público, em 1966.

A partir de uma análise da situação da área, estabeleci o programa do parque a ser instalado. O terreno do Parque do Morumbi era coberto por mata nativa. Eu não sabia como fazer o projeto de um parque que era todo de mata nativa! Então não fiz por menos: fui ao Instituto de Botânica, e convidei o chefe do Jardim Botânico para fazer um levantamento de toda a vegetação. Era o botânico Helmut Schlik. Ele fez o levantamento, árvore por árvore. Eu fiquei conhecendo a vegetação, e pude estabelecer o que seria retirado e o que poderia ser plantado. Entreguei o projeto, faltando apenas a planta de plantio. E pedi para ser elaborado o levantamento topográfico com a localização das árvores – que não foi feito.

Um dia eu cheguei no parque e vi uns operários trabalhando. Eu perguntei o que eles estavam fazendo: eles disseram que estavam começando a fazer o parque. Mas como?! Não estava pronto ainda o projeto! Eles estavam fazendo o projeto com a parte executiva da pavimentação, do traçado, que eu tinha entregue. Vi também que não estava sendo feito exatamente como eu havia projetado. Liguei para o Departamento de Urbanismo que havia me contratado e disse: "O projeto está sendo executado, mas vocês não estão acompanhando?" "Não, mas isso depois a gente vê... Mas escuta, você ainda não recebeu!" "Bom, é que eu não entreguei ainda tudo". "Você não quer entregar o projeto de plantio para

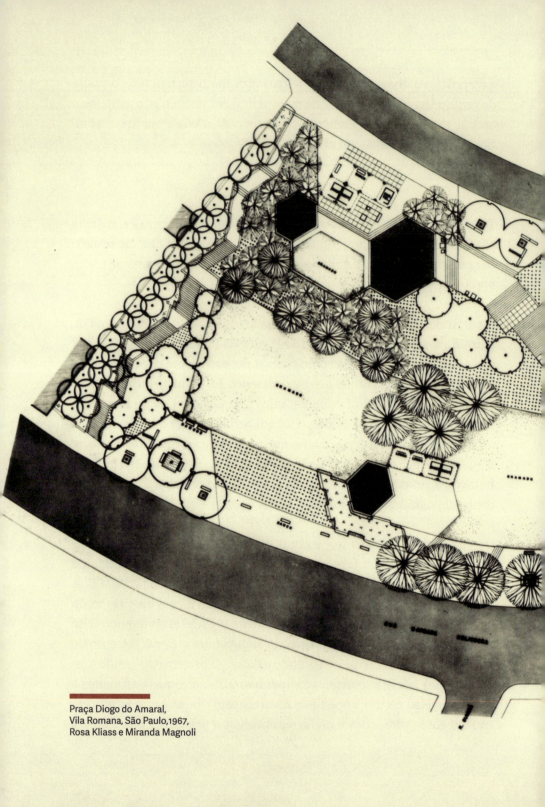

Praça Diogo do Amaral,
Vila Romana, São Paulo, 1967,
Rosa Kliass e Miranda Magnoli

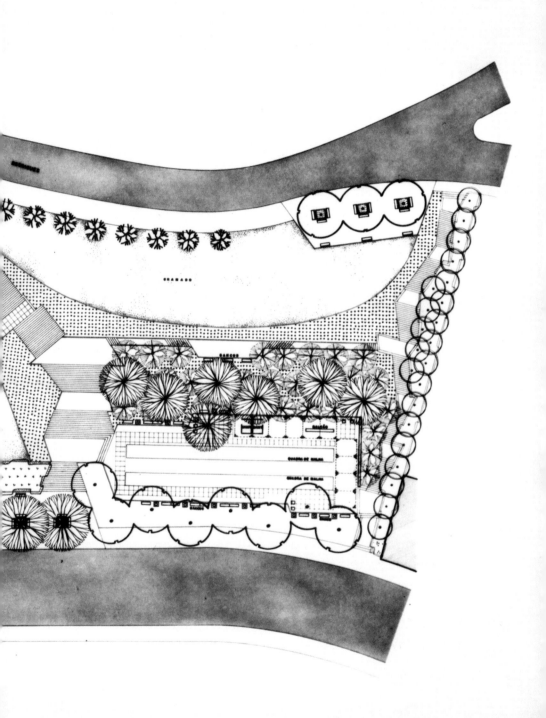

que possamos lhe pagar?" Eu pensei, e disse: "Se eu entregar o projeto de plantio como eu entreguei o projeto de execução, vocês vão executar como estão fazendo agora, sem seguir o projeto. Eu não vou entregar". "Mas se você não entrega, a gente não pode te pagar". "Não tem importância". Então eu não entreguei, e não recebi.

Na verdade, o Parque do Morumbi foi implantado em parte. Foi executado um auditório ao ar livre, com um restaurante em cima. Para este projeto, encomendei a um grande engenheiro de acústica uma avaliação sobre o melhor lugar para a implantação do palco, de acordo com as condições de acústica.

> Eu vejo a Rosa aqui em São Paulo como um navio quebra-gelo. Ela vai quebrando o gelo e a gente, os barquinhos atrás, vem com o mar já quebrado – muito mais fácil! Eu me sinto muito como um barquinho desses que aproveitou esse mar aberto, já pronto, para poder navegar. E a Rosa fazia isso de um jeito muito interessante. Até porque ela sempre transitou nas esferas governamentais, ajudando a resolver coisas, e sempre se colocando – sendo mulher e sendo paisagista. Até hoje ninguém sabe muito bem o que é ser paisagista, imagine naquela época. [Benedito Abbud]

•

Eu queria fazer o projeto do Parque do Morumbi dentro da prefeitura, no Departamento de Parques e Cemitérios. Como a Prefeitura não tinha uma infraestrutura para desenho de projeto, exigiu que no contrato constasse que eu teria que entregar três mesas, três banquetas, três réguas T e três luminárias. Me deram uma sala, e assim eu montei o que veio a se tornar o embrião do Departamento de Parques de Áreas Verdes – Depave. Antes só havia o Departamento de Parques e Cemitérios, mas eles só cuidavam dos cemitérios e não dos parques...

Um dia, conversando com o Rubens Martinelli,[8] que era o diretor de Parques e Cemitérios, eu disse que era preciso fazer um planejamento de áreas verdes para São Paulo. Ele foi falar com o secretário de Serviços e Obras, que ficou interessado no trabalho e disse que faria um contrato. Então eu e a Miranda fizemos uma proposta para este plano de áreas verdes urbanas para a cidade. Quando este secretário recebeu a proposta, ele disse assim: "Olha, isso aqui o Faria Lima não vai assinar. Porque eu já ouvi ele falando 'Chega de planejamento! Eu quero é *fazejamento!*' Vocês tem que fazer projetos de praças". E foi quando nós desenvolvemos os projetos de praças, escolhendo áreas que ainda não estavam muito equipadas. Ao mesmo tempo saiu "clandestinamente" o planejamento das áreas verdes de São Paulo, mas o contrato rezava os projetos das praças. Fizemos tudo isso no ambiente da prefeitura – foi aí que nasceu realmente o Depave, em 1967, 1968.

> O Plano de Áreas Verdes de São Paulo, das praças, era um trabalho fantástico. No fundo, até garantia espaço para ser praça. Ou seja, garantir que aqueles espaços ficassem reservados para serem áreas livres. Isso é uma coisa muito importante, porque a Rosa muda a escala. Quer dizer, ela saiu da escala da vegetação. Não que a vegetação fosse problema, mas ela sai do elemento vegetação e cai na escala da cidade. Isso é um pioneirismo fantástico. [Benedito Abbud]
>
> O eixo principal da Rosa é a relação com o espaço público e com a sua gestão. [Michel Gorski]

Quando começamos o trabalho, vimos que não existia um mapa atualizado da cidade. Como poderíamos fazer o levantamento das áreas verdes sem ter um mapa? Algum mapa havia de existir... e descobrimos que a Companhia de Gás tinha um mapa para a entrega nas casas. Conseguimos esse mapa. Com ele em mãos e dois carros, Maddalena Ré[9] e Edith Gonçalves de Oliveira,[10] que eram estudantes de arquitetura, saíam de manhã, passavam o dia rodando pela cidade. Nós orientávamos como elas deveriam fazer: foram criadas categorias que indicariam as funções das vias e do entorno – residências, comércio, igrejas, escolas –, era preciso que tudo fosse bem amarrado. E onde havia residências era indicada a densidade ocupacional – baixa, média e alta. Essas meninas percorreram toda cidade, e fizemos o mapa de uso de solo e o plano de áreas verdes do Município.

> Um belo dia a Rosa pegou um trabalho extremante importante, que era o levantamento das áreas verdes do município, e me falou: "Vou precisar de alguém para me ajudar no levantamento de dados". E eu acho que fiquei uns dois, três meses ajudando. Nisso eu engravidei e fui dizer a ela. Aí aconteceu um dos muitos gestos de generosidade e acolhimento da Rosa. Quando eu falei que eu estava grávida, ela olhou para mim e disse: "Onde que você arrumou isso?!" – vale lembrar que era a minha terceira criança... E aí ela falou: "Não se preocupe, eu levo ela para o meu escritório". [Nina Vaisman]

•

No fim de 1968, quando nós estávamos terminando o Plano de Áreas Verdes de São Paulo, começou o Plano Urbanístico Básico de São Paulo – PUB, feito pelo Departamento de Urbanismo. Entre os consultores americanos que vieram para trabalhar neste plano, estava um diretor de Urbanismo de Los Angeles, um de Detroit, e o Francis Violich,[11] que era professor de Berkeley e eu já conhecia, desde que esteve em São Paulo para uma pesquisa do Padre Lebret.[12]

Quando eles vieram para fazer essa consultoria, eu entrei em contato com o Violich, contei o que nós estávamos fazendo, e ele veio conhecer o nosso trabalho. Quando viu que tínhamos um mapa da cidade no qual estávamos trabalhando, ele perguntou de onde era aquele mapa. Daí eu contei a história, e ele foi lá para prefeitura e contou sobre o nosso mapa.

Da prefeitura veio um ofício pedindo ao Departamento de Parques, onde nós trabalhávamos, o mapa com o levantamento das áreas verdes. Mas eu pensei que, se eu não estava recebendo para fazer aquilo, então não deveria mandar. E assim, não entregamos o mapa, já que não fazia parte do nosso contrato.

•

Um dia eu recebo um telefonema do Violich pedindo para eu ir ao hotel deles para tomar um café da manhã. Eu fui, e estavam lá os diretores de urbanismo de Detroit e de Los Angeles. Não lembro se foi o Violich ou um deles que falou: "Olha, nós achamos que você está fazendo uma coisa aqui que está começando a acontecer nos Estados Unidos. É o que o Ian McHarg,[13] em Harvard, está fazendo como levantamento paisagístico, mas usando computadores. E você está fazendo o mesmo aqui sem computador, sem nada! Você tem que fazer mestrado nos Estados Unidos, nós estamos prontos para lhe arranjar uma bolsa". E na hora eu disse a eles que era impossível! Um mestrado de três anos nos Estados Unidos? Eu, com filhos, marido, escritório... não dava para ir...

Eu comentei sobre este convite com o Artigas. Ele era o antiamericano por excelência, mas tinha feito um curso nos Estados Unidos. Ele então insistiu que eu pegasse a bolsa; que eles iriam me arranjar tudo. Disse que lá eles arranjariam quem empregasse meu marido, colocariam meus filhos na escola; que eu deveria aceitar!

Mas eu não tive dúvida, eu não fui – nem cogitei. Eles me chamaram de volta e me fizeram outra oferta. Não um mestrado, mas uma bolsa de estudo de viagem. Então mandaram chamar o representante no Rio de Janeiro do Housing and Urban Development – HUD, e me deram a viagem aos Estados Unidos para que eu tomasse conhecimento do que se fazia em arquitetura e planejamento paisagísticos. Assim, em 1969, eu passei três meses viajando pelas cidades americanas.

Era uma grande novidade. Do meu ciclo de amigos, nunca uma mãe havia se afastado três meses dos filhos e da família por uma questão profissional. Eu tinha dez anos. A vida em casa continuou. Existia a rotina da casa que não dependia dela, escola, atividades por fora, ir ao clube, esportes, inglês. A relação com o papai, que tocava o dia a dia, a Lourdes cooperando. A Lourdes ficou muito tempo trabalhando lá em casa, e foi uma figura muito importante na formação minha e da Sonia. Realmente, deste ponto de vista não foi uma coisa que me marcou, como "Ah, minha mãe me abandonou durante três meses..." [Paulo Kliass]

Três meses representaram um impacto pequeno na família e no trabalho. Eu podia contar com o Wlademir, que era muito dedicado, e uma santa Lourdes, que realmente cuidou dos meus filhos. Sonia era pequenininha, tinha três anos. E tinha a minha irmã Maria; enfim, existia a rede familiar.

Na época não tínhamos muito como nos comunicar. As pessoas, quando viajavam, mandavam cartas, cartão postal, que demoravam muito tempo para chegar. Telefonema internacional, nem pensar. Tinha um colega meu de escola cujo pai era rádio amador, que era uma coisa bem de elite aqui em São Paulo. Combinávamos que tal dia, tal hora ia se tentar fazer um contato de rádio amador para rádio amador, porque nos Estados Unidos era uma coisa mais difundida. Íamos eu, papai, a Sonia, e a gente conseguia o contato e falava com a Rosa. Você tinha que falar "câmbio", parava, e a transmissão vinha no sentido contrário. Foi mais uma epopeia, onde a mãe se cruza com a profissional. Ela foi lá justamente para entrar em contato com o que existia de vanguarda na arquitetura paisagística nos Estados Unidos, nos grandes escritórios, nas boas faculdades, e com os profissionais. [Paulo Kliass]

•

Uma das coisas mais importantes que aconteceu para mim, profissionalmente, foi esta viagem para os Estado Unidos. Nela, fui de cidade em cidade

UNIVERSITY OF CALIFORNIA, BERKELEY

BERKELEY · DAVIS · IRVINE · LOS ANGELES · RIVERSIDE · SAN DIEGO · SAN FRANCISCO   SANTA BARBARA · SANTA CRUZ

COLLEGE OF ENVIRONMENTAL DESIGN   BERKELEY, CALIFORNIA 94720
DEPARTMENT OF CITY AND REGIONAL PLANNING

January 3, 1969

Mr. Alan Fischer, Director
U. S. Information Service
Consulate of the U. S. A.
Sao Paulo, Brazil

Dear Mr. Fischer:

    I am writing this letter in support of Mrs. Rosa Kliass, landscape architect of Sao Paulo, who wishes to undertake a three-months tour of the United States for studying the work of municipal park departments and the role of the field of landscape architecture in such work. I have returned only a few weeks ago from Brazil, and I have a first-hand knowledge of the work of Mrs. Kliass; I also assisted her together with Mr. Calvin Hamilton, Planning Director of the City of Los Angeles, in laying out a possible program of such visits. I stand ready to assist her in any way.

    I have known Mrs. Kliass professionally since 1956, when I met a group of younger professionals in the city planning, architecture and landscape architecture field. I received word of her activities up to 1966, when I again visited Sao Paulo. This year I've been there twice as a member of the review panel for the metropolitan area study, and both times have visited the project she is developing for the municipality in evaluating the present system of park and recreation sites. She is showing a very high level of competence and one that would be enviable to achieve in a municipal situation in this country. For this reason I know that she would be highly respected by professionals in this country and she would profit greatly from the experience.

    I know Latin America very well with regard to these fields, and I know that in landscape architecture in particular there are great opportunities for making meaningful contributions to the massive social problems to be found in the cities. Yet there are extremely few persons with the technical training and the motivation to specialize in landscape architecture, especially as it relates to broad urban issues and policy-making. Mrs. Kliass is pioneering in this direction and it would be most worth while for her to be exposed to the stimulus of work in this field in the U. S. A.

    Please call on me if I can assist in the proposal in any way.

Sincerely,

Francis Violich
Professor of City Planning
and of Landscape Architecture

FV:meg
bcc: Mrs. Rosa Kliass

Carta Francis Violich apresentando Rosa Kliass para viagem de estudos em Berkeley, Califórnia, 3 jan.1969 conhecendo o que havia de mais importante em arquitetura paisagística nos EUA, entre projetos, escritórios e órgãos públicos. Visitei Washington, Filadélfia, Baltimore, Nova York, Boston, Detroit, Chicago, Louisville, Saint Louis, São Francisco e Los Angeles. Em cada cidade havia uma pessoa que me recebia e me acompanhava nos lugares. Foi nesta época, inclusive, que tive o primeiro contato com a Darwina. Eu cheguei em Washington, e tinha uma pessoa encarregada de me levar para conhecer os parques: Darwina Neal. Ela me levou para ver os parques de vizinhança, de bairro, enfim, todos os parques de Washington. Muitos anos depois, fui reencontrá-la através da International Federation of Landscape Architects – Ifla. Nós nos tornamos amigas, e nos encontrávamos em quase todos os congressos.

> A primeira vez que encontrei a Rosa foi em 1969, quando eu trabalhava para o National Park Service e fui designada para acompanhá-la numa visita em alguns parques em Washington, D.C. Nós passamos a maior parte do dia visitando os parques, e a Rosa era animada e interessada em tudo – foi ótimo! Dissemos que manteríamos contato, mas só fomos nos reencontrar no congresso da Ifla de 1980, no Canadá. A partir de então passei a ir a todos os congressos, encontrando sempre com a Rosa. Tivemos a oportunidade de conversar e recuperar o atraso, e tive muitas chances de observar a paixão e o comprometimento de Rosa com a arquitetura paisagística e com a Ifla, e como ela atua como mentora de arquitetos paisagistas mais jovens nas Américas. [Darwina Neal]

O roteiro foi organizado junto com eles, para ver que lugares eu deveria visitar. Os programas foram organizados pelo HUD, que tinha um departamento em cada lugar. Em cada cidade, eu visitava o Departamento de Parques e Recreações, o curso de arquitetura paisagística da universidade local, e os escritórios importantes. Quando eu cheguei em São Francisco encontrei o Halprin, o Church e o Eckbo – quer dizer, tudo!

Os três eram a vanguarda do paisagismo nos Estados Unidos. E eram muito diferentes, cada um apresentava uma característica. Lawrence Halprin,

ROSA GRENA KLIASS   arquiteto

O QUE DESEJO VER E FAZER NOS EEUU.

É urgente a criação de um Sistema de Parques no Brasil em todos os níveis : Federal, Estadual, Metropolitano e Municipal. Para tal, a preparação de profissionais habilitados se faz necessária.
Os trabalhos realizados por mim no campo do paisagismo e a solicitação cada vez maior de trabalhos no campo de obras públicas e em nível de planejamento urbano, asseguram o valor que teria uma viagem aos EEUU para um contato direto com o paisagismo americano em seus vários campos :

Universidades . A Universidade da California (Berkeley), por exemplo, no seu Department of Environment Design possui um Instituto de Estudos Internacionais onde o Prof. Francis Violich dá ênfase aos problemas específicos da América Latina no campo do Planejamento Urbano e Paisagismo. Quando de suas estadias no Brasil, tive oportunidade de mostrar meu trabalho ao Prof. Violich o qual mostrou-se muito interessado em receber-me no seu Departamento.

Organizações Estatais Ligados ao paisagismo, Recreação, etc...
Por exemplo : - National Park Service
              - Bureau of Outdoor Recreation

Parques pròpriamente ditos em tôdas as suas modalidades : urbanos, metropolitanos, nacionais.

Associações profissionais : ASLA (American Society of Landscape Arquitects) e a IFLA (International Federation of Landscape Arquitects, secção americana).

Escritório particulares de paisagismo tais como os dos paisagistas Garrett Eckbo, Lawrence Alprin, Thomas Church e outros.
Os paisagistas acima citados prontificaram-se a abrir seus escritórios para uma visita caso eu me encontre nos EEUU.

A viagem, a partir de agosto de 1969 poderá ter uma duração aproximada de 3 mêses. Definida com certa antecedência, poderá ser programada em detalhes para maior aproveitamento.

AV. BRIGADEIRO LUIZ ANTÔNIO, 2.493   —   1.o   —   TELEFONE 80-8648   —   SÃO PAULO

Texto de Rosa Kliass para o Housing and Urban Development – HUD, 1969
(continua na página seguinte)

ROSA GRENA KLIASS   arquiteto

Programa de visitas

Cidades : Washington
New York
Boston
Detroit
Philadelphia
Pittsburg
Chicago
Los Angeles
San Francisco

Em tôdas as cidades deverão ser visitados :
The City Planing Department
The Park and Recreation Department

Universidades : Harvard University
    Prof. Charles Harris
    Prof. Hideo Sasaki

  University of Michigan
    Prof. William Johnson

  University of Pensylvania
    Prof. Ian McHarg

  University of Illinois (Urbana)
    Prof. Louis Wetmore (São Paulo, PUB adviser)
    Prof. Leonard Currie, Dean (Chicago)

  University of California, Berkeley
    Prof. Garrett Eckbo
    Prof. Francis Violich

  University of Washington

  University of California, Los Angeles
    Prof. Harvey Perloff (Alliance for Progress)

  California Polytechnic Institute, Los Angeles Area

Arquitetos Paisagistas : Sasaki & Associates - Boston
  Blessing - Detroit
  Roy Potter (Director of National Capital Planing Department) - Washington, DC.
  Ed Bacon (Director of City Planing Department) - Philadelphia.
  McHarg - Wallace
  John O. Simonds - Pittsburg
  Louis Wetmore - Los Angeles
  Calvin Hamilton - Los Angeles
  Garrett Eckbo - San Francisco
  Larry Halprin - San Francisco
  James Rose - San Francisco
  Thomas Church - San Francisco

AV. BRIGADEIRO LUIZ ANTÔNIO, 2.493 — 1.º — TELEFONE 80-8648 — SÃO PAULO

naquela época, tinha o maior escritório de arquitetura paisagística dos Estados Unidos, com sede em São Francisco, um escritório em Los Angeles e outro em Nova York. Ele me recebeu e mostrou seus projetos.

Já Thomas Church tinha menos estrutura. Um escritório pequeno com dois ou três arquitetos que, naquela época, trabalhavam em prancheta, e os desenhistas. Church era mais conceitual, tinha aquilo de fazer o estudo do sítio, do lugar, ter que definir um programa e tudo mais, toda uma metodologia; e ele me mostrou tudo isso. Quando terminou a entrevista, o Church me chamou para almoçar na casa dele, disse que a esposa dele ficaria muito contente em me conhecer. E aí eu fui, e foi um sonho! O jardim da casa eu já conhecia de projetos...

O escritório de Garrett Eckbo já era maior, com vários arquitetos paisagistas trabalhando. No dia em que visitei, ele não estava lá. Depois, em Berkeley, quando eu estava com o Francis Violich, ele chamou o Eckbo, que estava por ali. Eu contei a ele que havia estado em seu escritório, e ele então insistiu pra que eu voltasse, porque queria estar lá comigo. O Eckbo era muito amigo do Artigas. Eu então voltei, e ele foi me mostrar o escritório e conversar muitas coisas.

Fui também falar com o McHarg na universidade. Quando cheguei, ele estava lançando o livro *Design with Nature*, e eu vi o que ele estava fazendo com computadores. Todo trabalho dele era baseado no computador – sem ele, aquilo tudo não seria possível. McHarg me recebeu, me mostrou o trabalho de Planejamento Paisagístico, a metodologia do levantamento de dados, da isometria, dos cursos d'água, da vegetação, dos sítios urbanos. Era só ele que fazia esse tipo de trabalho. O Halprin trabalhava na escala dos projetos, já o McHargh introduziu o Planejamento Paisagístico.

McHarg não trabalhava com geógrafos, mas usava todo o saber da geografia, principalmente para inserir e trabalhar os dados. Esse encontro com ele foi realmente definitivo para mim. Eu voltei ao Brasil cônscia de que, se eu quisesse evoluir na minha profissão, eu teria que me munir da geografia. A interdisciplinaridade no meu trabalho foi influência direta desta minha primeira viagem aos EUA, deste meu encontro com McHarg.

O muito curioso é que, ao fim da viagem, eu provavelmente era a pessoa nos EUA que conhecia melhor o estado da arte do paisagismo americano. Porque não era todo mundo que fazia isso...

•

Quando eu estava em Berkeley, o Violich me apresentou aos seus alunos, e depois me falou que duas moças ali haviam perguntado se eu poderia almoçar com elas. "Ótimo, claro que sim! Aliás, tem um colega meu brasileiro que está estudando aqui, quem sabe a gente podia convidá-lo também para almoçar..." Uma olhou para outra e disse que iríamos almoçar no Women's Club... Em plena Berkeley, 1969, os hippies... e elas iam almoçar no Women's Club!

E fomos. Estávamos lá no Women's Club, muito simpático, e num certo momento, elas comentaram que o professor Violich tinha contado que eu tinha família, marido, filhos, escritório... Então perguntaram como é que eu conseguia lidar com tudo isso e ser tão feminina?! Daí eu me dei conta que todas as moças e as mulheres que eu tinha visto estavam de terninho preto, camisa branca, todas! E eu estava com um vestido vermelho, não era mini – na época já se usava mini –, estava um pouquinho acima do joelho. Então entendi o porquê da pergunta delas. Eu disse que para mim nunca tinha sido um problema ser mulher; pelo contrário, no início da carreira, eu ia nas obras, e os pedreiros me recebiam, e diziam: "Não quer dar a mão aqui para não cair?" Eram atenciosos, nunca houve nenhum problema.

E um dia em que eu estava numa dessas cidades, não me lembro onde, alguém me convidou para ir à sua casa, à noite, para um jantar. Lá, foram os profissionais e suas esposas. Num certo momento, as mulheres se reuniram e uma delas me perguntou como é que eu conseguia aliar a vida profissional com a vida de casa, de família? E antes que eu pudesse responder, uma delas respondeu por mim: "Ah, é porque elas lá tem a *help*!" As empregadas... Aí eu respondi para elas, eu me lembro bem: "Vocês aqui nos Estados Unidos conseguiram resolver todos os problemas, se vocês quisessem, vocês também teriam resolvido esse!"

> Sobre essa necessidade de conquistar os espaços... dela não ser uma mulher que passou a vida cuidando da casa, do marido, ou dos filhos. Pelo contrário, por mais que haja um equilíbrio, a prioridade era a coisa profissional. Se ainda é difícil hoje em dia a mulher confirmar e estabelecer seu próprio espaço político e profissional, na década de 1970 era ainda mais complicado. E ela conseguiu fazer bem essa passagem. Agora, era uma coisa muito mais pela prática do que pelo discurso. Eu nunca lembro dela ter assumido um discurso feminista. [Paulo Kliass]

> Ela sempre falava que a gente tem obrigação de trabalhar naquilo que a gente goste. Isso foi algo que nos marcou lá em casa. Sempre nos deixaram muito livres para escolher, mas com a responsabilidade de escolher alguma coisa que a gente goste de fazer. Isso tem a ver com a relação dela com a profissão e como mãe. [Sonia Kliass]

Eu nunca tive nenhuma dificuldade no desenvolvimento da minha vida profissional pelo fato de ser mulher. Já me perguntaram isso muitas vezes. Eu costumo dizer que, ao contrário, eu tenho sido bem recebida.

> Um dia eu peguei um cartão profissional da Rosa, e estava escrito: Rosa Grena Kliass – arquiteto paisagista. Arquiteto. E eu fui reclamar: "O que é isso, mãe, você não é arquiteto, você é arquiteta! Você tem que botar que você é arquiteta!" Eu me lembro que um dia olhei o cartão, e tinha virado arquiteta! [Paulo Kliass]

ROSA GRENA KLIASS
ARQUITETO

RUA TABAPUÃ, 238   FONE 80 86 48   SÃO PAULO   BRASIL

Cartão profissional
de Rosa Kliass

NOTAS

1. Forte Gandolfi Arquitetos Associados (1962-1973) é um escritório constituído pelos arquitetos paulistas formados no Mackenzie Luiz Forte Netto (1958), José Maria Gandolfi (1958) e Roberto Luis Gandolfi (1961), que se estabeleceram em Curitiba após a vitória no concurso para o Clube de Campo Santa Mônica, em 1962. Cf. SANTOS, Michelle Schneider. *A arquitetura do escritório Forte Gandolfi – 1962-1973*.

2. **Eugênia** Sarah **Paesani**, 1933-2012. Socióloga (USP, 1959). Trabalhou na FAU USP (1960-1965), participou do Plano Diretor de Goiânia na área de demografia e estatística (1960-1964), e abriu seu próprio escritório de pesquisas de mercado em 1985. Cf. BERTONI, Estevão. Eugênia Sarah Paesani (1933-2012). Paulistana pioneira em pesquisa de mercado; MOTA, Juliana Costa. *Planos Diretores de Goiânia, década de 60: a inserção dos arquitetos Luís Saia e Jorge Wilheim no campo do planejamento urbano*.

3. *Hemerocallis sp* é uma planta herbácea conhecida como lírio-de-um-dia.

4. **Isaac Milder**, 1926-1974. Engenheiro civil (UFPR, 1949), especializado em engenharia hidráulica na Europa, nos anos 1950. Professor da Escola de Engenharia da UFPR.

5. **Jaime Lerner**, 1937. Arquiteto e urbanista (UFPR, 1964). Foi prefeito de Curitiba (1971-75, 1979-84 e 1989-93), governador do Paraná (1995-1999 e 1999-2003), presidente da União Internacional de Arquitetos – UIA (2002-2004), e consultor em assuntos urbanos para as Nações Unidas. Desenvolveu planos urbanísticos para várias cidades do Brasil, como Rio de Janeiro, São Paulo, Recife, Salvador, Aracaju, Natal, Goiânia, Campo Grande e Niterói; prestou assessoria internacional para cidades como Caracas (Venezuela), San Juan (Porto Rico), Shangai (China), Havana (Cuba) e Seul (Coréia do Sul). Cf. <http://jaimelerner.com.br/pt/biografia-jaime-lerner>.

6. **José Meiches**, 1926. Engenheiro civil e sanitarista (USP, 1948), especialista em higiene e saúde pública (USP, 1951) e mestre (Berkeley, 1961). Foi docente da Poli USP (1954-1987), aonde se aposentou como professor catedrático. Participou da equipe de Jorge Wilheim para o projeto do concurso do Plano Piloto de Brasília (1957). Foi secretário de obras de São Paulo durante os mandatos do prefeito Faria Lima (1965-1969) e do governador Laudo Natel (1971-1975).

7. José Vicente **Faria Lima**, 1909-1969. Nascido no Rio de Janeiro, militar da Aeronáutica, alcançando a patente de Brigadeiro. Prefeito eleito de São Paulo (1965-1969). Cf. <www.fgv.br/cpdoc/acervo/dicionarios/verbete-biografico/lima-jose-vicente-faria>.

8. **Rubens Martinelli** Fachini, 1921. Engenheiro, foi chefe da Divisão de Parques, Jardins e Cemitérios na administração do prefeito Faria Lima (1965-1969). A partir de 1968, o órgão passou a se chamar Departamento de Parques, Jardins e Cemitérios.

9. Maria **Maddalena Ré**, 1941. Arquiteta urbanista (USP, 1967). Trabalhou no escritório de Rosa Grena Kliass entre 1966 e 1979, e depois participou de vários trabalhos como colaboradora e consultora. É autora de trabalhos de planejamento e arquitetura paisagística de escala urbana e regional.

10. **Edith Gonçalves de Oliveira**, 1940. Arquiteta urbanista, mestre e doutora (USP, 1966, 1981 e 1988).Foi professora da FAU USP (1972-1997) e diretora do Sindicato dos Arquitetos do Estado de São Paulo (1971-1997).

11. **Francis** Joseph **Violich**, 1911-2005. Arquiteto paisagista americano (Berkeley, 1934), professor de UC Berkeley onde foi diretor do Departamento de Arquitetura Paisagística e Planejamento Ambiental (1962-1964). Um dos pioneiros do planejamento urbano nos EUA, escreveu dois livros sobre cidades e planejamento urbano na América Latina: *Cities of Latin America: Housing and Planning to the South* (1944) e *Urban Planning for Latin America: the Challenge for Metropolitan Growth* (1987). Cf. BOSSELMANN, Peter; CLARK, Mary Anne; SOUTHWORTH, Michael. *Francis Violich. In memoriam.*

12. **(Padre) Louis-Joseph Lebret**, 1897-1966. Padre dominicano francês, economista, conhecido internacionalmente por sua atuação em prol do desenvolvimento social. Um dos criadores do Instituto Internacional de Pesquisa e de Informação para o Desenvolvimento (1958) e da Sociedade para Análise Gráfica e Mecanográfica Aplicada aos Complexos Sociais – Sagmacs (1958) em São Paulo.

13. **Ian** Lennox **McHarg**, 1920-2001. Arquiteto paisagista escocês (Harvard, 1949), com mestrado em Paisagismo (1950) e Urbanismo (1951), ambos em Harvard. Professor da University of Pennsylvania (1954-1986), onde criou o Departamento de Arquitetura Paisagística. Seu livro *Design with Nature* (1969) trouxe conceitos e metodologia pioneiros para o planejamento da paisagem a partir de princípios baseados em sistemas ecológicos e uma visão sistêmica da natureza. O livro é reconhecido como um dos principais textos em planejamento paisagístico, com grande influência em outras áreas, entre elas ecologia, geografia e urbanismo. Recebeu vários prêmios, entre eles a Medalha da Asla (1990). Cf. STEINER, Frederick. *Healing the earth: the relevance of McHarg's work for the future.*

A mulher do carimbo grande

Rosa Kliass e Roberto Burle
Marx durante a celebração da
criação da Abap, São Paulo, 1976

Rosa Kliass e
Leslie Gateño
no escritório da
avenida Brigadeiro
Luiz Antônio,
São Paulo

"Uma qualidade que é bem característica da Rosa: ela é corajosa. Ela não tem medo nenhum, de nada, de ninguém. Ela vai".
Elza Niero

Quando a minha residência mudou da rua Major Sertório para a rua Tabapuã, eu tive que escolher um local para o novo escritório – que seria apenas meu: o Valódia, então, trabalhava no Estado, com funções diferentes. Alugamos um apartamento na avenida Brigadeiro Luís Antônio, que ficava no primeiro andar, em cima de um bar. E adaptamos esse apartamento para ser o meu escritório. Tinha um corredor enorme, e o arquivo ficava na cozinha!

> Era um apartamento num prédio bem antigo. Você entrava por uma portinha bem estreitinha, e era aquela escuridão. E a Rosa estava lá, trabalhando com uma secretária e duas mocinhas, que ficavam na mesa da frente. Quando eu cheguei, preferi trabalhar sozinha, numa sala no fundo do corredor. Eu me lembro da Rosa com um sapatinho fazendo plec, plec, plec... Ela era tão carinhosa comigo! Logo ela disse: "Gláucia, não estou gostando de ver você aqui sozinha, vamos lá pra frente". Pouco depois ela contratou uma pessoa para nos ensinar a desenhar no computador. [Gláucia Pinheiro]

Eu era um dos poucos arquitetos que começou a usar o computador para desenhar. Os colegas da minha idade tinham sempre pessoas que digitalizavam, mas eles mesmos nunca entravam no computador. Eu passei logo a usar. Pensei que se eu não aprendesse a lidar com ele, teria uma outra linguagem, assim era melhor eu entrar nessa linguagem. Mas o processo de criação foi sempre no papel. Eu sempre trazia das minhas viagens livros, material, desenho e os rolinhos de papel manteiga amarelo...

A empresa Rosa Grena Kliass Arquitetura Paisagística, Planejamento e Projetos Ltda. foi fundada em 1970. Eu quis fazer um logo, e chamei um escritório de arquitetos que faziam comunicação visual, com quem eu já tinha um contato. Eram o João Carlos Cauduro[1] e o Ludovico Martino, sócio dele. E criaram o logo que uso até hoje. É o meu RGK, associado às formas de canteiros de jardins!

Saímos da casa da Major Sertório, do bairro dos arquitetos, e minha mãe passou a ter um escritório só para ela, fora de casa. Isso foi uma mudança grande. Ela passou a ter a vida profissional dela independente do espaço da casa. O escritório da Brigadeiro era uma coisa muito presente para mim. A gente acompanhava os novos arquitetos, desenhistas, as pessoas que ajudavam na parte de secretaria. Teve uma época que o Valódia resolveu se preocupar com as finanças do escritório da Rosa, e ele estava mais presente lá para ajudar, mas nunca na parte de arquitetura. Desde que ela foi para Brigadeiro, ele não tinha nem prancheta lá para ele, o espaço era dela. [Paulo Kliass]

Eu me lembro de estar bastante no escritório. Eu convivia muito com os arquitetos, com as secretárias... Eu gostava muito de desenhar, lembro que ficava lá, desenhando... [Sonia Kliass]

Para mim era natural ter minha família no escritório. Não era algo excepcional.

> Eu me lembro de estar no escritório, várias vezes, na hora do café, por exemplo. Todo mundo na cozinha... E, já adolescente, quando eu ia pegar ônibus, descia pela Brigadeiro, parava lá, subia no escritório... era uma segunda casa, quase. [Sonia Kliass]

•

O primeiro trabalho de paisagismo que eu fiz para o Serviço Social do Comércio – Sesc foi o de Bertioga. Era uma colônia de férias na praia. Foi importante porque foi o meu primeiro contato com eles. Depois dele, em 1971, foi iniciado o projeto do Sesc Centro Campestre em Santo Amaro, que hoje é Interlagos. O escritório Botti Rubin[2] havia sido chamado para fazer a arquitetura, e me convidaram para fazer o paisagismo. Eu tinha uma relação muito boa com o Alberto Botti e com o Marc Rubin.

Era uma área muito grande com arquitetura, e eu fiz um estudo de todo o sítio para definir o projeto. A implantação foi feita pelas duas equipes, de arquitetura e de paisagismo, inclusive os níveis de terraplanagem e a implantação das arquiteturas.

> No Centro Campestre do Sesc, a Rosa começou como paisagista junto ao projeto de arquitetura, mas foi muito além. De uma simples proposta paisagística em torno a uma edificação, ela ampliou o entorno e criou um fato novo, que foi intervenção de caráter paisagístico, mantendo aquilo que existia, ampliando o programa, e criando uma visão de conjunto que, no meu entender, superava bastante o conceito de projeto de paisagismo. Ela integrou um conceito de projeto urbanístico. Eu respeito muito a Rosa como profissional em dois níveis: evidentemente como paisagista, mas eu a considero uma urbanista de primeira linha. Quando me pedem para citar colegas meus que considero urbanistas importantes, eu nunca deixei de dar o nome dela como um dos primeiros, porque ela tem esta visão, ela transcende o projeto em si para ter a ideia global das coisas, que é o conceito de urbanista lato senso. [Alberto Botti]

Sônia Kliass, 1967

> Rosa trouxe o urbanismo para o paisagismo. Era um paisagismo maior, ligado à natureza e à cidade. Mais que paisagista, Rosa foi uma urbanista que defendeu o urbano quando a grande obra de muitos urbanistas era apenas avenidas mais largas e grandes viadutos. [Rafael Birmann]

E o playground foi muito interessante. A Maddalena Ré projetou comigo um playground muito sofisticado, e muito usado, onde as piscinas – imensas! – tinham equipamentos de interesse para as crianças.

> A gente ia muito com a mamãe visitar obras, às vezes no fim de semana. Por exemplo, me lembro do Sesc, na piscina... A gente ia viajar e visitava um trabalho. Mamãe sempre viveu a questão profissional muito integrada à vida pessoal, e isso se transmitiu na família. Mas de um jeito positivo, porque eu nunca tive a sensação de que era uma obrigação para mim acompanhar a mamãe para o trabalho. Ela precisava fazer uma visita, eu estava ali, junto. Tenho essa lembrança de estar lá, enquanto ela estava trabalhando. [Sonia Kliass]

Para executar o projeto paisagístico do Sesc Centro Campestre, nós chamamos o botânico Harry Blossfeld.[3] Vimos que não teríamos meios de conseguir toda a vegetação necessária para executar o projeto. Assim foi feito um viveiro – que passou a ser um programa, porque os associados que iam passar o dia podiam comprar plantas neste viveiro para levar para casa. Passou a ser um dos equipamentos do Sesc.

> Nesse projeto do Sesc, ela começou fazendo uma proposta paisagística, trouxe um botânico, e acabou criando um viveiro. Gerou toda uma condição nova. Mas o que para mim valeu e foi importante foi esse contato global que ela teve conosco em termos de projeto. Esta interação foi absoluta, e com isso conseguimos resultados muito importantes. [Alberto Botti]

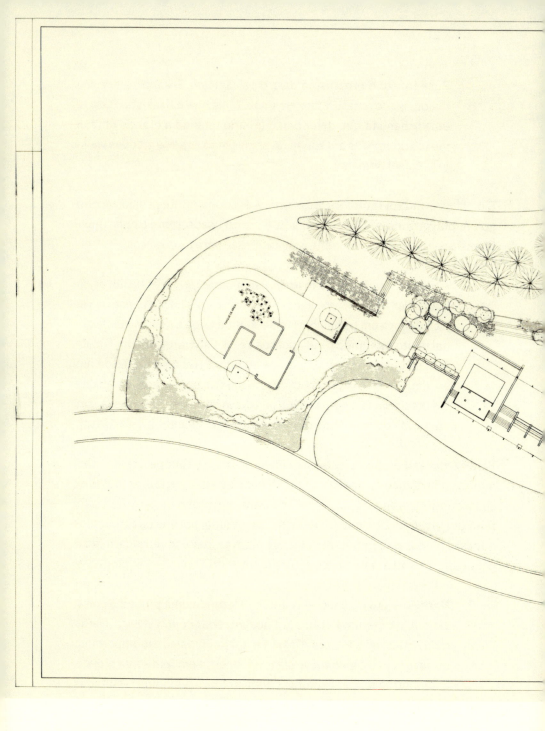

Sesc Campestre, playground, São Paulo, 1971

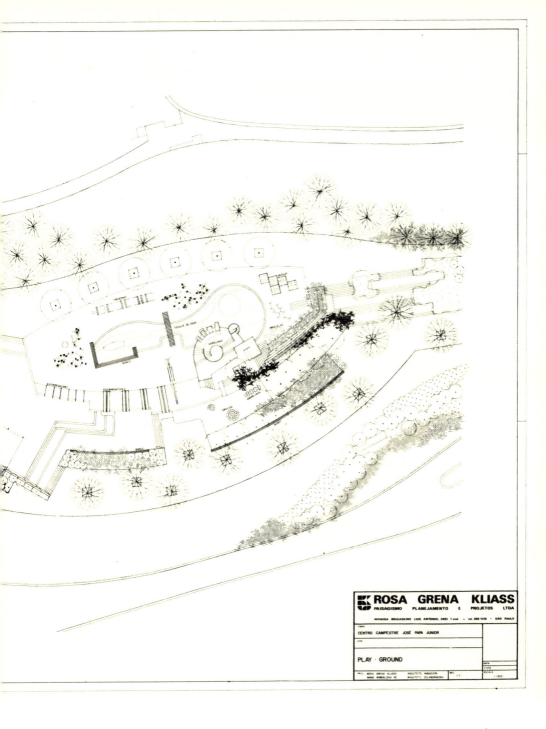

Existia uma área de plantação de eucaliptos. Eu perguntei ao Harry Blossfeld se iríamos tirar os eucaliptos, para então plantar árvores nativas. Ele respondeu que não, não iríamos tirar os eucaliptos, pois iriam nos ajudar a plantar as árvores nativas. Como? Não tínhamos viveiros com árvores nativas de grande porte, eram mudas muito pequenas. O eucalipto ajudaria a fazer sombra para manter a terra molhada. Quando a vegetação estivesse crescida, poderíamos então cortar os eucaliptos. E assim foi feito. Hoje existe uma massa de vegetação que é considerada "área de preservação de vegetação nativa"!

> Tinha uma árvore que estava no meio da edificação. E a Rosa insistiu com toda a razão para a gente manter essa árvore. Nós a mantivemos com uma alteração de projeto que envolveu obviamente a abertura de um vão para que a árvore continuasse existindo, de forma a preservá-la e integrá-la na arquitetura. Funcionou maravilhosamente, ficou linda. Mas na véspera da inauguração a árvore morreu, provavelmente porque durante a construção alguém fez alguma coisa errada que não soubemos ou não pudemos detectar. Estava lá o General Geisel inaugurando a sede, e eu tive que explicar para ele o que aconteceu – por isso que eu nunca pude esquecer. Este tipo de acidente dá uma característica muito humana ao processo e mostra muito esta visão conjunta que nós tínhamos das responsabilidades, da importância dos detalhes. [Alberto Botti]

No restaurante, havia tapeçarias, de grandes artistas tapeceiros. Eu me lembro que o pessoal achava absurdo – absurdo nada! Os funcionários monitores tinham aulas para aprender tudo: o que era, o que não era. E eu me lembro que naquela época, começou o metrô, e o metrô tinha também obras de arte. Ninguém depreda se você oferece coisas de qualidade.

•

O meu trabalho no Consórcio de Desenvolvimento Integrado do Vale do Paraíba, Litoral Norte e Mantiqueira – Codivap, agência pública voltada para a caracterização e avaliação dos conhecimentos existentes sobre o Vale do Paraíba, veio de um convite do Paulo Egydio,[4] no início dos anos 1970. O Paulo Egydio era o superintendente do recém-formado consórcio de prefeitos de cidades do Vale do Paraíba Paulista, que buscavam estratégias comuns de desenvolvimento. Eram uns trinta municípios: Taubaté, São José dos Campos, Cruzeiro, Guaratinguetá, e tantos outros... Paulo Egydio me convidou para coordenar os trabalhos e montar a equipe com ele, e me levou para a primeira reunião com todos os prefeitos. Quando saímos de lá, eu propus a ele que primeiro fizéssemos uma avaliação e caracterização dos conhecimentos existentes sobre a região do Vale do Paraíba. Afinal, a área já tinha sido muito trabalhada em vários estudos e projetos. Então eu disse que tínhamos que reunir e analisar tudo o que já existia, tínhamos que conhecer estes estudos. E ele aceitou. Essa foi a grande coisa, pois partimos dos conhecimentos já existentes.

Com estes levantamentos, pudemos fazer um diagnóstico do que tínhamos que propor para melhorar a situação dos municípios. E como é que levantamos os estudos e projetos já existentes? A partir de vários campos de conhecimento e bases de informação, organizados em ecológico, urbanístico, socioeconômico, sociocultural, institucional e cadastro. Eu era a coordenadora, e para fazer este trabalho montei uma equipe técnica correspondente a estas disciplinas: a Maria Adélia[5] e o Carlos Augusto Monteiro estavam na ecologia, o Jorge Wilheim respondia pelo urbanismo, o Paul Singer[6] pelo socioeconômico, o Nestor Goulart pelo sociocultural, e assim por diante. A partir de uma diretriz geral que eu sugeria tínhamos uma discussão, e daí eles trabalhavam. Este trabalho foi uma experiência muito importante, e foi posteriormente publicado em um livro,[7] com as análises e recomendações da equipe.

Eu não poderia fazer este trabalho no meu escritório, naquele pedacinho de sala que eu tinha! Então o Paulo Egydio alugou uma sala em frente

Rosa no escritório da avenida Brigadeiro Luiz Antônio, 1973

ao meu escritório, na Brigadeiro Luiz Antônio, onde foi feita a sede do Codivap. A equipe – os economistas, geógrafos, arquitetos, enfim, todos os técnicos – se reuniam ali para trabalhar.

E uma vez, quando estávamos saindo de uma reunião – eu, o Wlademir e o Paulo Egydio, me lembro bem, estávamos na esquina da Brigadeiro Luiz Antônio com a alameda Jaú –, o Paulo Egydio disse: "Vou contar uma coisa para vocês, eu vou ser o governador do Estado..." Naquela época, os governadores eram indicados.

Quando o Paulo Egydio assumiu o governo do Estado de São Paulo em 1975, convidou Jorge Wilheim para ser o secretário de Planejamento. Jorge montou a equipe da Secretaria com a equipe do Codivap: os professores da Universidade de São Paulo, técnicos do Serviço Brasileiro de Apoio às Micro e Pequenas Empresas – Sebrae... fui a única a não ser convidada! E a justificativa era que eu iria ter trabalhos por fora, e se eu fizesse parte da equipe não poderia desenvolvê-los. Eu não fiz muitos projetos depois, mas valeu a pena.

•

Quando recebi a encomenda do Parque Metropolitano Sul, para uma região entre Santo André e São Bernardo, à beira da Billings, me fiz a pergunta: o que é um parque metropolitano para São Paulo? O que tem que ter um parque metropolitano para São Paulo? Quais são os parques em São Paulo que tem essa característica, que funcionam como parque metropolitano, que podem ser frequentados por moradores de todas as regiões de São Paulo?

Estávamos em 1972. Eu disse que era preciso pesquisar sobre o que as pessoas fazem nos parques, e a partir daí construir o programa. Para isso, a socióloga Eugênia Paesani montou uma pesquisa sobre usuários de parques.

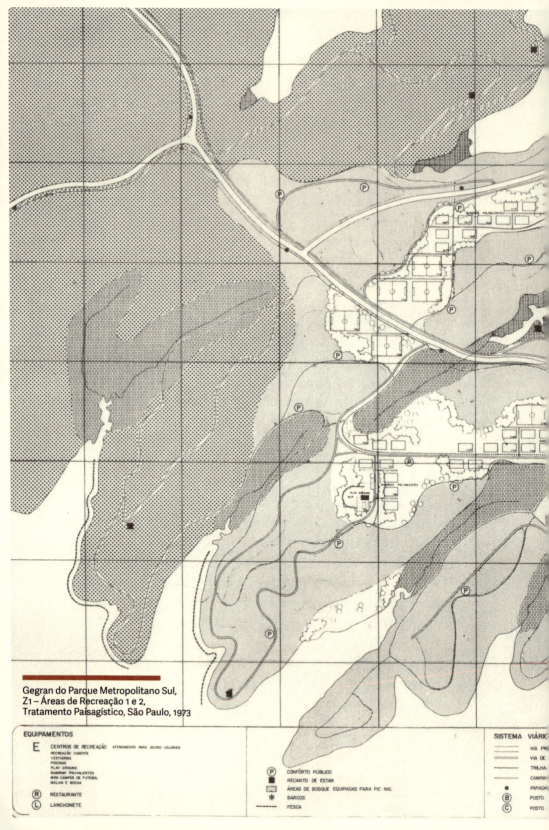

Gegran do Parque Metropolitano Sul,
Z1 – Áreas de Recreação 1 e 2,
Tratamento Paisagístico, São Paulo, 1973

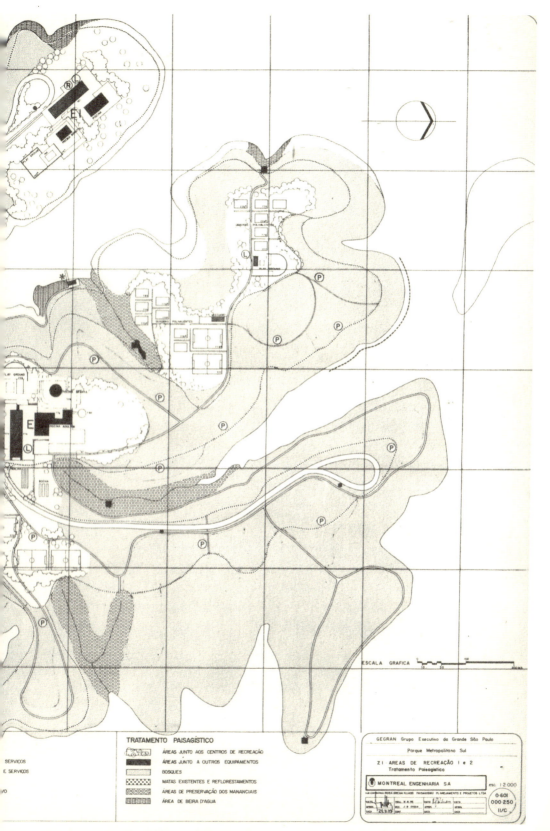

Foi muito interessante, pois em um mesmo domingo todas as pesquisas foram feitas concomitantemente. Os pesquisadores seguiam um formulário de perguntas aos usuários, como por exemplo: como haviam chegado; com quem tinham vindo; o que faziam no parque... O programa todo foi montado a partir dessa pesquisa de usuários. O parque não saiu do papel, mas gerou uma metodologia.

Também entrei em contato com o Roberto Tarifa[8] para estudos de climatologia. O Tarifa era assistente do Carlos Augusto de Figueiredo Monteiro e tinha o saber das medições microclimáticas. Eu já havia feito o curso do Carlos Augusto, pois quando cheguei dos Estados Unidos, me dei conta que eu não tinha o entendimento da geografia necessária ao planejamento paisagístico.

•

O Joaquim Guedes[9] estava fazendo uma proposta para o plano de Marabá em 1974, e me incluiu como paisagista para trabalhar no planejamento paisagístico. Era uma concorrência, cujo contrato seria pelo Serviço Federal de Habitação e Urbanismo – Serfhau, e a equipe precisava ser boa. Ganhamos, e começamos a fazer o trabalho.

Eu montei, pela primeira vez, uma metodologia para fazer levantamentos de clima local. O sítio era muito diversificado: tinha a beira do rio, uma grande área que era coberta de vegetação, de mata ciliar... Chamei o Tarifa, e fizemos as medições microclimáticas em cada uma dessas áreas para verificar a qualidade ambiental; para então incrementar, através do planejamento e do desenho, espaços que tivessem qualidades microclimáticas.

Isso foi feito no primeiro momento do plano, e foi uma maravilha. Ao fim desta primeira etapa, o Joaquim Guedes acabou ficando muito amigo do Carlos Augusto, que depois fez parte da banca de livre-docência dele. Guedes era uma pessoa de difícil relacionamento. Um dia ele me chamou e disse que achava que não precisava mais do meu trabalho, que já tinham a orientação, que então podiam parar por ali. Eu respondi a ele: "Guedes, você ganhou o contrato com o meu nome. Pesou o meu currículo. Se você me mandar embora, eu vou te acusar". Ele falou: "Tá bom... então fica!"

•

O projeto de renovação urbanística da avenida Paulista, em 1973, foi uma experiência muito marcante, tanto na minha trajetória profissional quanto para a cidade de São Paulo. Fui convidada pelo Alberto Botti para fazer todo o projeto paisagístico.

Era uma calçada muito larga, inusitada; uma passagem onde o pedestre era o ator principal. E o que um pedestre mais faz numa calçada? Ele anda. E a ideia foi essa: desenhar o piso de acordo com o caminhamento do pedestre. Usei uma linguagem indutora: foram desenhadas as faixas contínuas, de linhas retas, que induziam o caminhar. Mas de repente vem uma entrada de carro, o pedestre vai parar para que possa ter a passagem do carro. Havia áreas de estar, com bancos; áreas de equipamentos, como banca de jornais; lugares onde o pedestre poderia parar; e a travessia para outra rua. O desenho do piso indicava, marcava, todos esses momentos do caminhar e do parar.

> Existia um projeto de afundamento da avenida Paulista. Era um horror. Nós decidimos não fazê-lo, mas para isso tínhamos que ter uma alternativa: a nova Paulista, que era um alargamento daquela antiga, existente, com valorização da área de pedestre. Então obviamente que iríamos valorizar a área de pedestre e criar verde: se vamos criar verde, vamos chamar a Rosa, e evidentemente o problema não era simples. [Alberto Botti]

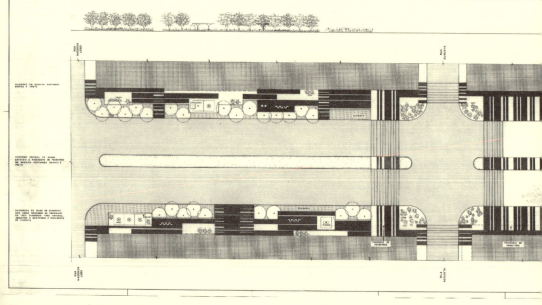

Projeto paisagístico para a avenida Paulista, São Paulo, 1972

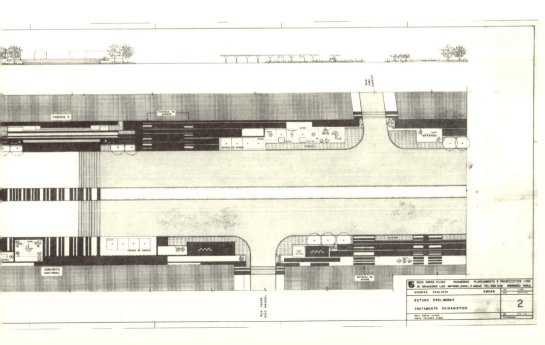

Na primeira proposta para a avenida Paulista, as passagens de pedestres eram dirigidas através de blocos pré-fabricados, aonde a vegetação já vinha plantada em vasos prontos de fibra de vidro. O Walter Doering[10] plantou tudo no viveiro e trouxe já pronto. Era uma maneira de bloquear a travessia e dirigir o pedestre para pontos específicos. Depois essas caixas de vegetação foram retiradas, e deixei a vegetação só no lugar onde havia árvores.

> A participação da Rosa foi novamente um exemplo de interação. Trabalhamos com ela, e com o Cauduro na parte da comunicação visual. Os dois vieram enriquecer a proposta de alargamento e trazer um fato novo, que marcou uma nova visão da avenida Paulista. Essa nova visão foi muito importante também para efeito da opinião pública que estava muito direcionada para ideia da obra rebaixada, e era preciso convencê-la do contrário. A opinião pública só virou ao nosso favor depois da participação da Rosa como paisagista. Como sugestão urbanística, ela sugeriu mais que pisos, sugeriu uma série de soluções que foram adotadas pontualmente ao longo da Paulista, e certamente sem ela não teríamos chegado na dimensão que a proposta alcançou. [Alberto Botti]

O mosaico português já era usado aqui em São Paulo. A primeira vez que eu usei a pedra portuguesa em um projeto foi na avenida Paulista. E, na verdade, na Paulista já havia um trecho que era de mosaico português, desenho do Burle Marx na calçada do Banco Safra, em frente ao Conjunto Nacional.

Eu decidi fazer tudo em mosaico português. E, mais tarde, quando o pessoal resolveu retirar o mosaico português, Vilma Peramezza,[11] síndica muito ativa do Conjunto Nacional, disse que ali ninguém tirava o mosaico português! Porque o David Libeskind,[12] em 1955, tinha usado este tipo de revestimento no interior do Conjunto Nacional e seguia pela calçada. Eu me lembro que ela também sugeriu que ao invés de retirarem, eles deveriam pegar meninos de rua e ensiná-los a colocar bem o mosaico português!

Quando eu comecei a usar este tipo de pavimentação, existia apenas um calceteiro – um! – que sabia fazer mosaico português. E ele fez para mim. E quando eu fazia o projeto e usava a pedra portuguesa, eu inseria a especificação de como deveria ser colocada. Era uma técnica especial.

Houve muita celeuma quando eu comecei a usar o mosaico português. Todo mundo dizia que era ruim, porque ela saía todo. E eu costumo dizer: esse pessoal que diz que mosaico português é ruim, deve ir a Lisboa... a cidade inteirinha é feita de mosaico português, que estão lá há centenas de anos! Na verdade, o problema não está no material, na pedra, e sim na técnica de assentamento e na manutenção.

> A Rosa foi muito combatida, e acabaram tirando o piso da Paulista porque diziam que mosaico português não é acessível e é ruim. Esta polêmica levanta a seguinte discussão: o mosaico português é ruim, ou é ruim o modo como ele é assentado? Se não for bem assentado, não é mosaico português. A característica dele é ser bem feito, tem curvas, tem inclinações para água fluir, estas coisas. Senão, ele é um piso de pedras soltáveis. E é principalmente na manutenção que isso aparece. Quando desmancha, não sabem refazer. Não fazem como um cerzido invisível. O material é bom, e existe em todo e qualquer lugar. [Michel Gorski]

Eu me lembro que, numa ocasião, a prefeita Marta Suplicy[13] pôs vários pisos intertravados de cores diferentes na entrada do metrô. Era para haver uma eleição: as pessoas que passassem deveriam escolher a cor do piso. Quando eu vi aquilo, escrevi uma carta para ela, dizendo que piso de rua não é o transeunte que escolhe; é o arquiteto, que é quem desenha a rua – e o desenho daquela rua era meu. Ela respondeu, então, com uma carta de próprio punho! Que ela foi muito mal informada, e que eu ficasse tranquila, que o mosaico português não seria retirado.

•

Marta Suplicy
Prefeita do Município de São Paulo

São Paulo, 1 julho 2002

Prezada Rosa,

Recebi sua carta, que muito me sensibilizou, por ser admiradora de seu trabalho.

O J. Wilheim vai entrar em contato com você para avaliar a situação criada e encaminhar da melhor forma. É complicado.

Um abraço
Marta Suplicy

Carta da prefeita Marta Suplicy para Rosa Kliass a respeito do projeto paisagístico para a avenida Paulista, jul. 2002

A década de 1970 trouxe uma nova legislação para a cidade de São Paulo, sob o aspecto da construção de edifícios de apartamentos. Esta nova legislação exigia um novo modelo de projeto, uma vez que estabelecia uma porcentagem máxima de ocupação do lote pela torre, liberando assim grande área do térreo sobre as lajes das coberturas das garagens. Foi o grande *boom* imobiliário de São Paulo, quando começou inclusive o financiamento do Banco Nacional de Habitação – BNH. E eu comecei a fazer projetos paisagísticos para o Anuar Hindi,[14] um jovem arquiteto que atuava na indústria imobiliária. Para o Anuar, era muito clara a necessidade de padronização do projeto de arquitetura, passível de adequação aos diversos terrenos que seriam incorporados, que lhe desse a oportunidade de construir de forma seriada. Somente o projeto paisagístico recebeu condição especial: para cada empreendimento seria elaborado um projeto específico.

> A época da Hindi foi uma época meio alucinada, tudo feito a toque de caixa. Geralmente a Rosa me chamava para o seu escritório, abria o desenho, explicava como era, perguntava se restava alguma dúvida, o que eu achava, se tinha facilidade ou dificuldade com alguma planta, algum problema. E aquilo foi saindo, quase que carimbado, era impressionante a velocidade. Ela pegou um jeito, um estilo para este cliente. [Walter Doering]

Eu fiz quase cinquenta projetos paisagísticos para os edifícios da Hindi – em São Paulo, São José dos Campos, Rio de Janeiro, Brasília. O térreo inteiro ficava comigo: jardineiras, playgrounds, muros, tudo. Fui provavelmente a primeira profissional da área a participar do processo de produção imobiliária de grande escala.

> A Rosa consegue vender ou inventar uma ideia sobre a importância da área externa na qualidade de vida das pessoas que moram num apartamento. A Hindi tinha algumas plantas muito bem resolvidas para a época, e procurava terrenos nos quais coubessem esses

> apartamentos. Embora o projeto arquitetônico fosse igual, o terreno era diferente. Rosa fazia esses projetos, e começou uma coisa que foi uma loucura, que foi a padronização. Os detalhes se repetiam nos projetos dela, e assim podiam ser mais organizados. Isso criou uma qualidade fantástica de execução de obra e a garantia de um projeto bem executado. [Benedito Abbud]

A Hindi foi importante para mim porque ela me possibilitou a realização de novas técnicas, novas experiências no paisagismo, principalmente no jardim sobre laje e na obtenção de maior permeabilidade de solo.

Em uma das viagens para os Estados Unidos estive com Theodore Osmundson,[15] que me levou para conhecer o Kaiser Center, um de seus projetos na Califórnia onde transplantou oliveiras sobre lajes. Ele fazia uma pequena elevação no jardim, e plantava a oliveira em cima. Eu vi aquilo e fiquei encantada. Voltando para cá resolvi fazer também no térreo; não só piso e jardineiras, mas também criar elevações com a terra para plantio de árvores. Como nos meus demais projetos, o seu Walter fazia o plantio.

> A Rosa estava sempre à frente. O resto era imitação. Ela abriu muitos caminhos. Pegou também uma época boa, São Paulo estava crescendo muito, e não havia ainda tantas concorrências na área de projeto de paisagismo. Quem é que tinha? O Cardozo... Francamente, não sei. Eu estava acostumado a fazer tudo com ela. Olhando em volta, haviam as chácaras. Agora, os arquitetos mesmo, dedicados a isto, não haviam... Aí foram surgindo, após o contato com ela. E a Rosa é muito exigente, é a natureza dela, mesmo, ela quer as coisas bem feitas. E eu também gosto. Havia uma empatia. [Walter Doering]

Eu mandei esses projetos, e a Hindi foi executando. Uma certa hora, o Anuar me chamou e disse para esquecer tudo que eu estava fazendo porque estava dando muita infiltração! O pessoal estava tendo que fazer remodelação de tudo, um horror! Mas eu não queria esquecer, não

Edifícios da Construtora Hindi, rua Alcino Braga e alameda Franca, São Paulo, 1970

queria deixar aquilo de lado. Eu escrevi para o Theodore Osmundson contando do problema, e pedindo que me dissesse como era a solução para jardins sobre laje.

E ele me mandou o detalhe executivo, com os cortes detalhados de como deveria ser! Era assim: primeiro, uma boa impermeabilização. Tudo bem, isso aqui não seria problema. Depois vinha uma camada de um material cerâmico – e ele me descreveu: era a cinasita, que acabava de ser lançada no mercado no Brasil. Depois, se põe uma manta filtrante, o bidim, que acabava de ter saído também. Por último, se põe a terra adubada e planta.

Mandei o primeiro detalhe executivo, e o Anuar me ligou dizendo que eu estava louca, e perguntando se eu sabia quanto custava aquele jardim. Eu falei: "Não, Anuar, o que nós estávamos fazendo não era jardim, isso é que é jardim. E nós temos que fazer isso!" E ele aceitou o desafio e passou a adotar o novo projeto.

> Na época a Hindi era dedicada quase exclusivamente em buscar soluções mais modernas, mais práticas, e a Rosa também contribuiu muito com isso. Eram prédios que construíamos muito rápido, as coisas tinham que ser quase pré-fabricadas, pré-moldadas. E a Rosa trouxe dos Estados Unidos um sistema, o concregrama. [Anuar Hindi]

Nessa mesma viagem para os Estados Unidos eu vi, numa exposição, um material que era de concreto, mas vazado, que era colocado em cima do solo e depois recebia um plantio, que assim suportava o impacto de carros e de pessoas. Eu achei uma maravilha aquilo, e trouxe o catálogo. Quando houve uma mudança de legislação em São Paulo, se permitiu fazer prédios de apartamentos em regiões mais afastadas, em bairros melhores como Morumbi e Alto da Lapa; mas as exigências eram terrenos muito grandes, prédios em altura, e não podia fazer garagem. Os carros ficavam todos no espaço livre, e seria tudo concreto ou asfalto. Então eu lembrei daquele material... Chamei o pessoal da NeoRex, que fazia elementos pré-moldados de concreto, mostrei a eles o material, e eles começaram a fabricar. É o concregrama!

A empresa NeoRex era da família do Rino Levi, que sempre usava elementos vazados fabricados por ela. Levi era um arquiteto que defendia muito a padronização e a industrialização de elementos de arquitetura. E esse concregrama vai nessa linha. É um elemento de piso, como se fosse um cobogó de chão. [Michel Gorski]

•

Nos anos 1950, um professor do Mackenzie, o arquiteto paisagista Cristiano Stockler das Neves,[16] fazia jardins clássicos. É quem tinha feito a Estação da Sorocabana e a praça Júlio Prestes. Era sabido que o pessoal que saía do Mackenzie fazia paisagismo clássico. Na FAU USP era um professor com uma outra abordagem, o Cardozo, e os alunos saíam fazendo jardins modernos. Essa era a diferença entre a formação em paisagismo da FAU USP e do Mackenzie naquela época. Quando o Cristiano parou de trabalhar, o Mackenzie ficou sem professor de paisagismo até 1974, quando se instituiu outra vez o paisagismo, e me convidaram para dar aula. Eu achei interessante e aceitei. Foi uma reintrodução do paisagismo, mas já com uma visão mais moderna.

A Rosa dava aula no 5º ano da faculdade no Mackenzie. Marcelo e Jamil,[17] arquitetos do escritório dela, eram monitores no curso. O meu primeiro contato com a Rosa foi como aluna no curso do Mackenzie. Entrei naquela aula, e comecei a perceber que no 5º ano de arquitetura você não sabe o que significa arquitetura paisagística! Todo mundo achava que iria sair de lá dominando esse universo da vegetação. Muito pelo contrário, não era esse o foco. Em um ano de curso, a ideia era abarcar o conteúdo da arquitetura paisagística. [Ciça Gorski]

Nesse sentido, é importante ver justamente a diferença entre arquitetura e arquitetura paisagística. Por exemplo, o que é o solo para o arquiteto paisagista? É de onde vem a alimentação para vegetação, tanto para coberturas quanto para árvores. O solo é um elemento vivo. E como é o solo para o arquiteto, para as suas construções? O solo é um fator a ser controlado. É preciso isolar a construção do solo. É exatamente o contrário: um absorve todas as coisas e o outro bloqueia. O solo, para os arquitetos, é um suporte de embasamento. E o clima? Para a arquitetura paisagística, o clima – a insolação, a chuva, o vento – são fatores que são absorvidos e que definem a qualidade dos espaços. E para os arquitetos, como eles enfrentam o clima? Eles cobrem a casa, protegem da chuva e do sol. Então, as metodologias para a criação de arquitetura e de arquitetura paisagística são diferentes.

•

Naquela mesma época, o Luiz Forte, que também era o diretor da Pontifícia Universidade Católica do Paraná – PUC-PR, de Curitiba, me chamou para dar aula de paisagismo. Ele estava criando a cadeira de paisagismo na PUC, e disse que precisavam que eu fosse dar aula lá.

Isso foi concomitante com o Mackenzie. E eu aceitei! Era uma loucura, porque o aeroporto de Curitiba era terrível, nunca tinha teto. Eu saía de São Paulo para Curitiba, dava uns dois dias de aula, e voltava para São Paulo. Era um sacrifício doido. Fiquei uns três, quatro anos lá, e o Orlando Busarello[18] era o meu assistente. Nesse período levei o Carlos Augusto para dar aula de climatologia, levei o Cauduro para dar aula de comunicação visual, levei a Ester Stiller[19] para ensinar luminotécnica. Foi incrível o que eu consegui fazer, realmente. E assim montei a disciplina de paisagismo na PUC em Curitiba.

Tempos depois, a Católica do Paraná me chamou novamente, querendo um curso de pós-graduação em paisagismo. E aí, nesta oportunidade maravilhosa, fomos nós dois – eu com o meu par, o Chacel –, dar um curso de pós-graduação em paisagismo em Curitiba.

Estas foram minhas atuações no ensino formal de arquitetura paisagística: no Mackenzie, em São Paulo, e na PUC-PR, em Curitiba. E quanto à FAU USP? Uma vez, meu colega de turma, Nestor Goulart Reis Filho, que era diretor da FAU, me telefonou e disse que estavam contratando um professor para paisagismo; e que obviamente, queriam que eu me candidatasse. Ele pediu então que eu me informasse sobre o material que era preciso entregar para me candidatar. Eu fui na faculdade, perguntei tudo o que precisava, e fiz tudo o que me mandaram. Pus numa pastinha, entreguei na FAU, e fiquei esperando. Um dia, telefonei para saber notícias, e eles me disseram que já estava resolvido, que eu podia buscar o meu material... Quando fui buscar, vi que o meu pacote nem tinha sido aberto!

Eu fiquei pouco tempo dando aulas nas universidades. A minha dedicação ao escritório era tão grande que não dava para conciliar.

> A Rosa fez uma opção. Ela resolveu desenvolver a vida profissional dela por fora da universidade. Fez um mestrado, mas não um caminho para virar professora. Ela achava que a maior contribuição que podia dar era fazer os projetos e a Abap, fortalecer a profissão nacionalmente. Sua inserção na universidade foi uma coisa mais pontual. O fato dela não ter prestado um concurso, ter virado professora, diretamente orientado mestrandos e doutorandos, ter uma linha de pesquisa na universidade, isso não diminui sua importância do ponto de vista da formação da carreira ou do pensamento da arquitetura paisagística no Brasil. [Paulo Kliass]

Eu acho que através da minha atuação profissional é que pude contribuir para a formação dos arquitetos na área do paisagismo.

•

Um projeto paisagístico interessante foi da área industrial, para a Carterpillar em Piracicaba. A Promon estava fazendo o projeto de arquitetura, e em 1974 me chamaram para fazer o paisagismo. E Piracicaba é... calor, calor, calor! Sol pleno. O arquiteto da Promon, Silvio Heilbut, e eu fomos lá conhecer. Eu fiz um estudo, e o projeto paisagístico incluía uma área enorme de estacionamento. Obviamente propusemos a arborização desta área. O anteprojeto foi para a central da Carterpillar nos Estados Unidos, para eles opinarem, e voltou com a seguinte observação: retirar as árvores do estacionamento. Mas não dava pra tirar as árvores do estacionamento! Quem tinha assinado o relatório era um paisagista de lá. Eu falei para chamá-lo para conhecer o local. E veio o tal do paisagista, e nós o levamos para Piracicaba. Eu já tinha combinado a tática com o Silvio, a estratégia! Chegamos, o paisagista americano viu a área, e nós fomos almoçar no centro da cidade. O Silvio deixou o carro estacionado em pleno sol, numa área asfaltada. Nós almoçamos, e depois ninguém conseguia entrar dentro do carro – era um forno! O paisagista americano então disse: "Arboriza TUDO!"

> As propostas da Rosa eram, temos que admitir, invariavelmente a melhor solução. Ninguém ganhava a discussão com a Rosa. Ainda bem, pois ela sempre tinha razão, e o projeto sempre ficava melhor. [Rafael Birmann]

> Sempre muito gentil, a Rosa é uma aristocrata progressista opinativa! O opinativo é defender questões. Às vezes as pessoas não estão acostumadas com opiniões assertivas e conceitos muito bem colocados. [Orlando Busarello]

•

O Jorge Wilhem estava fazendo um trabalho na nova rodoviária de Campos do Jordão em 1975, e me chamou para fazer o projeto paisagístico do parque da rodoviária. Quando eu cheguei lá, me deparei com o ribeirão Capivari e com sua avenida de fundo de vale ligando a rodoviária à praça central da cidade – cujo bairro também se chamava Capivari. Compreendi que, ao ampliar a entrada de turistas, seria preciso repensar o acesso ao centro da cidade. Mudei então o escopo do projeto, que passou a incluir o parque da rodoviária até o centro da cidade, pelo eixo do ribeirão Capivari.

> Este foi um dos primeiros trabalhos de córregos urbanos. Foi feito um mapeamento do rio para poder justamente comportar este novo contingente de turismo que iria entrar em Campos do Jordão. Este projeto significava fazer a rodoviária, que era uma coisa pequena naquela escala, o córrego e também o centrinho. [Ciça Gorski]

A equipe de consultores era incrível: a Ester Stiller fez o estudo da luminotécnica, o Cauduro fez a parte de comunicação visual, e o Hermes Moreira[20] veio trabalhar a parte de vegetação de várzea, elaborando a relação das espécies para plantio naquela região. No escritório, eu tinha a Ciça e a Maddalena, que fez um trabalho lindo: além de fazer o contato com o Hermes, ela verificou a vegetação nativa de Campos do Jordão.

> A partir das avenidas, nós trabalhávamos toda a questão da proteção dos fundos de vale. Naquela época não se falava em Área de Preservação Permanente – APP ainda. Este foi um trabalho que, para mim, introduziu várias dimensões técnicas e também conceituais, de posturas diante de um trabalho desta escala. Foi a primeira vez, por exemplo, que entrei em contato com o estereoscópio e com o planímetro, instrumento que, ao ser deslizado sobre o perímetro de uma área determinada, calculava a área. A Rosa usava frequentemente estes instrumentos em seu escritório. [Ciça Gorski]

Trabalhamos também as antigas casas dos ferroviários, da companhia de estrada de ferro. Ficavam no centro, e eram muito bonitas – e foram todas transformadas. Uma ficou de apoio para a estação, e incorporamos os quintais das demais casas numa integração com a praça.

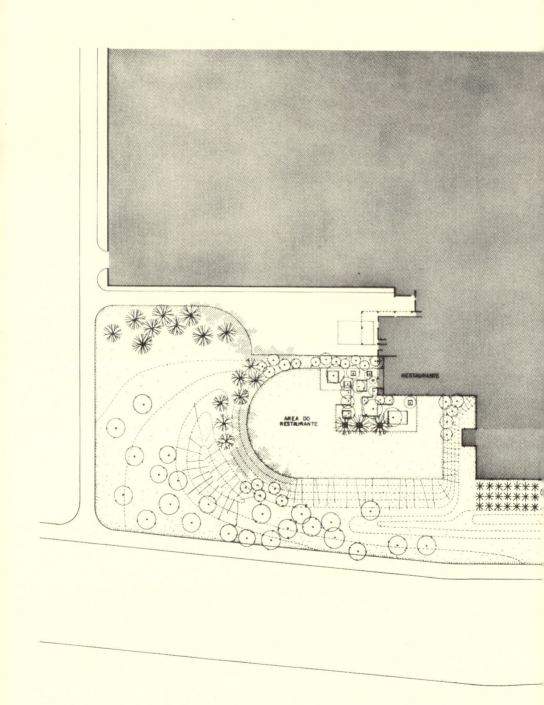

Indústria Caterpillar,
São Paulo, 1974

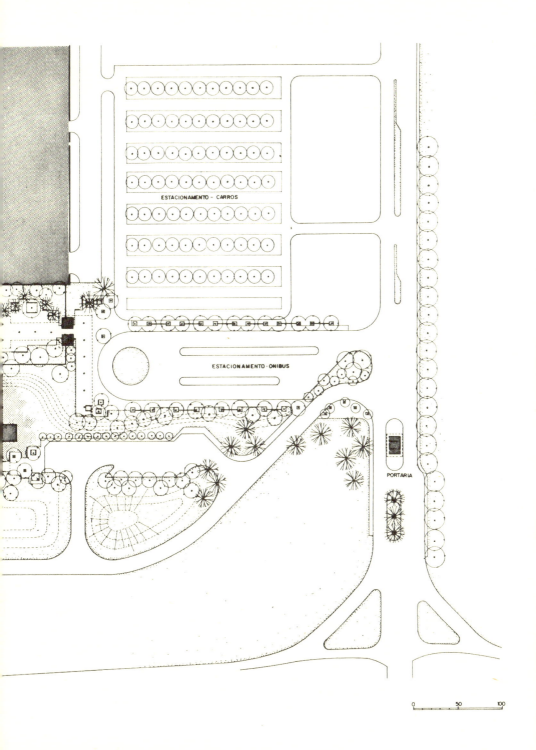

Foi um trabalho belíssimo, com um potencial incrível, mas que o gestor não tinha como absorver. Eles não entendiam a importância desse projeto, o que significaria para a cidade. Tempos depois, Rosa voltou a Campos do Jordão e foi até a prefeitura ver como estava o andamento do trabalho. Quando ela chegou, os rolos de papel vegetal estavam embaixo de uma goteira, tomando chuva! [Ciça Gorski]

Eles não tinham nem sido abertos!

•

A história do projeto para a Fazenda Santa Helena, em Pindamonhangaba, é um exemplo da minha visão da importância do planejamento paisagístico como uma diretriz de ocupação para grandes áreas, sem que se fique limitado apenas à solicitação pontual do cliente. Fui convidada, em 1976, a apresentar uma proposta para um loteamento popular numa área muito grande de uma fazenda às margens do rio Paraíba do Sul. A fazenda era propriedade do doutor Augusto Antunes,[21] da Indústria e Comércio de Minérios – Icomi, importante empresário da área de mineração no Amapá. Sua esposa queria construir uma vila popular, onde teria asilo para idosos, orfanato, escola, enfim, equipamentos institucionais de assistência social. Para isso, seria usada a área da fazenda que ficava à beira do rio.

Eu mandei a proposta para o doutor Antunes – que eu não conhecia –, e junto mandei o livro do Codivap para eles conhecerem o meu trabalho no Vale do Paraíba. E não me respondiam, não me respondiam... Um dia eu telefonei para o Rio de Janeiro e disse que estava precisando daquele livro de volta. A secretária pediu para eu esperar um pouco, e depois disse que o doutor Antunes estava me convidando para ir no próximo domingo na fazenda para conversar com ele. Veio um engenheiro me buscar e fomos para lá. No caminho, ele me contou que já havia uma outra proposta de loteamento para aquela área da fazenda, de um urbanista paulista que era funcionário da prefeitura de São Paulo. E que aquela proposta era muito mais completa do que a minha. Eu achei curioso que, mesmo assim, o doutor Antunes tivesse me chamado para conversar.

Quando eu cheguei de manhã, ninguém falava de proposta, de projeto, nada. Era uma fazenda lindíssima. Uma casa maravilhosa, com um jardim do Burle Marx. Doutor Antunes me levou para conhecer toda a fazenda, incluindo o gado zebu. Fomos até o ateliê dele, e foi a primeira vez que eu vi uma congéia – uma trepadeira maravilhosa que só fui ver novamente no sítio do Roberto. Depois a senhora dele serviu um almoço maravilhoso, e de sobremesa um doce de mamão enroladinho, nunca vou esquecer... Quando acabou o almoço ele diz: "Vamos conversar um pouco sobre o projeto, dona Rosa?" Fomos para o terraço – o Antunes, o engenheiro e eu – e nos sentamos nas cadeiras de palhinha. Foi quando ele disse que não tinha entendido minha proposta, ao que respondi que propunha que não se fizesse o loteamento. Ele retrucou, surpreso: "Mas por quê?" E eu expliquei: "Aqui não é para fazer isso. O senhor estaria comprometendo todo o potencial da fazenda que vai desde a várzea do Paraíba até a Mantiqueira, que é o contraponto da cidade de Pindamonhangaba. O senhor iria prejudicar a área com um loteamento à beira do rio, na planície aluvial, e estaria usando mal o terreno". Então ele me pergunta: "E o que a senhora propõe, então?" "Eu proponho que o senhor faça um estudo de toda a sua área, considerando também a relação com a cidade. A partir daí nós vamos ver o que fazer na beira do rio. Mas esta decisão está vinculada a um projeto global".

Ele concordou, e me pediu que fizesse esta proposta. Então nós fizemos um estudo para a área inteira da fazenda. Neste estudo, inclusive, havia um consultor urbanístico, que era o Jorge Wilhem. E nós propusemos como deveria ser a área que, claro, poderia ter o destino de uma área urbana, pois Pindamonhangaba parava no rio. Certamente, com o desenvolvimento do Vale do Paraíba, a cidade teria que se ampliar e acabaria indo para o outro lado. Mas como deveria ir?

A várzea teria que ser preservada com usos urbanísticos específicos – deveria ser definida como um parque regional –, e nós indicamos o que poderia ser ocupado. Incluímos na proposta a vila operária que a senhora dele queria fazer. Para isto, criamos um parque institucional onde os equipamentos seriam instalados. O doutor Antunes gostou da proposta, e me disse para fazer o projeto do parque institucional.

Quando o projeto ficou pronto, eu telefonei para a secretária perguntando quando eu poderia ir ao Rio de Janeiro apresentar o projeto. Ela me retornou depois dizendo que ele iria ao meu escritório no sábado seguinte para conhecer o projeto. Eu ainda tinha escritório na Brigadeiro – era um apartamento antigo, eu não tinha feito reforma nenhuma, estava caindo aos pedaços. "Ai, meu Deus!", eu pensei... Foi a coisa mais angustiante para mim ter que receber o doutor Antunes e a senhora dele naquele escritório da Brigadeiro. Mas eu os recebi lá mesmo, e mostrei o projeto. Eles gostaram, e o projeto foi adotado. Mas havia as arquiteturas, e eu indiquei que precisaria ter um arquiteto. "Eu já tenho o arquiteto". E a besteira foi essa, o arquiteto estragou o negócio, e melou, não foi executado. Porém, mesmo que meu projeto não tenha sido executado, considero esta experiência exitosa, pois evitei uma ocupação equivocada, e hoje ali é uma área de preservação.

•

Um dia o senhor Manfredo Gruenwald, editor da revista *Acrópole*, me telefonou para dizer que tinha recebido uns livros que achava que poderiam me interessar. Eram dois livros, um vermelho e o outro verde... Eram anais de congresso de uma tal de International Federation of Landscape Architects – Ifla. Foi quando eu tomei conhecimento da existência da instituição, e escrevi para eles. Sua sede, naquela ocasião, era em Portugal, e eu fiquei sabendo que ia ter uma sessão técnica em San Antonio, no Texas. E aí, claro, fui até lá, e me filiei como membro individual.

Esta foi a primeira vez que eu encontrei o time internacional da Ifla. O secretário era o diretor de Parques de Lisboa, Edgar Fontes.[22] Lá eu conversei com todo mundo, mas com ele foi mais fácil devido ao português. Conversamos muito. Ele perguntou como que não tínhamos uma associação de paisagistas. Eu respondi que não existiam paisagistas no Brasil... Ele lembrou do Burle Marx, mas eu disse que Burle Marx era um! Mas tantos e tais ele fez, que eu disse para ele: "Eu me comprometo a tentar, tá bom?!"

> E tem outra coisa também que a Rosa fez e que o Burle Marx, pelo jeito dele, nunca faria. Foi organizar a profissão. Isso é uma coisa que todos devemos a ela. [Benedito Abbud]

Cheguei no Brasil e imediatamente convoquei todo mundo que eu sabia que tinha alguma atividade ligada ao paisagismo, inclusive um professor de arquitetura que havia escrito um opúsculo sobre paisagismo em Porto Alegre, que se chamava Riopardense de Macedo,[23] entre tantos outros. Enfim, procurei as pessoas, marquei uma reunião e assim foi criada a Associação Brasileira de Arquitetos Paisagistas – Abap, em 1976. Mais tarde eu levei a Abap para a reunião de Istambul para ser filiada ao Ifla. E consegui... até fiz o congresso da Ifla em Salvador em 1978.

> Um dia a Rosa ficou ligando: "Nós vamos fazer uma associação, tal hora, no meu escritório na Brigadeiro Luiz Antônio". Cheguei lá, tinham outros colegas, e ela explicou a importância de termos uma associação: todo mundo concordou, e foi fundada a Abap. Foram 29 arquitetos que participaram de sua formação. A Rosa tem um jeito de passar as ideias dela que modo que elas ficam nossas. Quando ela explicou porque achava importante que tivéssemos uma associação, ninguém teve dúvida. [Nina Vaisman]

A fundação da Abap foi na FAU Maranhão, com a presença do Burle Marx. Criamos uma associação de arquitetos que exerciam a arquitetura paisagística. Assim, para entrar na sociedade era preciso ter diploma de

Rosa Grena Kliass, Roberto Burle Marx, Paulo Nogueira Neto, Mauro Victor durante a celebração da criação da Abap, 1976

arquiteto e comprovação do exercício da profissão de arquitetura paisagística. Criamos também três títulos de membros honorários: um para o Burle Marx, outro para o Luiz Emygdio,[24] e outro para o Harri Lorenzi.[25] Assim, homenageamos paisagistas importantes que não tinham diploma de arquitetura.

A primeira sede da Abap foi no meu escritório, na Brigadeiro Luiz Antônio. Ficava numa sala, no fundo do corredor.

> E a Abap começou a discutir honorários, discutir ética, discutir posturas, discutir escopos, discutir qualidade. As coisas eram feitas muito espontaneamente, muito caseiramente, e a Abap começa a organizar isso, inclusive conhecimento. Naquela época pré-Google se fazia muita viagem. Fizemos muitas organizadas pela Abap para o Rio, para o Brasil inteiro. E essas viagens eram fundamentais. Os cursos que a Abap fazia no início eram só com pessoas de altíssimo gabarito. Assisti, sei lá, mais de vinte palestras do Aziz Ab'Saber, e cada palestra era um show, uma coisa! A Rosa tem o grande mérito de trazer profissionais desse gabarito, desse mosaico de profissões. A gente deve isso a ela. [Benedito Abbud]

•

O Chacel foi uma das primeiras pessoas que eu convoquei para a reunião de criação da Abap. Nós tínhamos, digamos assim, a mesma visão da profissão. A gente se espelhava. Ele trabalhava muito – eu nem tanto – na parte da vegetação nativa. Ele teve aquela preocupação com a ecologia, com a paisagem nativa, como por exemplo alguns trabalhos que fez no Rio de Janeiro onde acabou fazendo levantamentos de toda a vegetação de restinga.

Uma vez fomos visitar um loteamento em Búzios, projeto dele. E o cliente, dono do loteamento, contou que, quando o Chacel foi contratado, já havia um projeto. Mas ele reviu todo o projeto, fez uma nova proposta e começou a fazer um viveiro de mudas nativas. E o cliente disse: "Eu perdi uns 30% da área loteada, mas ganhei muito em qualidade, e conseguimos vender muito melhor do que eu venderia naquela situação". Eu me lembro bem desse depoimento muito bonito.

Além disso, ele morava no mesmo prédio que eu, em São Paulo. E, sempre quando me apresentava em público, ele dizia: "Temos aqui a Rosa Kliass, que é a Golda Meir do paisagismo!"

•

A prefeitura de Salvador estava fazendo o Plano Diretor, e em 1976 fui indicada pelo Sérgio Zaratin, que era o consultor de urbanismo, para participar da equipe. Foi a primeira vez que eu fui para Salvador a trabalho. Quando cheguei no aeroporto, dois jovens estavam me esperando: a Arilda[26] e o Waldeck Ornellas. Me lembro bem que cheguei e a Arilda falou: "Ah, estávamos esperando que você viesse com um buquê de flores!" Arilda como sempre, muito espirituosa!

Para mim este trabalho foi uma coisa maravilhosa! Foi uma abertura da Bahia para mim. Rendeu muitos trabalhos e, principalmente, a grande amizade com a Arilda e sua família.

> A Bahia ganhou a Rosa Kliass. Ela se colocou à disposição de Salvador com uma bagagem recheada de competência, conhecimento e, sobretudo, generosidade – que sem dúvida é a sua grande característica, talvez aquela que não apareça em seu currículo impresso, mas se encontra arraigada em sua personalidade, e brota em todos os seus projetos. [Dange Cardoso]

Eu cheguei em Salvador para fazer o planejamento paisagístico da cidade. Pensei: bom, eu já sei como é que se faz, mas não temos computador...

como fazer? Daí eu inventei uma técnica: nós dividimos o município inteiro em quadrículas – eu acho que eram 2 hectares, eu não me lembro exatamente, mas era um tamanho que se chegou a conclusão que seria justificável analisar. Com esta escala nós poderíamos ter a unidade. Dividimos o município inteiro, quadriculamos, e fizemos o estudo, quadrícula por quadrícula, aplicando método do McHarg. Em cada uma nós víamos a densidade populacional, as declividades, a presença de rio, o uso de solo, enfim, tudo. Eram várias pranchas, cada uma com uma abordagem. Assim, fizemos um plano de áreas verdes da cidade.

> O Plano de Áreas Verdes se estendia para todo o município de Salvador porque sua essência era democrática. [Dange Cardoso]

> O plano que ela fez para Salvador, para mim, foi assim, botar o ovo em pé. Como usar aquela metodologia desenvolvida pelo McHarg, mas de um jeito criativo e de um jeito verdadeiro. [Benedito Abbud]

•

Fui eu que inventei o congresso da Ifla em Salvador... fui arranjar essa loucura! Porque não existia quase nada de arquitetura paisagística. Eu já tinha inventado uma Abap em 1976 e, em 1978, quando a Abap nem estava ainda com corpo, inventei o congresso da Ifla – achei que seria fácil... eu estava com muitos trabalhos em Salvador, e acabei indo almoçar na casa do governador: pensei que tinha a Bahia inteira na minha mão!

Comecei a montar o congresso, e no meio da história – nós estávamos em plena ditadura – o governador caiu! Mas tinha a Arilda, que foi fantástica, e segurou tudo, conseguindo financiamento. E foi um congresso muito bem sucedido. Incrível! Veio gente da Austrália, da Finlândia... do mundo todo! Veio até uma delegação de japoneses!

Mapa que integra o estudo de áreas verdes e espaços abertos da cidade de Salvador, 1976

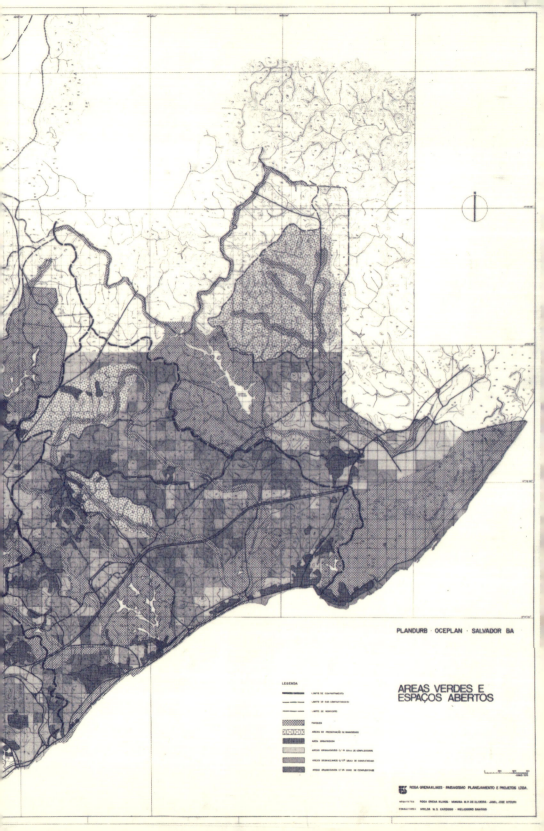

Rosa Grena Kliass, professor Werkmeister e Zvi Miller durante o 16° Congresso Mundial IFLA, Salvador, 1978

O mais interessante para nós é que o IAB não queria aceitar a ideia de que tínhamos criado uma outra associação, e que queríamos nos diferenciar dos arquitetos como arquitetos paisagistas. Mas a Ifla convidou a União Internacional de Arquitetos – UIA para o congresso de Salvador, e a UIA pediu ao IAB para representá-la. Então, na mesa de abertura, estava o Fábio Penteado, que era o presidente do IAB! Estava também o Werkmeister,[27] que era da Alemanha. Enfim, foi uma festa total.

E foi muito bonito. Mas foi uma das coisas mais estressantes que eu fiz na minha vida. A minha memória do dia seguinte é de estar sentada numa cadeira na beira da piscina do hotel. E o meu estado… eu estava exaurida! Totalmente exaurida!

•

No final dos anos 1970, fui chamada para fazer o projeto paisagístico de um hotel que iria ser inaugurado em São Paulo, o Maksoud Plaza. Eu fiz uma proposta, um anteprojeto, e os arquitetos foram mostrar para o Henry Maksoud, o poderoso dono da Hidroservice. Eles apresentaram o meu projeto, e ele comentou: "Nossa, mas essa mulher tem um carimbo muito grande! Manda ela tirar esse carimbo!" Mais tarde, numa discussão sobre quem iria desenvolver o projeto paisagístico, ele disse para chamar aquela mulher do carimbo grande… eu!

NOTAS

1. João Carlos **Cauduro**, 1935. Arquiteto (USP, 1960), professor da FAU USP onde implantou a disciplina Planejamento Visual Urbano. Um dos pioneiros do design gráfico no Brasil, criou com Ludovico Martino o escritório Cauduro Martino Arquitetos Associados (1964). Cf. <https://enciclopedia.itaucultural.org.br/instituicao6617/cauduro-martino-arquitetos-associados>.
2. **Alberto** Rubens **Botti**, 1931. Arquiteto (Mackenzie, 1954), sócio-fundador do escritório Botti Rubin Arquitetos Associados (1955), com o arquiteto Marc Rubin. Presidente do IAB-SP (1964-1965) e da ASBEA (1973-1974). Cf. <www.bottirubin.com.br>
3. **Harry Blossfeld**, 1913-1986. Botânico alemão (Universidad Humboldt de Berlim), radicado no Brasil e autor do livro *Jardinagem* (1965). Cf. Wikipédia.

4. **Paulo Egydio Martins**, 1928. Engenheiro (Universidade do Brasil, atual UFRJ, 1951), empresário e político paulista. Ministro da Indústria e Comércio (1966-1967) e governador do Estado de São Paulo (1975-1979). Cf. MARTINS, Paulo Egydio. *Paulo Egydio conta: depoimento ao CPDOC/FGV*.

5. **Maria Adélia** Aparecida **de Souza**, 1940. Geógrafa (USP, 1962), mestre (IHEAL Universidade de Paris, 1967) e doutora (Universidade de Paris I, 1975), professora titular de Geografia da USP. Publicou vários livros, entre eles *A identidade da metrópole* (1994), e é reconhecida como uma das mulheres pioneiras na Ciência Brasileira pelo CNPq. Cf. <www.iea.usp.br/pessoas/pasta-pessoam/maria-adelia-aparecida-de-souza>.

6. **Paul** Israel **Singer**, 1932-2018. Economista (USP, 1959), doutor em Sociologia (USP, 1966). Brasileiro nascido na Áustria, professor da USP (1960-1969) e PUC-SP (1979-1983); secretário de Planejamento da cidade de São Paulo (1989-1992), secretário nacional da Economia Solidária (2013-2016). Publicou vários livros, entre eles *Desenvolvimento econômico e evolução urbana* (1969). Cf. <http://paulsinger.com.br>.

7. BENATTI JR., Hugo; GOMES, Lucia Mercês de Avelar; KOVACS, Terezinha Vaz (Org.). *Caracterização e avaliação dos conhecimentos existentes sobre a região do Vale do Paraíba e diagnósticos resultantes – Codivap 1971*.

8. José **Roberto Tarifa**. Geógrafo (UEPJMF, 1969) e climatologista, mestre (1972) e doutor (1975) pela USP. Professor aposentado da UFMT. É autor do livro *Os climas da cidade de São Paulo* (Edusp, 2001).

9. **Joaquim** Manoel **Guedes** Sobrinho, 1932-2008. Arquiteto e urbanista (USP, 1954). Coordenou os projetos das cidades novas de Marabá (1973), Caraíba (1976) e Barcarena (1980). Presidente do IAB-SP (2008). Cf. <https://enciclopedia.itaucultural.org.br/pessoa247946/joaquim-guedes>.

10. **Walter** Heinz Martins **Doering**, 1935. Sócio-administrador da empresa Bom Jardim Plantas e Flores Ltda (1971).

11. **Vilma Peramezza**, 1942. Advogada (1968) e mestre em filosofia do direito (1982) pela USP. Responsável pela manutenção, recuperação e restauração do Condomínio Conjunto Nacional (1984 -2019). Recebeu o "Diploma de Gratidão da Cidade de São Paulo" e a respectiva "Medalha Anchieta (2002).

12. **David Libeskind**, 1928-2014. Arquiteto (UFMG, 1952). O Conjunto Nacional, marco da arquitetura modernista paulista, é seu trabalho mais importante em São Paulo. Cf. <https://enciclopedia.itaucultural.org.br/pessoa22802/david-libeskind>.

13. **Marta** Teresa Smith de Vasconcellos **Suplicy**, 1945. Psicóloga (PUC-SP, 1970), mestre (Universidade de Michigan 1973) e política brasileira. Prefeita de São Paulo (2001-2005), senadora por São Paulo (2011) e ministra da Cultura (2012-2014).

14. **Anuar Hindi**, 1935. Arquiteto (FAU Mackenzie, 1959). Fundou e dirigiu a Hindi Companhia Brasileira de Habitações durante sua existência (1967-1987), responsável por mais de 130 edifícios residenciais voltados para a classe média. Cf. PEREIRA-LEITE, Luiz Ricardo. *Estudo das estratégias das empresas incorporadoras do Município de São Paulo no segmento residencial no período 1960-1980*.

15. **Theodore Osmundson**, 1921-2009. Arquiteto paisagista americano (Iowa State University, 1943). Abriu seu escritório **Theodore Osmundson** & Associates (1946), onde trabalhou por sessenta anos. Recebeu a Medalha da Asla em 1983 e foi presidente da Ifla (1990-1992). Escreveu o livro *Roof Gardens, History, Design, and Construction* (1999). Cf. <https://tclf.org/pioneer/theodore-ted-osmundson>.

16. **Cristiano Stockler das Neves**, 1889-1982. Arquiteto (USP, 1911), fundador e primeiro diretor (1917-1957) do curso de arquitetura dentro da Escola de Engenharia da Universidade Mackenzie, que se transforma em Faculdade em 1947. Prefeito de São Paulo (1947), nomeado pelo governador

Adhemar de Barros, cria Companhia Municipal de Transportes Coletivos – CMTC. Cf. <https://enciclopedia.itaucultural.org.br/pessoa443402/christiano-stockler-das-neves>.

17. **Jamil** José **Kfouri**, 1947. Arquiteto paisagista (USP, 1972), autor do *Estudo de áreas verdes e espaços abertos de São José do Rio Preto* (1977, coautoria da arquiteta Mirthes Soares Baffi) e do *Parque de fundo de vale de São José do Rio Preto* (1980). Trabalhou com Rosa Kliass por uma década (1976-1985).

18. **Orlando Busarello**, 1946. Arquiteto e urbanista (UFPR, 1971), especialização em Arquitetura Paisagística (PUC-PR, 1982). Foi coordenador geral da região Metropolitana de Curitiba (1991-1994). Supervisor de Planejamento Urbano IPPUC (1986-1989). Sócio-fundador do escritório Slomp & Busarello Arquitetos (1977). Cf. <slompbusarello.com.br>.

19. **Esther Stiller**, 1946. Arquiteta (Mackenzie, 1969). Fundou o escritório Esther Stiller Arquitetura e Iluminação (1973) especializado em iluminação. Trabalhou com Rosa Kliass nos projetos do Vale do Anhangabaú e Avenida Paulista. Foi presidente da Asbai – Associação Brasileira dos Arquitetos de Iluminação (2001) e atualmente dirige o Instituto Esther Stiller, dedicado à educação em iluminação arquitetônica.

20. **Hermes Moreira de Souza**, 1918-2011. Engenheiro agrônomo (Esalq USP, 1942). Pesquisador do Instituto Agronômico de Campinas – IAC (1943-1984), onde teve importante atuação no planejamento de parques, praças e arborização.

21. **Augusto** Trajano de Azevedo **Antunes**, 1906-1996. Engenheiro e empresário paulista, fundador da Indústria e Comércio de Minérios – Icomi em 1942.

22. **Edgar** Ferreira Sampaio **Fontes**, 1922-2000. Engenheiro agrônomo especializado em arquitetura paisagística pelo Instituto Superior de Agronomia da Universidade Técnica de Lisboa, do qual se torna o professor mais longevo (1954-1981). Ingressa em 1953 nos Serviços dos Espaços Verdes da Câmara Municipal de Lisboa, se tornando seu diretor em meados dos anos 1980. Na Ifla, foi secretário geral (1962-1966) e delegado português (1966-1968). Cf. ANTUNES, Ana Catarina Dias Santos. *A influência alemã na génese da arquitetura paisagista em Portugal*.

23. **Francisco Riopardense de Macedo**, 1921-2007. Engenheiro (UFRGS, 1945), professor da Faculdade de Arquitetura da UFRGS (1959-1982), onde lecionou a disciplina de paisagismo.

24. **Luiz Emygdio de Mello Filho** 1913-2002. Médico (1939), botânico (1941), farmacêutico (1953) e doutor em Ciências Biológicas (1954), todos pela Universidade do Brasil, hoje UFRJ, e doutor em Ciências (UEG, hoje UERJ, 1961). Diretor do Museu Nacional da UFRJ (1947-1951, 1971-1972 e 1976-1980). Foi sócio-fundador de escritório de paisagismo com Fernando Chacel e Wit-Olaf Prochnik. Trabalhou diretamente com Roberto Burle Marx em várias expedições botânicas e projetos paisagísticos, entre eles o Parque do Flamengo no Rio de Janeiro. Cf. <www.museunacional.ufrj.br/siteluiz>.

25. **Harri Lorenzi**, 1949. Engenheiro agrônomo (UFPR, 1973). Autor de vários livros e artigos sobre espécies vegetais. Fundador do Instituto Plantarum (1981) e pesquisador convidado da Universidade de Harvard (1998).

26. **Arilda** Maria **Cardoso** Souza, 1936. Arquiteta (UFBA, 1959). Atua em Salvador, onde desenvolveu importantes projetos paisagísticos. Coordenou o grupo de trabalho de áreas verdes e espaços abertos do Órgão Central de Planejamento – Oceplan de Salvador.

27. **Hans** Friedrich **Werkmeister**, 1913-2001. Arquiteto paisagista alemão, presidente da Ifla (1978-1982).

O olhar para o espaço público

Jorge Wilheim e Rosa Grena Kliass,
vale do Anhangabaú, São Paulo, 1987

Rosa Kliass a trabalho na Sempla, São Paulo, c. 1980

> *"Acho que a vocação maior da Rosa é para o espaço público. É o grande olhar, é onde os olhos dela brilham".*
> Michel Gorski

Na década de 1980, na gestão do prefeito Mário Covas,[1] Jorge Wilheim exerceu o cargo de secretário de Planejamento. Eu me lembro bem quando o Jorge me convidou para ser diretora do Departamento de Planejamento da Secretaria. Nós estávamos na casa dele, na sala, sentados num sofá... e ele me convidou. Eu respondi que aceitava com uma condição. Estávamos entrando no governo Franco Montoro,[2] que tinha como lema "descentralização com participação". Eu disse que só aceitaria realmente se a permissão para fazer planos de administração regionais fosse não só com a participação da população, mas com a participação dos profissionais também. Assim, abriríamos concursos para arquitetos desenvolverem os planos regionais. "Você está louca!", o Jorge me respondeu, "Nós não vamos ter dinheiro para isso!" Eu repliquei: "Não quero saber se vai ter dinheiro ou não, quero saber se você me autoriza". E então ele me disse: "Está bom, eu te autorizo".

Assumi, então, o cargo de diretora do Departamento de Planejamento da Secretaria Municipal do Planejamento – Sempla, onde conseguimos desenvolver vários programas. Na porta de vidro da sala onde ficavam as arquitetas Célia Kawai[3] e Ana Lucia Ancona[4] afixei o título: Qualidade Ambiental. Foram elaboradas várias cartas temáticas versando sobre os temas de solo e clima, entre outros. Convidei o geógrafo Roberto Tarifa e ele, através de medição microclimática, elaborou uma Carta de Poluição de São Paulo! Além de Tarifa, contei com a colaboração de outro profissional da área, a geógrafa Silvia Levy.[5] A região dos Jardins foi apontada como uma área sem poluição, porque era um bairro com intensa arborização. Foram ainda elaboradas cartas de comprometimento dos rios e da distribuição dos solos propensos à erosão. Isso tudo para dar base ao Plano Diretor: foi a descoberta da geografia pelo planejamento!

> A Rosa trazia consultores e novas formas de trabalho que a gente não conhecia, ou nem tinha. Por exemplo, ela trouxe a carta geotécnica como um dos instrumentos para o planejamento urbano e ambiental. As fotos aéreas existiam, mas ninguém usava. Isso foi muito novo para nós. Até porque a Rosa conseguiu furar a burocracia paralisante que existe na prefeitura. Depois dessa história toda é que se pensou em contratar geólogos para trabalhar em planejamento urbano; até então não existia essa figura dentro da prefeitura. [Célia Kawai]

Quando eu cheguei na Secretaria de Planejamento, perguntei onde estavam as fotos aéreas: "Foto aérea? Ah, deve estar em outro departamento..." Eu fui ao departamento onde elas estariam e perguntei para o rapaz responsável se ele tinha fotos aéreas. E ele me respondeu com alegria: "Ah! Tenho!" Devo ter sido a primeira pessoa da Secretaria de Planejamento a pedir isso para ele! As fotos eram em pares, olhadas com estereoscópio. E assim introduzi as fotos aéreas no trabalho da Secretaria.

> Quando o Mário Covas convidou o Jorge Wilheim para a Sempla, ele chamou o braço direito dele, a pessoa que o complementava no

Cartão postal do vale do Anhangabaú antes do projeto de requalificação, São Paulo

urbanismo, que era a Rosa com o paisagismo. E ela me chamou. A participação da Rosa na concepção desta Secretaria é muito clara para mim. Ela deu algumas diretrizes que faziam da Sempla um órgão muito diferente da Secretaria anterior. O enfoque foi para as questões das administrações regionais, hoje chamadas subprefeituras. Ela dizia: "Existe a escala do Plano Diretor, mas não podemos só ver a cidade toda. Existe esta escala das subprefeituras, a gente tem que chegar mais perto". E ela inventou esta história de Planos Regionais, que foi extremamente rica como experiência. Na questão da democratização do país, foram as primeiras audiências públicas para a gente pensar a cidade, pelo menos que eu conheço e me recordo. [Nina Vaisman]

Eu fui buscar verba na Finep,[6] e consegui! Abrimos as licitações para elaboração de planos para Administrações Regionais para equipes de arquitetos de São Paulo, que foram avaliadas pelo IAB, o Instituto de Engenharia e a FAU USP. Ou seja, nós não decidíamos sozinhos. E assim, pela primeira vez foi feita a contratação por licitação de equipes de arquitetos. Cinco equipes foram contratadas, os trabalhos eram acompanhados pela equipe de arquitetos da Secretaria, e foi adotado o princípio de participação da população.

> Eu procurava trabalho em São Paulo, e por indicação de alguém que conhecia o Jorge Wilheim e a Rosa, fui até a Sempla. Depois de um tempo fui chamada para uma entrevista. Nesse dia conheci essa linda mulher! Rosa me recebeu com o calor de sempre. Conversamos, e ela foi a primeira e única pessoa em minha vida que me perguntou em que eu queria trabalhar, o que eu gostava de fazer... Senti nesse instante que seríamos amigas. Rosa Grena Kliass, uma mulher cálida e doce! Querida por todos, pois não conheço ninguém que teve contato com ela que tenha algo de ruim para dizer. Ela sempre teve e tem palavras de carinho para todos os que a rodeiam... é impressionante o sorriso amigo, o abraço forte e a alegria! [Silvia Levy]

Os arquitetos contratados desenvolviam os planos baseados nos levantamentos de necessidades que nós, da prefeitura, fazíamos. Eu montei equipes para fazer análises de cada lugar e definir as necessidades. Desta forma o escritório de arquitetura sabia exatamente onde e como atuar, pois os programas foram todos dados. E saíram planos maravilhosos.

Os planos preliminares eram apresentados em reuniões públicas nas sedes das Administrações Regionais para as quais eram feitas convocações dos moradores da região, e onde eram ouvidas as observações e reinvindicações feitas pela população.

> Rosa ia até a escala menor. Ela influenciou o Jorge para que ele aceitasse. Pela primeira vez na Secretaria Municipal de Planejamento nós tivemos a escala de 1:2000. Até então, as escalas adotadas eram as de 1:50.000, 1:25.000, 1:100.000. Fazer uma proposta de projeto, de como aquele pedaço da cidade poderia ser desenvolvido, analisar áreas menores, era inédito, inovador e muito rico para todos nós. Hoje em dia o trabalho da Secretaria Municipal de Desenvolvimento Urbano, que é a continuação da Sempla, se apoia e diz que o que nós fizemos serviu para eles de exemplo. [Nina Vaisman]

Quando entrei na Secretaria, eu perguntei onde estavam os arquitetos: "Ah, um está no departamento tal, outro ali, outro acolá..." Eu então quis montar uma sala de arquitetos – embora alguém tenha dito que eles só trabalhavam meio expediente! E vieram os arquitetos, nós começamos a trabalhar, e eu convenci o pessoal a fazer horário integral!

As arquitetas que trabalhavam diretamente comigo, e que ficavam na sala Qualidade Ambiental, começaram a fazer levantamentos. Num determinado momento, solicitei ao Jorge o uso de um helicóptero, e ele me respondeu que só tinha o helicóptero do prefeito. Eu perguntei se o prefeito ficava viajando de helicóptero o tempo inteiro. Ele respondeu: "Claro que não!" "Então pede o helicóptero". "Ah, eu não vou fazer isso..."

"Bom, então com quem eu tenho que falar para conseguir o helicóptero?" E fui lá, pedi e consegui! Com ele, a equipe sobrevoava e verificava as condições locais.

> A participação da Rosa é muito importante para a história do planejamento da cidade de São Paulo. Ela trouxe uma contribuição que de fato foi reconhecida e incorporada. E esta contribuição foi importantíssima, e totalmente nova. A ideia de começar a colocar as questões ambientais como questões fundamentais a serem discutidas num plano diretor começou aí. Até então, no máximo se colocava a questão da declividade – acho que isso era o máximo de ambiental que entrava nos planos até então. E isso ficou claríssimo. Foi o primeiro diagnóstico ambiental verdadeiro que foi feito. [Célia Kawai]

•

Quando eu estava na Sempla, comecei a sentir a necessidade de saber onde estariam as áreas ainda não construídas e, entre elas, aquelas que ainda continham alguma vegetação. Era o reconhecimento da vegetação na cidade. Propus, então, o desenvolvimento do projeto "Levantamento de vegetação significativa do município".

> A Rosa deixou o escritório, foi para Secretaria de Planejamento, e inventou um projeto fantástico que era cadastrar a vegetação significativa do município para que essa vegetação pudesse ser preservada. Era um trabalho ambicioso – no sentido de visionário, porque todo mundo queria preservar as árvores, mas para fazer isso sem punir o proprietário era fundamental que houvesse uma compensação. Não era justo que, num terreno com uma árvore plantada houvesse restrições para ocupação, enquanto no terreno vizinho a ocupação fosse liberada. Então já se falava em troca de potencial naquela época. O objetivo do trabalho foi cadastrar essa vegetação para termos uma noção daquilo que é importante para cidade. [Benedito Abbud]

Equipe do projeto para o vale do Anhangabaú: Norberto Chamma, desconhecido, Marcelo Botter Martinez, Michel Gorski, Jonas Birger, Maria Lucinda Meirelles, Rosa Grena Kliass, Jorge Wilheim, Carmem Lydia Rocha e Silva, Jamil José Kfouri, São Paulo, 1981

Não era preciso fazer um levantamento de massas arbóreas para efeito de planejamento. O necessário era levantar a vegetação pontualmente, dando subsídios para decisões de projeto e de ocupação de áreas que garantisse a preservação deste mínimo de vegetação que existia. Este trabalho foi feito por três equipes, lideradas por arquitetos paisagistas: Maria Maddalena Ré, Luciano Fiaschi e Benedito Abbud.[7] E tínhamos a participação valiosa do botânico Luiz Emygdio, que deu as diretrizes para a elaboração do cadastramento.

> A Rosa sempre se cercava do melhor, das melhores cabeças, o que para nós era fantástico. O Luiz Emygdio trouxe uma visão das espécies – o que era raro, mas importante – e colocamos um outro critério que era a visão da paisagem. Por exemplo, um eucalipto em si não tem uma importância botânica, mas se ele está localizado num ponto estratégico, num ponto focal, numa rua importante, ele passa a ser importante. Então nós tínhamos a questão da vegetação na paisagem, e a vegetação como elemento. A coisa mais bacana do trabalho, para mim, foi a definição dos critérios do que era vegetação significativa. Eram duas séries de fichas: uma para conjuntos de vegetação e outra para vegetação isolada, indicadas se estavam em espaço público ou privado. Nos espaços públicos, teoricamente, seria mais fácil de preservar. [Benedito Abbud]

E as fichas eram em papel!

> E para saber qual era a espécie vegetal? Primeiro fazíamos uma análise através de fotos aéreas em branco e pretas, antigas, completamente desatualizadas. Depois, muitas vezes, precisávamos entrar no meio do campo, enfrentar cachorro bravo, para pegar uma folha! O ideal seria ter a flor também, mas nunca mais voltaríamos lá. Não havia dinheiro para ir e voltar. Muitas vezes perguntávamos às pessoas do local qual era a flor, a cor, embora muitas vezes não soubessem. Organizávamos tudo isso e mandávamos para o professor Luiz Emygdio, e lá no Rio ele distribuía para os alunos, tinha toda uma metodologia. E muitas vezes,

mesmo só com a folha eles conseguiam identificar. Foram raras as espécies que não conseguimos identificar. Isso tudo coordenado pela Rosa na Secretaria. [Benedito Abbud]

Nesse mapeamento da vegetação significativa eram marcadas as áreas que não poderiam ser desmatadas porque eram cobertas por vegetação nativa. Uma vez encontramos a indicação de uma mancha de vegetação nativa em Santo Amaro, perto do Sesc Campestre, e me surpreendi. Não era vegetação nativa! Era, na verdade, uma área do Sesc que, quando elaborei o projeto paisagístico nos anos 1970, era coberta por um reflorestamento de eucaliptos. Por orientação do consultor, o botânico Blossfeld, fizemos o plantio das espécies nativas com mudas muito pequenas, sob os eucaliptos, que as protegia do sol e mantinha a umidade do solo. Quando tivessem um certo porte, se cortaria os eucaliptos. E isso foi feito! E a área estava lá como vegetação nativa...[8]

> Fizemos três mil e tantas fichas, que depois foram datilografadas com as fotografias. O Jorge conseguiu que se publicasse um livro, para o qual nós selecionamos as quinhentas fichas mais importantes. E esse livro – *Vegetação significativa do município de São Paulo*[9] – ainda é referência até hoje. [Benedito Abbud]

> Quando foi criada a Secretaria do Verde, foi preciso ter uma documentação que dissesse o que é verde, o que é significativo, o que é para proteger. Era preciso que se criassem regras. Foi então criada uma legislação, e esse livro passou a ser o documento oficial. [Célia Kawai]

Todas essas fichas acabaram virando a legislação de preservação da vegetação de São Paulo. Logo depois o Jorge assumiu a Secretaria de Planejamento do Estado. E lá ele fez a publicação da *Vegetação significativa*, que virou lei: não se poderia fazer a aprovação de uma construção numa área que contivesse vegetação significativa sem a aprovação do órgão responsável. Isso já foi um grande avanço.

Quando eu voltei a trabalhar na Secretaria do Verde de 2010 a 2012, fiquei muito surpresa ao ver que esse livro – o livro físico – ainda era o documento de referência de cadastro. Um trabalho feito em 1984! Não foi feito nada depois. E o livro estava lá, absolutamente aos pedaços, virou uma raridade incrível. E na Secretaria ele era instrumento de trabalho. Todo mundo usava. Foram xerocando, as pessoas tinham xerox de pedaços, uma coisa completamente precária. Eu tinha mais exemplares do livro, levei para lá, até porque não era possível trabalhar. Era um documento tão manuseado que já não estava nem muito legível. Ainda hoje, para se fazer qualquer projeto onde exista qualquer vegetação, o livro *Vegetação significativa* é usado como documento base para qualquer aprovação na Secretaria do Verde e em outras secretarias. Ou seja, onde haja vegetação, esse livro é a referência. Isso é uma coisa importantíssima. É vigente. [Célia Kawai]

E depois de todos estes anos, o livro ficou desatualizado. Tentamos fazer uma atualização, mas isto se mostrou impossível de ser feito! É uma coisa impressionante. Já tínhamos recursos muito melhores, fotografias muito mais apuradas... chegamos a fazer digitalização. Mas tudo é absolutamente emperrado, é muito difícil introduzir questões novas. [Célia Kawai]

•

Nos anos 1980 saiu a legislação de impacto ambiental, com a exigência de estudos e relatórios que comprovassem que o projeto não causaria danos ambientais na área onde seria implantado. E assim eu, no meu ideário, disse: "Chegou a vez dos arquitetos paisagistas!" E aí então Rosa Kliass, Maddalena Ré, Benedito Abbud e Luciano Fiaschi se juntaram para fundar a Kraf Planejamento Ambiental – sigla formada pelos sobrenomes dos sócios – e realizar estudos de impacto ambiental que, na nossa cabeça, era obviamente uma importante perspectiva de trabalho que estava se abrindo.

> A Rosa também inventou a Kraf. Ela viu a possibilidade de fazermos trabalhos numa escala grande, e trabalhos de EIA/RIMA.[10] Surgiu essa perspectiva e a Rosa pegou no ar. Só que a Rosa queria fazer a coisa direito. Ela viu que seria importante se uni; então teve a ideia de fazer a Kraf, convidando Maddalena, Luciano e eu, todos com experiência em paisagismo e que já se conheciam profissionalmente. Foram chamados também assessores fantásticos, os melhores que existiam no Brasil. Talvez tenha sido esse um dos problemas! [Benedito Abbud]

Naquela época existiam também os estudos de viabilidade financeira, nos quais as empresas que queriam construir deveriam provar que o projeto era viável economicamente. Foram montadas firmas para fazer isso, e não houve um projeto que não fosse viável financeiramente. Todos eram! E havia a mesma expectativa para os estudos de impacto ambiental.

> Era uma briga! Porque os clientes queriam que aceitássemos o que eles estavam propondo. Queriam que a gente dourasse a pílula para que aquilo fosse feito. E nós não fazíamos isso, mas sim o que entendíamos ser mais importante. [Benedito Abbud]

> Eles achavam que iríamos aprovar qualquer coisa... Nós falávamos: "Você não pode fazer isso, o seu projeto está ruim, precisa começar tudo de novo..." Para um empreendedor que queria fazer um loteamento com 150 lotes, por exemplo, a gente falava: "Não, não dá, são só trinta..." [Luciano Fiaschi]

Era sempre uma empresa, ou uma indústria, ou uma proposta de urbanização, já com projeto, necessitando de um EIA/RIMA que atestasse que a proposta estava de acordo com o meio ambiente, que não traria problemas. Quando nos contratavam, dizíamos que iríamos fazer um estudo prévio para ver o impacto real que o empreendimento causaria ao meio ambiente; e então faríamos as recomendações para a adequação do projeto. Obviamente, logo depois o que aconteceu? Acabou a Kraf!

No fundo vendíamos a ideia de que seria melhor para o meio ambiente, melhor para o cliente, melhor para a empresa, que a empresa iria oferecer um produto de melhor qualidade, que eles iriam vender mais rápido, enfim, tinha todo um argumento que a qualidade seria melhor. Inclusive para a preservação da imagem da empresa. Embora a Kraf não tenha tido tantos trabalhos, foram experiências muito legais de relacionamento com clientes. E a Rosa mostrava isso como líder – que era possível. Que era possível você enfrentar, no sentido de esclarecer. E isso não é fácil. A Kraf marcou. Foi uma coisa importante. [Benedito Abbud]

•

Um dos trabalhos importantes da Kraf foi o Panamby. O projeto paisagístico original dos jardins da residência da antiga Chácara Tangará, propriedade do Baby Pignatari,[11] era do Burle Marx. Eu telefonei para o Haru[12] dizendo que nós iríamos fazer o projeto, mas que eu queria autorização do escritório Burle Marx, já que o projeto original era dele. Eles disseram que sim, que poderíamos fazer, e então eu insisti que o Roberto viesse a São Paulo para ir ao local comigo. Eu me lembro bem, fomos nós dois até a área do hotel, ele explicou o projeto dele, e tudo foi muito gratificante.

O Niemeyer tinha feito uma casa para o Baby Pignatari lá no meio do Parque Burle Marx, onde está o hotel hoje. O projeto estava parado por mais de trinta anos, nunca foi terminado. Então eu disse: "Rosa, eu tenho um problema, precisamos demolir essa casa, como é que a gente faz?" [Rafael Birmann]

Chamei o Carlos Lemos[13] para o Parque Burle Marx, ele fez um laudo sobre o que restou do projeto do Niemeyer, e autorizou: "Pode demolir, que não vale nada". Não era mais uma casa, era um esqueleto.

O interesse da empresa que nos contratou era fazer lotes para construção de edifícios. Segundo a legislação, deveria ser feita uma setorização, e cada setor teria uma área verde. E conseguimos mudar essa história. Propondo a redução dos lotes destinados à construção, conseguimos que o parque fosse bem maior. Verticalizou. Em vez de vários parquezinhos e várias áreas verdes, fizemos um grande parque que abarcava toda área de vegetação significativa, e um outro parque um pouco menor, que era a área que havia sido tratada no passado pelo Burle Marx, junto à residência Pignatari. [Luciano Fiaschi]

Nós fizemos a proposta do grande parque e do parque central, onde havia um lago. E projetamos, então, um circuito de paisagismo.

Descobrimos fotos daquilo tudo como pasto, mas tão luxuriante que todo mundo jurava que era mata natural: xaxins arbóreos enormes, árvores... E a Secretaria do Meio Ambiente dizia: "Isso é mata atlântica, ninguém mexe..." Aí chamamos profissionais para fazer uma avaliação: "Não, isso é tudo novo! Isso não é uma mata nativa..." Mas tudo bem, a mata é muito significativa, foi toda mantida. O Luiz Emygdio fez todo levantamento de vegetação, com a Maddalena. É um trabalho belíssimo. [Luciano Fiaschi]

Lá estavam as jabuticabeiras maravilhosas, plantadas pelo Pignatari.

A Rosa nos apoiou em uma proposta que foi inédita na época. Nós tínhamos um projeto todo em volta do parque. Eu disse: "Todos os parques em São Paulo estão mal cuidados, com problemas de crime, insegurança... porque a gente não faz algo diferente aqui?" Conversamos, e a Rosa disse: "Vamos fazer uma fundação que faça manutenção e administração do parque. Deixa comigo". Isso faz uns vinte anos. A Rosa foi falar com o secretário, o Werner Zulauf.[14] Ele gostou da ideia, e aí a proposta andou, saiu. [Rafael Birmann]

O Parque Burle Marx foi o primeiro parque de São Paulo com gestão compartilhada: Fundação Aron Birmann e Prefeitura. Eu me lembro bem da situação. O Rafael Birmann[15] me chamou e disse que, por causa da mata que eu preservei, ele não ia conseguir vender os apartamentos, que todo mundo teria medo de bandido, não iriam deixar as meninas andarem pelo parque... Eu então sugeri uma solução: que ele cuidasse do parque a partir de uma fundação, garantindo assim o policiamento.

> A Rosa tem essa característica. Ela sempre teve muita credibilidade, é super correta. E é também uma pessoa de bom senso. Às vezes o cara lá, o secretário, pode ter credibilidade ou esquema político, mas não tem bom senso, nem tem uma integridade intelectual. A Rosa tem essas coisas todas. Quando a gente tinha algum problema, era: "Fala com a Rosa!" Ela negociava, discutia, dizia: "Não, isso dá, isso não dá, esquece isso, muda aquilo". Mas com o que ela concordava – "Vamos, dá para fazer!" –, ela resolvia, falava com Burle Marx, com secretário, com prefeito, era todo mundo se assustando com a baixinha. [Rafael Birmann]

E o Paul Friedberg[16] quis fazer o parque...

> Fizemos vários estudos com a finalidade de integrar o parque à faixa de edifícios que ia ser construída, de se fazer um boulevard, ter uma ligação. Como essa parte dos edifícios mudou inúmeras vezes, trabalhamos outras tantas vezes nessa questão da integração do parque com os edifícios. E numa dessas retomadas surgiu o Paul Friedberg, que foi o consultor indicado pelo Osmond, que ia fazer o projeto dos prédios. O empreendedor chamou a Rosa e disse: "Olha, o arquiteto indicou um consultor". A Rosa falou: "Não, nós não queremos consultor nenhum, já estamos com a ideia bem formada do que queremos. Mas... quem é?" "É o Paul Friedberg". "Ah, esse daí interessa!" E ele se interessou pelo parque. Brigamos bastante com ele... O Paul Friedberg veio a São Paulo para conhecer o parque, ficou no

> hotel perto de lá e quase não saiu do hotel. Foi ao parque com botas até acima dos joelhos, com medo de cobra. Fizemos o parque juntos, mas o parque que está lá não é necessariamente o que projetamos. [Luciano Fiaschi]

O Parque Burle Marx foi também o primeiro estudo que recebeu um EIA/RIMA municipal, ou seja, em escala urbana. Não que houvesse obrigatoriedade, naquela época, de ser feito. Mas nós fizemos, pois sabíamos que poderia haver controvérsias a respeito do uso desta área para um empreendimento comercial. Hoje vemos o resultado, a maravilha que é, um parque público que a cidade ganhou, um parque que está valorizando os empreendimentos feitos à sua volta. É uma área que realmente foi qualificada por um projeto de implantação visando a melhoria da paisagem.

Acho que este é o valor agregado mais importante que a Kraf deixou: o reconhecimento do trabalho do profissional em arquitetura paisagística desde o início do processo de projeto e planejamento, culminando na valorização real, econômica, e na melhoria da qualidade ambiental da cidade.

•

É preciso saber escolher o arquiteto adequado. Nem sempre o pessoal acerta.

> Uma vez, eu e a Rosa pegamos um projeto residencial. O cliente comprou um terreno numa pirambeira e queria uma casa térrea. E o arquiteto fez... O cliente nos chamou e queria que conversássemos com o arquiteto. A Rosa falou assim: "Não, não quero conversar... Sabe qual é o problema? Você não escolheu o arquiteto adequado". Ela disse isso para o cliente! Nós fizemos o paisagismo, mas o cliente queria um projeto todo formal. E a Rosa então disse: "Sabe o que acontece? Você também não escolheu os paisagistas certos..." [Luciano Fiaschi]

•

O projeto paisagístico do Parque da Lagoa do Abaeté em Salvador, que foi um momento muito importante da minha trajetória profissional, surgiu a partir de uma solicitação bem diferente do que o parque é hoje. Eu fui convidada, inicialmente, para fazer o paisagismo em torno de um centro de compras que ia ser feito no Abaeté – um tipo de centro comercial, mais turístico. Felizmente este projeto não foi adiante, e iniciou-se um remanejamento de todo o Abaeté. O Luciano Fiaschi trabalhou comigo neste projeto. Waldeck Ornellas, que era da prefeitura, me chamou em 1992 para pensarmos toda a Lagoa do Abaeté. Aquela área maravilhosa estava depredada, uma coisa horrorosa.

> O meu primeiro trabalho com a Rosa foi a Lagoa do Abaeté. Era uma questão muito complexa. O parque é bastante extenso em termos de área de intervenção, de projeto mesmo. Mas a questão era defender a área contra invasões, que aconteciam intensamente. Dentro da área do parque existia uma infinidade de invasões, de casa de todos os padrões: casa com piscina, barracos... Então nos apropriamos de vias existentes, de modo que fossem um tamponamento do parque. [Luciano Fiaschi]

Existia uma invasão popular nas dunas, de barracos. Mas havia também, na parte do Abaeté que era ligada com a cidade, uma invasão de casas de classe alta, inclusive com piscinas. A intervenção para a remoção destas ocupações irregulares foi feita da mesma forma para ambas as situações. O governo do Estado da Bahia fazia um levantamento das tábuas do barraco, de tudo, e davam um valor para cada item. Estipulavam o valor total das casas, e quando o responsável ia receber o valor, já marcava o dia da mudança. Nesse dia, o caminhão chegava, todas as coisas que a família quisesse – tábua, móvel, o que fosse – eram colocadas dentro do caminhão, e era tudo levado para onde a família determinasse.

Parque Lagoa do Abaeté, Salvador, 1996

> Esse parque é pioneiro, mesmo. Uma referência de respeito. O cuidado que se teve com as lavadeiras, a retirada de gente importante de suas casas... a gente nunca imaginou que tais medidas seriam adotadas. Estavam ilegais, em terrenos que não eram deles. Isso eu acho que foi legal. O projeto não era só o desenho. O projeto era garantir determinadas coisas que dariam qualidade. Isso envolvia brigas... [Benedito Abbud]

Uma preocupação que sempre temos em projetos de arquitetura paisagística é a de preservar algum traço – seja um traço natural, um traço cultural ou antropológico. Em todos eles, tentamos segurar algum elemento que amarre o projeto com o sítio, como por exemplo a cultura local. E no Abaeté havia a presença das lavadeiras, que lavavam roupa na lagoa e eram consideradas um problema. Entre outras coisas, o sabão que usavam poluía a lagoa. O Waldeck então disse que eu não me preocupasse com elas, porque esta questão já havia sido resolvida. Eles fariam uma casa das lavadeiras no bairro, onde elas poderiam lavar roupa com todo o conforto. Mas eu retruquei: "Negativo! Você não pode tirar as lavadeiras daqui. Como é que você vai tirar as lavadeiras do Abaeté, cantadas pelos poetas, pintadas pelos pintores baianos? De jeito nenhum! As lavadeiras fazem parte da paisagem do Abaeté! Nós vamos fazer uma casa das lavadeiras aqui". E fizemos a casa das lavadeiras, na melhor paisagem, à cavaleira, onde elas tem uma visão maravilhosa. Fizemos inclusive um playground para as crianças que iam junto com elas, e deu muito certo. Aí é convencer o cliente. Acreditar na sua proposta. A Casa das Lavadeiras foi uma conquista extraordinária.

> Os parques públicos, na verdade, precisam dessa inter-relação. E a Rosa sempre transitou nessa outra esfera para garantir determinadas coisas. Isso também ela nos ensinou. Não ter medo, não ter problema em conversar com o governador, com o prefeito, com o secretário... desde que tenha uma intenção que você acredite que seja boa. Brigar por aquilo que achar importante. E ser firme: não intransigente, mas ser forte. [Benedito Abbud]

Anos depois, quando eu preparava minha exposição na Bienal de São Paulo, o Julio Wainer[17] me acompanhou ao Parque do Abaeté para filmar cenas para o documentário que seria exibido na mostra.[18] Quando chegamos lá, vi que tinha gente lavando roupa na Casa das Lavadeiras. E perguntei a ele se não queria ir até lá entrevistar alguém. Havia uma mulher linda, alta, lavando roupa, e Julio se aproximou e perguntou a ela se fazia muito tempo que ela lavava roupa lá no Abaeté. Eu me lembro do olhar dela para Julio, assim de cima, quando respondeu: "Minha avó lavava roupa aqui, minha mãe lavava roupa aqui, eu sempre estive aqui. Mas agora, com esta casa, está uma maravilha!" Depois eu disse a ele: "Olha, não tem um papel no chão! Olha essa pia, anos depois, não tem uma trinca! Perfeita! Perfeita!"

Depois vimos alguma coisa acontecendo na areia, que era onde se fazia candomblé. E o que era? Um batismo evangélico! A área acabou sendo apropriada também por outro grupo religioso. Quer dizer, o lugar era realmente usado para atividades religiosas.

> Se avaliarmos a área de intervenção, tem um mínimo de coisas construídas, uma coisa muito pequenina. Há um grande núcleo, depois algumas intervenções pontuais afastadas, já atendendo aos bairros próximos. Propusemos também uma área de playground que atendesse à vizinhança. Não é do parque, é da *vizinhança* –um playground dentro do parque, que atende a vizinhança. [Luciano Fiaschi]

E o dia da inauguração do Abaeté foi uma festa; e um evento político, com a presença do Antônio Carlos.[19] Ele chegou de carro, e de repente... surgiu uma nuvem de baianas! Um acontecimento!

> Parecia um santo... uma coisa! E aí vieram também o Dodô, do Dodô e Osmar, o primeiro trio elétrico, está no museusinho lá... Margareth Menezes, toda baianidade... [Luciano Fiaschi]

Parque Lagoa do Abaeté, planta geral, Salvador, 1996

No final dos anos 1980 apareceu um grande projeto na cidade de São Paulo, o Memorial da América Latina.[20] Orestes Quércia,[21] que era o governador, resolveu criá-lo reforçando a ligação do Brasil com os países da América Latina. E o escritório do Oscar Niemeyer foi contratado para fazer o projeto arquitetônico. A execução ficou a cargo de uma firma de engenharia de São Paulo, a Promon, que tinha uma equipe de arquitetos que desenvolvia o projeto.

Orestes Quércia nomeou Rui Granziera[22] para acompanhar o desenvolvimento deste memorial desde o projeto, para que houvesse uma sinergia entre o projeto e sua execução durante a construção. O Rui me procurou para fazer o projeto paisagístico; ele estava preocupado porque o projeto arquitetônico estava sendo desenvolvido sem um projeto urbanístico para orientar.

Quando eu ia começar a fazer o projeto paisagístico, liguei para a arquiteta que estava coordenando este projeto na Promon, e disse que precisava conversar com o Niemeyer. Eu precisava saber o que ele pretendia para que eu pudesse fazer uma proposta. Ela me respondeu que ele não vinha muito para São Paulo, e que ela achava que era bobagem, que eu podia começar. Eu expliquei que não podia começar sem ter uma ideia do que ele queria... Um dia ela me telefonou e disse que o Niemeyer estaria em São Paulo em tal dia, em tal hora, se eu poderia ir lá para a área. Marcamos, e eu fui.

Eu não conhecia o Niemeyer. Estive com ele apenas quando eu era estudante de arquitetura: fui ao Rio de Janeiro com uma equipe da faculdade, e fomos ao escritório dele. Mas eu não tinha nenhuma relação com ele, ele era "o" Niemeyer...

Nos encontramos, e o teor do que ele me disse foi: que bom que você vai fazer o projeto de paisagismo. Eu respondi: "Pois é, doutor Oscar, eu pretendo fazer o projeto paisagístico. Agora eu quero saber o que é que o senhor pretende que seja esse projeto de paisagismo". Ele então me perguntou se eu não tinha visto o projeto... "Eu vi, mas..."

Na verdade, o que o Niemeyer havia exigido era que não tivesse estacionamento de automóveis. Ninguém iria de carro para o memorial. Todo mundo iria de metrô. O metrô ficava numa extremidade do terreno, eram 400 metros para chegar até o memorial. E eu disse: "O senhor pretende que as pessoas venham de metrô". "Claro, claro!" "Pois é, mas são 400 metros do metrô até o museu. E não tem uma árvore, um banco, nada... quer dizer, é um caminho ao sol e sem descanso. Eu imagino que deva haver áreas expandidas de pedestres, com arborização, como um boulevard..." Ele respondeu que não era um boulevard, era como uma praça italiana, sem verde. E eu respondi: "Mas uma praça italiana tem um bom desenho... Onde então devo atuar?" Quando ele me mostrou uns canteiros laterais, eu disse: "Mas o senhor não precisa de mim para fazer isso, basta um jardineiro".

Eu não me lembro da continuação de nossa conversa, só sei que saí de lá sem saber o que fazer. Eu telefonei então para o Rui Granziera e contei o que havia acontecido. O Rui me respondeu: "Mas você não sabe o que houve depois? Quando você saiu, o Niemeyer perguntou para a equipe: quem chamou essa moça? Eles disseram que fui eu. O Niemeyer então pegou o telefone, ligou para o Orestes Quércia e pediu minha cabeça! E eu caí!" Eu me lembro da frase que eu disse na hora: "Último stalinista da face da terra!" E assim eu não fiz o projeto. Esta é a história de um projeto que eu não fiz...

•

Eu sempre valorizei muitos as viagens de estudo. E sempre conseguia conciliá-las com minhas atividades profissionais. Em 1986, eu ganhei outra viagem de estudos em arquitetura paisagística, desta vez para a Alemanha – a convite do governo alemão – e para a Inglaterra – a convite do governo britânico. Era uma viagem de conhecimento do estado da arte da arquitetura paisagística nesses dois países. Fui sozinha... de novo! Em cada um desses países eu fui recebida por um guia que me levava para conhecer instituições, agências governamentais, projetos paisagísticos e ambientais.

Antes de viajar para a Alemanha, escrevi para o professor Werkmeister, que eu conhecia da Ifla, avisando da minha viagem. Ele ligou para os organizadores da minha viagem, e insistiu para que eu fosse à Hildeshein, uma cidadezinha onde ele morava. Eu pensei, "Ai meu Deus do céu, uma cidadezinha desse tamanhinho, o que eu vou fazer lá?" Pois foi a coisa mais linda que aconteceu!

Da catedral da cidade, que foi destruída em um bombardeio, restou apenas o domo, sobre o qual estava fixada uma roseira. O professor Werkmeister passou a ser o responsável pelo cuidado desta Roseira de Mil Anos (Tausendjähriger Rosenstock). Cidade nova com história antiga!

Na Alemanha, fui também para Berlim e Colônia. Foi uma viagem muito importante, não em tempo, mas em intensidade. Tem um detalhe que eu me lembro bem. Naquela época ainda estava presente o antissemitismo. Não era explícito, mas... um dia eu estava num órgão público, e a pessoa que me recebeu, vendo que eu era estrangeira, me perguntou se poderia falar em alemão comigo. Eu disse que sim, porque sabia ídiche! E deste modo eu aproveitei para informar duas coisas: que ele podia falar alemão e que eu era judia. Assim evitava ouvir o que eu não queria!

Na Inglaterra eu visitei as zonas das minas de carvão, para conhecer como eles faziam a recuperação dessas áreas. Foi maravilhoso. Conheci também quase todos os parques de Londres. Na Inglaterra não visitei escritório de paisagismo, eu visitei prefeituras e órgãos públicos.

Em Londres, fui a uma exposição que tinha um mapa da cidade enorme, com os espaços verdes, e em cada um dos espaços você podia ver um pequeno filme. Era interativo, muito bonito.

•

Na década de 1980, tive um outro encontro com o Lawrence Halprin, além daquele durante a minha primeira viagem aos EUA nos anos 1960. Eu estava viajando com Vera Severo[23] para um dos congressos da Ifla; paramos em São Francisco e resolvi visitar o escritório do Halprin. Telefonei para o escritório dele, uma voz feminina atendeu, e eu disse quem era e que estava lá em São Francisco, e gostaria de saber se o arquiteto paisagista Halprin poderia me receber. Ela me pediu para esperar e quando voltou, perguntou se eu poderia vir no dia seguinte, às 11h30.

Quando eu cheguei, o escritório dele já não era no mesmo lugar, era um loft incrível. Uma área enorme, com uma parte alta, degraus lá embaixo, e desenhos enormes nas paredes feitos à mão. Ele veio, conversou um pouco, e começou a mostrar o trabalho que estava fazendo, que vinha a ser uns estudos para uma cidade nova, perto de Florença, na Itália. Conversamos mais um pouco e, então, ele olhou bem para mim e perguntou se eu não estava estranhando alguma coisa. Eu disse que sim, falei que quando eu conheci o escritório ele era muito diferente... Ele então falou que me contaria o que aconteceu com ele...

Halprin era americano de ascendência judaica – seu pai era horticultor e fazia viveiros para jardins, daí seu gosto por paisagismo. Ele e a mulher – Anna Halprin, uma famosa bailarina – resolveram ir pra Israel, em um ano sabático, e quando voltaram, ele percebeu que não queria manter o escritório na estrutura que tinha. Ele então chamou cada uma das pessoas com quem trabalhava, explicou que iria passar a trabalhar sozinho, e que cada um teria que fazer seu próprio escritório, ou trabalhar num outro lugar, enfim, seguir sua vida... E, realmente, a maioria montou escritórios. E ele achou ótimo porque, assim, quando entrava um projeto, ele sabia quem dos antigos funcionários trabalhava melhor com determinado tema, então ele sabia quem chamar para colaborar! E, curiosamente, quando eu fechei meu escritório e passei a ter parcerias, eu me lembrei muito dessa situação... Depois de contar toda a história, quando chegou 12h30, eu achei que nosso encontro já iria terminar... Porém ele ainda nos convidou para almoçar! Ele nos levou a um restaurante, e almoçamos juntos.

•

Quando comecei a fazer planejamento paisagístico, vi que me faltava muito o conhecimento da geografia. Desta forma o meu contato com o Aziz Ab'Sáber[24] na parte de geomorfologia foi muito importante. Vi também que era essencial a parte de clima, e fiz contato com o Carlos Augusto.[25] Acabei indo assistir às aulas dele na Geografia.

Ao longo das aulas, o Carlos Augusto me falou que iríamos fixar um pouco o local de estudo e que iríamos trabalhar com os dados de climatologia da Faculdade Luiz de Queiroz, em Piracicaba, que eram muito bons. Nós estudamos trinta anos de dados climatológicos de Piracicaba. E quando eu estava trabalhando nisso, analisando muito a questão do clima, o Carlos Augusto me instigou, dizendo que facilmente eu poderia transformar aquilo numa dissertação de mestrado. Mas eu respondi que mestrado eu queria fazer na FAU USP, na arquitetura. Então saí da geografia com o Carlos Augusto, e fui fazer o mestrado na FAU.

Defendi a dissertação de mestrado em 1989 com um outro tema: estudei a evolução dos parques urbanos da cidade de São Paulo. Como proposta final, argumentei que o grande parque de São Paulo poderia ser a várzea do Tamanduateí. Seria um grande eixo significativo de desenvolvimento de parques e áreas verdes para a cidade. Na época, era a área mais liberada que nós tínhamos.

Mais tarde esta dissertação se tornou um livro, publicado em 1993. E na dedicatória desse livro eu escrevi: "Ao Valódia, meu companheiro, com saudades. A Carlos Augusto Figueiredo Monteiro e Roberto Burle Marx, meus mestres, com admiração e carinho. A Paulo e Sonia, meus filhos, com amor". Quer dizer, reconheci o Burle Marx e o Carlos Augusto como meus mestres.

•

Quando o meu livro foi publicado, eu quis entregá-lo ao Burle Marx pessoalmente. E esta foi a última visita que fiz a ele, no sítio, e foi muito triste. Ele já estava muito doente. Liguei para o Chacel, e combinamos uma visita. Quando chegamos no sítio, que diferença de quando Roberto recebia nos fins de semana para os almoços!

Nessas ocasiões, o pátio estava sempre cheio de carros. Havia sempre muita gente, pois todos que iam ao Rio e queriam conhecer o sítio eram recebidos aos sábados. E Roberto recebia a todos, no alpendre da sua casa, geralmente com a camisa suja, ou de tinta, porque estava pintando, ou de terra, porque já tinha feito o seu giro pelo sítio. A sala era repleta de objetos, recolhidos pela suas andanças pelo mundo, e de seus quadros nas paredes. Dali a gente saía para a visita ao sítio. O ponto máximo era a visita aos viveiros, onde ele cultivava espécies nativas brasileiras. Roberto mostrava todos os viveiros, contando várias histórias. Ao voltar para a casa, já era a hora do almoço. Todos sentavam à mesa. E o que estava sobre a mesa? Uma lindíssima toalha desenhada por ele, e vasos com arranjos florais que ele mesmo tinha feito, com flores colhidas nos seus jardins. Então vinha a comida: e os pratos haviam sidos preparados seguindo as suas receitas! Depois do almoço, o Roberto se sentava ao piano e cantava... quando não dançava!

Mas desta vez, o pátio estava vazio... o nosso era o único carro. Anunciámo-nos e fomos avisados que o doutor Roberto não poderia receber visitas. Como insistimos, o enfermeiro nos encaminhou, com a recomendação de fazermos uma visita rápida.

Entramos no quarto. Ele estava deitado, com o rosto virado para a parede, e não se virou nem mesmo depois que eu anunciei que quem estava ali éramos eu, Rosa e o Chacel. "Viemos te ver, Roberto. Trouxe para você o livro que saiu da minha dissertação de mestrado. Publiquei, e tem uma dedicatória para você". Ainda sem se voltar, ele pediu que lesse a dedicatória. Eu li e, ainda sem se voltar, Roberto manteve o silêncio; e nós nos retiramos.

•

Nos anos 1980 participei da reurbanização do Vale do Anhangabaú. Foi um momento profissional muito importante para mim. O projeto, elaborado pelas equipes do meu escritório e do escritório do Jorge Wilheim, foi o vencedor do concurso nacional promovido pelo IAB de São Paulo em 1986, do qual participaram mais de noventa equipes de todo o país.

No Anhangabaú, a grande contribuição que o Jorge deu foi a concepção viária. Para isso, ele chamou inclusive uma equipe de engenheiros de trânsito; daí a criação do túnel, possibilitando o trânsito subterrâneo e garantindo a liberação de todo o espaço para pedestres. Essa foi a grande sacada do projeto.

> Em 1984 foi o ano das diretas, e as grandes manifestações que a gente fazia, de amarelo, eram no Anhangabaú. Nós íamos trabalhar no banco de amarelo, e na hora da manifestação a gente descia e enchia o Anhangabaú. [Paulo Kliass]

No meu escritório eu tinha dois grandes colaboradores, que eram o Jamil Kfouri e o Marcelo Botter Martinez. No do Jorge já era uma equipe maior. Nós trabalhávamos da seguinte forma: o Jorge e sua equipe desenvolviam uma determinada questão do projeto, e nós desenvolvíamos a mesma questão. Depois nós nos juntávamos, fazíamos uma fusão das propostas, e o projeto ia se definindo.

Jorge sempre propunha uma "construçãozinha" dentro do vale, e eu me opunha. Num dado momento, o Jorge me pergunta se eu estava querendo fazer um parque ali; eu assenti e ele não pôs mais nenhuma construção! A não ser um bar que ficava embaixo de uma plataforma que tinha sido criada. E foi interessante porque, de todos os projetos que participaram do concurso, um dos dois únicos sem construção dentro do Vale era o nosso. Houve até proposta de shopping center dentro do Anhangabaú, daquela área do vale!

Lembro de uma expressão que eu usei muito no desenvolvimento do projeto do Anhangabaú: "espaço democrático". Democrático no sentido de que você pode fazer o percurso que quiser, tem todas as possibilidades de circular pelo local. Era uma área constituída de grandes pisos, grandes espaços vegetados com espécies rasteiras e com implantação de árvores. E tudo isso desenhado e elaborado de forma a criar ambientes, circulações e perspectivas.

Quando a Luiza Erundina[26] entrou, ela não queria executar o projeto do Anhangabaú pois não queria fazer nada no centro de São Paulo, só queria atuar na periferia. E, numa discussão com a equipe dela, eu questionei enfim quem usava o centro da cidade: era o pessoal da Zona Sul ou o pessoal da periferia que vem ao Centro? A Erundina entendeu, lançou o projeto, e foi ela mesma quem inaugurou.

•

Por ocasião da inauguração do Anhangabaú, tem uma foto minha com o Jorge no viaduto do Chá, onde estou com uma blusa de tricô que eu mesma tinha feito. Imagine, num momento tão importante como este! Mas eu fazia tricô tão bem, e era uma roupa tão bonita que até mereceu uma gola especial.

•

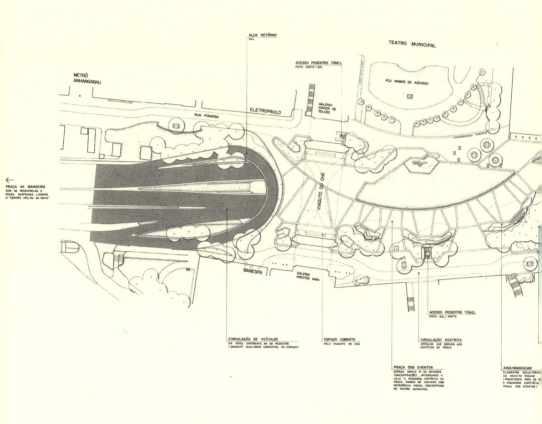

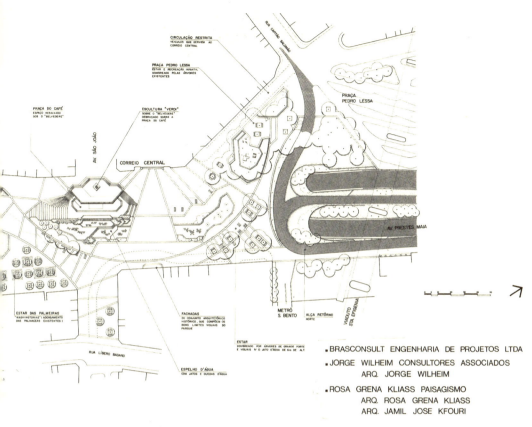

Vale do Anhangabaú, implantação e maquete, São Paulo, projeto de Jorge Wilheim, Rosa Kliass e Jamil Kfouri, 1990

Jamil Kfouri, Rosa Grena Kliass, Jorge Wilheim e Luiza Erundina durante inauguração do vale do Anhangabaú, 1991

Antes do escritório do Jan Gehl[27] ser contratado, um arquiteto da prefeitura chamou o Jorge e a mim para informar que iam fazer uma reforma no Anhangabaú. Diante do estado da área, estavam em tratativas com o escritório do Gehl. O Jorge contestou, argumentando que o projeto era nosso. Ele nos tranquilizou assegurando que nos chamariam... Não chamaram.

> O Jorge se acomodava mais do que a Rosa. Ele era mais político, quem brigava ali era ela. O prefeito acabou contratando um pessoal do Gehl para rever o projeto do Anhangabaú. Os caras do Gehl me contaram que o Jorge era supertranquilo, mas havia uma baixinha lá, uma paisagista que... era a Rosa! Me perguntaram: "Você a conhece? Eu respondi: "Eu conheço, eu conheço..." [Rafael Birmann]

•

Sempre me interessei pela formação profissional em arquitetura paisagística. E quando o professor canadense Peter Jacobs[28] veio ao Brasil, em 1993, eu pensei que seria uma boa ideia reunir todos os professores de paisagismo do Brasil para uma reunião com ele. Então eu fui à FAU USP, e falei diretamente com a diretora, a Gilda Bruna.[29] Eu sugeri a ela fazer um encontro dos professores de Arquitetura Paisagística das faculdades de arquitetura do Brasil. Isso sem consultar ninguém na FAU, só a Gilda! E ela concordou, nós fizemos, e vieram professores de paisagismo de quase todas as escolas do Brasil. Encheu o anfiteatro.

O Peter Jacobs fez uma palestra, e depois pediu para cada um se identificar dizendo de onde era, onde havia estudado, enfim, contar um pouquinho da sua história. E quando acabou, ele me disse – eu nunca vou esquecer –: "E você diz que aqui no Brasil não há condições de fazer uma escola de arquitetura paisagística? Com esse pessoal qualificado?" Quando ele encerrou a sessão, eu sugeri que ninguém saísse do auditório sem que se marcasse a próxima reunião! E no ano seguinte nasceu o Encontro Nacional de Ensino de Paisagismo em Escolas de Arquitetura – Enepea,

Vale do Anhangabaú, detalhe do trecho da fonte e café, São Paulo

no Rio, organizado pelo Programa de Pós-Graduação em Urbanismo da Faculdade de Arquitetura e Urbanismo da Universidade Federal do Rio de Janeiro – Prourb FAU UFRJ.

•

Quando, em 2005 ou 2006, eu resolvi trazer o escritório da Brigadeiro para a minha residência, na rua Jesuíno Cardoso, eu me lembrei muito de duas coisas. Uma, foi a visita ao escritório do Burle Marx, quando o vi cozinhando – não só ele oferecia a comida, mas ele próprio era o cozinheiro. As receitas eram dele, e a turma do escritório almoçava lá. E a outra, foi quando estive nos Estados Unidos, na escola do Frank Lloyd Wright[30] no Arizona. Lá também tinha uma sala de jantar, onde todos faziam juntos as refeições. Lembrando destes dois momentos, eu decidi que iríamos todos comer lá em casa!

Nós tínhamos uma dona Ondina, que era a cozinheira; e era uma delícia porque na hora do almoço era quando a gente mais conversava.

> Toda a vez que a dona Rosa viajava, trazia uma receita nova, de cada lugar que ela passava. Ela ensinava para a dona Ondina, que fazia para nós com o maior carinho. Era sempre uma festa, porque nenhum almoço era igual, sempre tinha uma novidade, uma receita nova. Até quando a dona Rosa jantava na casa das amigas, ela pegava a receita para fazer para a gente depois. Na páscoa judaica, ela sempre voltava da casa da dona Maria, sua irmã, com alguma coisa do jantar judaico para nós, entre eles os varenikes que eu adoro. Aprendi várias coisas sobre a cultura judaica. [Josiane Santos]

Para mim era natural almoçarmos juntos, eles eram a minha referência. Sonia e Paulo já não estavam mais aqui, então eles eram minha referência, eram minha família.

Vale do Anhangabaú, São Paulo, projeto de Jorge Wilheim, Rosa Kliass e Jamil Kfouri

Vale do Anhangabaú, São Paulo, projeto de Jorge Wilheim, Rosa Kliass e Jamil Kfouri

> No escritório da Rosa o almoço era assim: prato de entrada, prato principal, sobremesa, café. Eu até engordei quando trabalhava lá! Eram receitas que a Rosa trazia, feitas pela dona Ondina. E o menu não se repetia! Nós éramos tão bem tratados... E a dona Ondina, vez ou outra, de tarde, ainda fazia um bolinho de chuva! E quando a gente ficava depois das seis da tarde, vinha potinho de madeira com castanhas, cajuzinho e coisas assim, que a Rosa trazia para gente na sala. E, quando esticava muito, uma boa pizza de algum restaurante muito bom por perto. Nunca faltou cuidado conosco no escritório da Rosa. [José Luiz Brenna]

Quase nunca os clientes vêm ao escritório, na minha casa. Mas, um dia, um empresário ligou para mim querendo contratar um projeto de paisagismo e disse que gostaria de me conhecer. Eu dei o endereço, e ele veio. Chegou na portaria, achou estranho, e perguntou pelo escritório da doutora Rosa Kliass. "É aqui, sim". Ele subiu, abri a porta, e ele entrou. O escritório ficava com a porta fechada para a sala, o pessoal trabalhando lá. Ele chegou, entrou, sentou na mesa da sala e conversamos. Eu vi que ele estava achando tudo estranho... Num certo momento, perguntei se ele queria conhecer o meu escritório. Ele disse: "Quero!" Aí eu abri a porta, assim...

> Eu me lembro de uma reunião com rabinos, quando dona Rosa fez um projeto para eles. Os rabinos fizeram questão de conhecer o escritório, e dona Rosa falou muito da questão dos copos. [Josiane Santos]

Os meus copos não são de acordo com a tradição judaica, onde você não pode misturar certas coisas. Por exemplo, leite e carne não podem ser misturados. Nas casas judaicas tradicionais tinha o armário de leite, o armário de carne e não se podia misturar, assim como copos, talheres... E quando eles chegaram foi uma festa, mas eu disse ao rabino que achava que não poderia servir nada para ele lá. Ele respondeu que um cafezinho eu poderia servir! Sim, porque a xícara de café é só para cafezinho!

Equipe do escritório Rosa Kliass. Da esquerda para a direita: Josiane Santos, Luisa Ramos Mellis, Rosa Kliass, José Luiz Brenna, Gláucia Dias Pinheiro

E na outra reunião que tivemos no escritório, veio não este rabino, mas um outro. Depois da reunião ele comentou que o Rabino-mor tinha visto que eu não tinha mezuzá,[31] e tinha lhe mandado colocar uma na minha porta. E a mezuzá está na minha porta de entrada até hoje!

É muito marcante o escritório ser na casa da dona Rosa, a gente acaba participando do andamento da casa. Não era só o trabalho, o almoço também tinha todo um envolvimento, tem que comprar as coisas para o almoço, a gente faz parte do cotidiano da casa de certa forma. E porque estávamos na casa da dona Rosa, vivemos também a dinâmica da família. Agora que a dona Rosa é avó, o seu neto Joan que mora na Espanha passou a vir para a casa dela, e nós vivemos todas as visitas dele, compartilhávamos todas as coisas. Trabalhávamos no escritório, e ele ia brincar com a gente, porque para uma criança tudo é novidade. [Josiane Santos]

NOTAS

1. **Mário Covas** Almeida Júnior, 1930-2001. Engenheiro (USP, 1955) e político brasileiro. Prefeito de São Paulo (1983-1986) e governador do Estado de São Paulo (1995-2001), senador e deputado federal por São Paulo. Cf. Wikipédia.

2. André **Franco Montoro**, 1916-1999. Advogado (USP, 1938) e político brasileiro. Governador do Estado de São Paulo (1983-1987), senador (1971-1983) e deputado federal (1969-1961, 1962-1966 e 1995-1999) por São Paulo. Cf. Wikipédia.

3. **Célia** Seri **Kawai**, 1947. Arquiteta paisagista (USP, 1972), arquiteta da Secretaria Municipal do Verde e do Meio Ambiente – SVMA, foi diretora do Departamento de Parques e Áreas Verdes – Depave de São Paulo (2005-2007) e membro do Conselho Municipal do Meio Ambiente e Desenvolvimento Sustentável – Cades.

4. **Ana Lucia Ancona** do Amaral, 1948. Arquiteta e urbanista (Mackenzie, 1971) e doutora em políticas de meio ambiente (FAU USP, 2002). Trabalhou na Prefeitura Municipal de São Paulo (1978-2006), onde coordenou o Plano Municipal de Habitação (2004), o capítulo do Plano Diretor que instituiu as ZEIS (2002-2004) e o Programa de Recuperação e Proteção dos Mananciais (2001-2004). Coordenou, com Rosa Kliass, o Cadastramento da Vegetação Significativa do Município de São Paulo, que resultou em legislação de proteção dessa vegetação (1983-1985).

5. **Silvia** Helena **Levy** Rosa, 1951. Geógrafa (PUC-SP, 1973). Trabalhou com a Rosa na Secretaria de Planejamento – Sempla da Prefeitura de São Paulo, quando Rosa Kliass foi diretora do Departamento de Planejamento (1985).

6. Financiadora de Estudos e Projetos.

7. **Benedito Abbud**, 1950. Arquiteto paulista (USP, 1974), mestre em arquitetura (USP, 1986). Fundador do escritório Benedito Abbud Projetos de Arquitetura Paisagística e Planejamento (1981). Professor de paisagismo da FAU PUC-Campinas (1977-1981), e FAU USP (1980-1985); Presidente da ABAP (1987-1988 e 1999-2000). Autor do livro *Criando paisagens: guia de trabalho em arquitetura paisagística* (2006).

8. Cf. capítulo 5.

9. SÃO PAULO (Estado e Município). *Vegetação significativa do Município de São Paulo*. São Paulo, Governo do Estado de São Paulo, Secretaria do Meio Ambiente/Prefeitura do Município de São Paulo, Secretaria Municipal do Planejamento, 1988.

10. Estudo de Impacto Ambiental e Relatório de Impacto Ambiental.

11. Francisco (**Baby**) Matarazzo **Pignatari**, 1917-1977. Empresário ítalo-brasileiro, personagem da vida econômica e cultural paulista e brasileira do século 20.

12. **Haruyoshi Ono**, 1943-2017. Arquiteto (UFRJ, 1968), trabalhou no escritório de paisagismo de Roberto Burle Marx desde estudante (1965), tornou-se sócio depois de formado e assumiu a direção do escritório após a morte de Burle Marx (1994).

13. **Carlos** Alberto Cerqueira **Lemos**, 1925. Arquiteto (Mackenzie, 1950), professor titular da FAU USP, com vários livros publicados sobre arquitetura em São Paulo.

14. **Werner** Eugênio **Zulauf**, 1936-2003. Engenheiro civil e sanitarista (UFPR, 1960), importante ambientalista, foi secretário do Verde e do Meio Ambiente da prefeitura de São Paulo (1993-2000).

15. **Rafael** Benasaya **Birmann**, 1953. Presidente da Birmann SA (desde 1978); Presidente do Conselho da Fundação Aron Birmann (desde 1995).

16. M. **Paul Friedberg**, 1931. Arquiteto paisagista americano (Cornell University, 1954). Fundou o escritório M. Paul Friedberg & Partners (1958), que se destacou em vários trabalhos para criação de ambientes urbanos, praças públicas e corporativas, entre outras tipologias. Recebeu a Medalha Asla (2015). Cf. <https://tclf.org/pioneer/m-paul-friedberg>.

17. **Julio Wainer**, 1961. Arquiteto (USP, 1984), produtor de vídeos, professor da PUC-SP.

18. WAINER, Julio. *Rosa Grena Kliass – arquiteta paisagista*. Programa em videotape, 2005.

19. **Antônio Carlos** Peixoto de **Magalhães**, 1927-2007. Médico (UFBA, 1952) e político brasileiro. Prefeito de Salvador (1967-1970), governador da Bahia (1971-1975, 1979-1983 e 1991-1994), ministro das Comunicações (1985-1990), e presidente do Senado Nacional (1997-2001). Cf. Wikipédia.

20. Texto a partir do seguinte vídeo: WAINER, Julio. *Depoimento: Rosa Kliass fala de Jorge Wilheim – Programa 3*.

21. **Orestes Quércia**, 1938-2010. Advogado (PUC-Campinas, 1962) e político brasileiro. Governador do Estado de São Paulo (1987-1991). Cf. Wikipédia.

22. **Rui** Guilherme **Granziera**, 1942. Economista, professor da Unicamp. Foi secretário executivo do Memorial da América Latina, nomeado pelo governador Orestes Quércia.

23. **Vera Severo**, 1949. Arquiteta e urbanista (UFRJ, 1973). Trabalhou no escritório do arquiteto paisagista Fernando Chacel (entre 1972-1983); arquiteta da Secretaria de Infraestrutura e Meio Ambiente do Estado de São Paulo/Cetesb Companhia Ambiental do Estado (desde 1986).

24. **Aziz** Nacib **Ab'Sáber**, 1924-2012. Geógrafo (USP, 1944), doutor (1964), livre-docente (1968) e professor titular da USP (1968). Um dos mais respeitados cientistas brasileiros, é referência em estudos relacionados ao meio ambiente e impactos ambientais. Autor de vários livros, entre eles *Os domínios da natureza no Brasil: potencialidades paisagísticas* (2003). Recebeu o Prêmio Unesco para Ciência e Meio Ambiente (2001), entre outros. Cf. <www.iea.usp.br/pessoas/pasta-pessoaa/aziz-absaber>.

25. **Carlos Augusto de Figueiredo Monteiro**, 1927. Geógrafo (Universidade do Brasil, atual UFRJ, 1950); doutor (1967) e livre-docente (1975) pela USP. Renomados geógrafo e climatologista brasileiro, publicou *O Estudo Geográfico do Clima* (1999), entre vários outros livros. Cf. CONTI, José Bueno. Carlos Augusto de Figueiredo Monteiro, o geógrafo.

26. **Luiza Erundina** de Souza, 1934. Assistente social (UFPB, 1967), foi prefeita da cidade de São Paulo (1989-1993). Cf. Wikipédia.

27. **Jan Gehl** Hon, 1936. Arquiteto dinamarquês (Royal Danish Academy of Fine Arts, 1960). Fundador do escritório Gehl Architects (2000), que desenvolve estudos para espaços públicos em diversas cidades em todo o mundo. Autor do livro *Cities for people* (2010).

28. **Peter Jacobs,** 1939. Arquiteto paisagista canadense. Professor emérito da Escola de Arquitetura Paisagística de Montreal, da qual foi seu primeiro diretor (1978). Delegado da Ifla (1986-1995). Cf. Wikipedia.

29. **Gilda** Collet **Bruna**, 1943. Arquiteta e urbanista (1968), doutora em arquitetura (1973) e livre-docente (1980), sempre na FAU USP, onde é professora titular e foi diretora (1991-1994). Presidente da Empresa Paulista de Planejamento Metropolitano – Emplasa (1995-2000). Atualmente é professora do Programa de Pós-Graduação em Arquitetura e Urbanismo da Universidade Presbiteriana Mackenzie. Cf. Plataforma Lattes.

30. **Frank Lloyd Wright**, 1867-1959. Arquiteto norte-americano (Honorary degree, University of Visconsin-Madison 1955), um dos precursores e mestres mundiais da arquitetura moderna. Um de seus trabalhos mais conhecidos é a Casa da Cascata (1936), na Pensilvânia. Em Taliesin West, sua residência de inverno no Arizona, Lloyd criou uma escola de arquitetura em 1937, ainda em funcionamento e que hoje também abriga a sede da Fundação Frank Lloyd Wright. Cf. <https://franklloydwright.org>.

31. A mezuzá é uma pequena caixa em forma de tubo que contém um pergaminho com passagens da Torá, a ser fixada no lado direito das portas. Indica um lar ou estabelecimento judaico, e é um objeto de proteção.

Arquitetura, arte e paisagem

Parque das Esculturas,
Solar do Unhão, Rosa
Kliass no portão de
acesso de autoria
de Caribé, Salvador

Parque das Esculturas, Solar do Unhão, portão de acesso, Salvador

> *"A intervenção paisagística não é temática. O tema não é a rodoviária, o aeroporto, a escola, o parque. O tema é a paisagem: é a paisagem que inclui a arquitetura, a cidade".*

Em Salvador, na Bahia, tive a oportunidade de participar de um projeto fantástico: o Parque das Esculturas. É um parque público à beira da Baía de Todos-os-Santos, junto ao Solar do Unhão, com um entorno paisagístico muito complexo. O Solar do Unhão era uma casa antiga que foi transformada no Museu de Arte Moderna.[1] Na linha litorânea, continuando o Solar do Unhão, tinha apenas uma nesga de terra, no nível da praia; logo após havia uma escarpa, e em cima um espigão, por onde passava uma avenida. O governo do Estado da Bahia estava fazendo o projeto dessa avenida, e Dange,[2] arquiteta e irmã da Arilda, que foi convidada para compor a equipe de paisagismo, me chamou em 1996.

> O projeto seria para uma via urbana paralela à avenida do Contorno, que viria a destruir uma expressiva paisagem colonial do século 17, o Solar do Unhão, onde funcionava o Museu de Arte Moderna da Bahia. Fiquei atônita, aflita, muito sofrida com a possibilidade de estar participando de uma crueldade de tanta magnitude, e assim pedi um socorro para Rosa, que me acolheu com a generosidade de sempre. [Dange Cardoso]

Diante disso, conseguimos mexer na proposta de tal forma que alteramos inclusive o escopo do projeto. Fizemos umas recomendações que acabaram chegando aos ouvidos do diretor do Museu, que se interessou em conversar, e nos disse que queria fazer ali um parque de esculturas. Eu, que tinha visto nos Estados Unidos um parque de esculturas maravilhoso, concordei imediatamente com a proposta.

> Confesso que não sabíamos como fazer ou propor algo capaz de reverter aquela situação. E então, com competência, sabedoria e generosidade, Rosa sugeriu fazer um jardim para as esculturas do Museu, ao ar livre, na beira do mar da Baía de Todos-os-Santos. O projeto nasceu assim, do nada, porque não havia terreno, mas sim os resquícios de uma favela apoiada em sacos plásticos. É um espaço que se desenvolvia na encosta íngreme entre a avenida do Contorno e o mar, com um desnível de 22 metros. Rosa interligou-o ao Museu através de caminhos para exposição, além de espaços de descanso e contemplação. O resultado encantou a Bahia, sendo que o próprio jardim é considerado como escultura do Museu de Arte. [Dange Cardoso]

Eu perguntei ao diretor do Museu que esculturas que ele tinha. Ele respondeu que ainda não tinha as esculturas, que eu projetasse o parque, e ele então estabeleceria o acervo. Eu insisti que não dava para fazer desta forma, e o convenci a adquirir inicialmente ao menos umas esculturas âncoras, e depois ir ampliando o acervo. Chamamos o Carybé[3] e o Mário Cravo,[4] dois grandes escultores da Bahia. Caribé ficou com a incumbência de fazer o gradil da entrada e o painel para fechar o parque, abaixo, junto à água. Era preciso dar um fecho ao parque, uma vez que o terreno era contínuo a outro que não fazia parte do projeto. Eu sugeri que ali o painel fosse do Brennand.[5] Mas os baianos não quiseram um pernambucano lá!

Quando fui mostrar o projeto ao Carybé, disse para ele abrir o parque com uma grade – um gradil que deveria ser bem transparente, pois nós

Rosa e Mário Cravo Júnior,
Salvador, 1996

Jardim de Esculturas, Solar do Unhão, escultura de Mário Cravo Júnior, Salvador

estávamos abrindo uma paisagem que não existia ainda. Esta seria a primeira vez que as pessoas poderiam ver a praia, o mar e o céu a partir daquele ponto, e é uma paisagem maravilhosa! Também sugeri a ele que usasse aquelas figuras em movimento que ele fazia, do Candomblé... Ele pensou, e me respondeu: "Tem os peixes, tem os pássaros... então eu vou por os peixes no céu e os pássaros no mar!"

Para o Mário, eu expliquei que o parque não teria iluminação noturna já que não seria usado à noite. Mas que teria um só ponto de iluminação, no centro do parque. E este ponto central seria um pedestal de três metros de altura em cima do qual ele colocaria a escultura dele – aquelas coisas lindas que ele faz, usando material de sucata de indústria química. Seria uma escultura autoiluminada, de onde sairia uma luz noturna. Nunca vou esquecer o que ele me disse! Ele pensou um pouco, e brincou: "Ah, sei... os arquitetos dão toda liberdade para os artistas...!" Mas fez... e meu contato com estes escultores baianos foi assim, maravilhoso!

•

Poucos anos depois tive outra experiência importante relacionada às relações entre escultura e paisagem. Eu iria a uma reunião da Ifla na Grécia em 1998, e pensei: eu não conheço Israel, vou estar tão perto... Foi quando conheci pessoalmente trabalhos do escultor Dani Karavan[6] e de importantes arquitetos paisagistas israelenses como Shlomo Aronson[7] e Gideon Sarig.[8] Esta viagem me marcou profundamente.

Os romanos acreditavam que cada lugar tem o seu próprio espírito – *nullus locus sine genio*.[9] É preciso sempre iniciar um processo de projeto ou planejamento paisagístico com o desejo de ressaltar ou instigar um significado no lugar que estamos criando. Todos os elementos do projeto devem estar em harmonia para criar um conjunto de lugares, panoramas e efeitos sensoriais que caracterizem o local como *o* lugar, e não apenas como *um* lugar.

Parque das Esculturas,
Solar do Unhão,
croquis, Salvador, 1995

CORTE 33

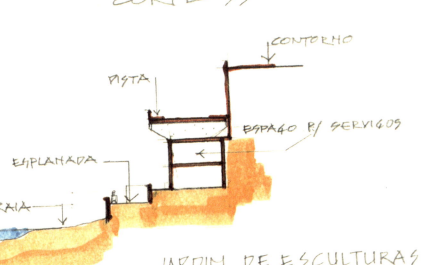

CORTE 44

JARDIM DE ESCULTURAS MAM
DEZEMBRO 95   ESC. 1:500
ESTUDO PRELIMINAR
ROSA GRENA KLIASS   ARQ PAIS.

A questão do significado veio claramente para mim quando eu visitei Israel. Em Jerusalém, Tel Aviv, Haifa e em alguns projetos no deserto de Neguev, eu fui lentamente sendo tomada por um estado de perplexidade e vi que tinha que refletir sobre as razões que me levaram a Israel. Percebi que nada do que eu estava vendo nas minhas visitas era aleatório: celebração passava por todos os lugares. Nenhum dos elementos dos projetos paisagísticos estava desconectado do tema central.

Em Tel Aviv, visitei uma praça projetada pelo Dani Karavan, que chama-se *Kikar Levana*, a *Praça Branca*. Ela é inteirinha branca: o piso, os elementos geométricos... Tudo lá é só branco, branco, branco. E a peça central é uma semiesfera compacta com uma estreita fenda no centro, aberta. E dessa abertura sai uma oliveira, um dos símbolos de Israel, com a copa acima dessa cúpula. É uma coisa maravilhosa!

Dani Karavan, importante escultor, trata paisagens como escultura. Eu o conheci a partir de uma publicação de seus trabalhos que tinha um monumento a Walter Benjamin[10] na fronteira da Espanha com a França. Walter Benjamin tentava sair da França na época do nazismo. Já era fim de tarde quando ele chegou na fronteira da Espanha, porém não conseguiu passar. Depois de tanto sofrimento, e vendo que não conseguiria cruzar a fronteira, ele se suicidou naquela noite.

Walter Benjamin foi enterrado em Portbou, uma pequena cidade na região da Catalunha, num cemitério que fica no alto da cidade. É na praça em frente a este cemitério que foi construído *Passagens*, o monumento a Walter Benjamin, trabalho do Dani Karavan. É mesmo incrível! No fim da praça, numa escarpa, aparece uma entrada trapezoidal – é um convite a ver o que está acontecendo. Ao se aproximar, percebe-se paredes e cobertura, como um túnel. E é uma escadaria: vai descendo... vai descendo... ao chegar num patamar, o teto vai embora, só tem as paredes. Descendo mais, chegando no último patamar, há uma parede de vidro – você vê mar, o céu, aquela coisa maravilhosa, mas não pode passar. Eu me emocionei ao ver no trabalho do

Karavan a materialização do drama pessoal do Walter Benjamin naquele momento decisivo: a impossibilidade no limite. É muito impactante.

Quando minha amiga Etale foi comigo para a Espanha, ela insistiu em conhecer o túmulo do Walter Benjamin, pois eu havia lhe contado esta história. Nós fomos até lá, e a Etale ficou impactadíssima. Eu então me dei conta que não tinha visitado o túmulo, e fomos até lá. Estava escrito: Walter Benjamin. E nós pusemos as pedrinhas.[11]

Em Israel, também visitei um grande parque às margens do rio Yarkon em Tel Aviv, onde fica *Gan HaSlam, Jardim das Rochas*, um trabalho do Gideon Sarig. Na entrada são grandes rochas, e de uma grande pedra sai um bebedouro – aquela aguinha saindo daquela pedra enooorme... Ao entrar, encontra-se um espaço maravilhoso que nos convida a caminhar. Israel, aquele pedacinho de terra, tem regiões de rochas com muitas cores diferentes. E eles trouxeram rochas dos vários lugares; então é como se estivéssemos andando por Israel, com as rochas características de cada região: as rochas cor de rosa e sua vegetação nativa, depois as rochas amarelas, verdes, vermelhas, enfim... é uma coisa louca! E depois de andar mais um pouquinho, chega-se numa espécie de pracinha, onde tem os menires. Uma coisa impressionante! É muito bonito.

Acontece uma coisa muito interessante em Israel que eles chamam de promenades – os passeios. O curioso, e impactante, é que muitas dessas promenades são percursos em propriedades doadas por famílias que perderam familiares na guerra. Uma delas, por exemplo, é a Promenade Gabriel Sherover em Jerusalém, projeto do Shlomo Aronson. É um passeio que leva ao topo de uma colina histórica de onde se vê todo o vale abaixo, e ao longo do percurso pode-se ver também a Cidade Velha e o Monte das Oliveiras. Uma das lembranças bonitas que tenho é num sítio histórico, com a vista do topo da colina e o céu. E nessa linha do topo instalou-se uma escultura que é uma silhueta de uma caravana de camelos, uma coisa fantástica! Lindo, lindo!

Rosa Kliass e
Shlomo Aronson,
Israel, 1998

Outro local marcante é Massada, símbolo de resistência dos judeus contra o Império Romano. Quando os romanos entraram em Israel, os judeus fugiram para um lugar praticamente inalcançável, que era uma fortaleza no topo de um morro, muito longe, para onde eles levaram inclusive mantimentos para muito tempo. Tempos depois, os romanos conseguiram invadir a fortaleza, porém encontraram todos mortos – os judeus preferiram se suicidar a serem capturados pelos romanos. Hoje é um sítio arqueológico em que se chega no alto de teleférico. É impressionante. Lá ficamos sabendo de todas as histórias. E, para fazer o juramento, os militares vão até lá e repetem a expressão: "Massada nunca mais!" É muito emocionante.

Os projetos paisagísticos em Israel eram de altíssima qualidade. Eu já conhecia estes projetos, mas ver pessoalmente foi impactante. O que mais impressionou é que todos projetos eram engajados, todos tinham alguma coisa para dizer. Então eu brinco que em Israel, se você tropeçar numa pedra, não chute! Deve ter algum motivo para ela estar lá!

> Quando a dona Rosa viajava, é um pouco do mundo que ela trazia para a gente. Quando voltava contava tudo o que tinha acontecido, e assim nós viajávamos junto também. A gente fica conhecendo as coisas, entende um pouco mais das culturas de cada povo. Todas as vezes, nos almoços, a dona Rosa compartilhava tudo o que viveu, tudo o que aconteceu, não só na culinária. Então fazíamos parte, isso era muito bom. E, ainda hoje, estamos sempre relembrando. Dona Rosa, e aquela história? Ela é ótima para contar histórias, podemos ficar horas ouvindo, sempre queremos mais. [Josiane Santos]

•

Neste mesmo ano da minha viagem a Israel, recebi um convite do escritório de arquitetura Kogan Villar e Associados para participar de um concurso para o Colégio Porto Seguro, e nós ganhamos. É um dos exemplos de complexidade e interdisciplinaridade entre arquitetura e arquitetura paisagística. Era uma área muito problemática, os desníveis eram muito acentuados, era preciso fazer uma garagem subterrânea... Um projeto muito complexo, mas o desenvolvemos o tempo inteiro em parceria, de modo que realmente não dava para saber o que era arquitetura e o que era paisagismo. No paisagismo havia muitas coisas construídas; e nas coisas construídas, muita coisa de paisagismo. Foi realmente uma parceria maravilhosa. Era um projeto muito grande, com um programa muito vasto, desde um parque infantil até o projeto das escolas, incluindo a manutenção de uma mata que deveria ser mantida. A escala era incrível, e fizemos a integração de tudo isso. Neste processo, o muro de arrimo foi bem determinante.

> Rosa usou um material que ainda não era tão usado, o Bloco Split. É *split* porque eles fazem e depois cortam, e aí quando cortam, fica com uma textura que parece pedra mesmo. [Ciça Gorski]

O pátio da biblioteca foi uma proposta mais visual, para as pessoas poderem ficar do lado de fora, sentar, ler. Um sistema de drenagem foi estudado com peças desenhadas especificamente, e compõe a paginação de piso, em concreto pigmentado e arenito.

Já a pré-escola tinha uma sala de música, e projetei um pátio como se fosse um pequeno anfiteatro, e o painel foi uma escala musical. Neste projeto eu utilizei pela primeira vez uma solução que vi em Montreal com a Cornelia Oberlander,[12] que é o *stramp* – escada e rampa. Eu adotei esta solução para permitir o acesso em rampa. Ela sobe, abrigada pelo edifício, se desdobrando nos diversos espaços e chegando até em cima aonde tem a praça da biblioteca.

O playground é do outro lado – não é no colégio. Eles compraram um outro terreno para fazer uma escola de pré-primário, Maternal Portinho. Lá, usamos as cores primárias: amarelo, vermelho, azul – e o verde da vegetação. E fizemos um circuito de água por onde as crianças poderiam ir, e um outro de bloquinhos que elas poderiam ir pulando. No fundo ficava um muro com o arco-íris. E um tanque de areia, com o deck de madeira avançando.

•

Quando meu filho Paulo disse que queria estudar arquitetura, Valódia e eu tentamos convencê-lo do contrário, pois percebemos que sua vocação não era essa.

> Quando falei que ia fazer arquitetura, foi aquele choque! Dois arquitetos pais tentando me convencer que não, sabendo que não era minha vocação. Mas insisti e entrei na FAU USP. E fui pouco a pouco descobrindo que eu não seria um bom profissional, não seria um arquiteto nem bom nem feliz, porque não teria me realizado profissionalmente. E resolvi largar o curso. E aí foi a segunda conversa com os dois pais arquitetos, quando falei para eles, no quinto ano, que iria largar a faculdade de arquitetura. Meus pais só faltaram comemorar com rojão, tamanha a festividade! Fui então fazer administração pública na Fundação Getúlio Vargas. [Paulo Kliass]

Eu lembro perfeitamente! Realmente já achávamos que ele não deveria fazer arquitetura. Depois de toda a história da vida dele na FAU, nós sugerimos que ele procurasse uma outra coisa, senão ele seria muito infeliz. Nós realmente aceitávamos as decisões dele. De qualquer modo, ao longo do curso, Paulo fez muitos colegas, e entre eles o José Armênio,[13] que, com outros arquitetos colegas de faculdade – dentre eles, João Paulo Beugger, Marcos Aldrighi, Renata Semin,[14] atuais sócios –, montaram o escritório Piratininga Arquitetos Associados. Tempos depois, eles me chamaram para fazer um projeto que se tornou emblemático na minha carreira: o projeto paisagístico do Laboratório Fleury.

•

Era uma nova sede do Laboratório Fleury em São Paulo, no Jabaquara, num terreno muito complicado, muito acidentado. A entrada era pela rua que estava bem acima da cota de implantação; depois, seria preciso descer para entrar no edifício, que tinha vários andares. A intenção era que eu fizesse o paisagismo apenas em algumas áreas. Mas quando eu cheguei no local e vi o sítio, começamos a mexer no projeto, e de fato, mais uma vez, foi um projeto de parceria entre arquitetura e paisagismo. Foi feito realmente em conjunto.

> Era um grande desafio profissional para nossa equipe de arquitetos: como implantar o prédio naquele terreno com todas as adversidades reunidas – terreno com declividade forte, cabeceira da pista do Aeroporto de Congonhas, sol mais forte, e muitas árvores no terreno. E árvores de valor, a serem respeitadas não só pela idade, mas pelas espécies e pelo bom estado que estavam. Uma questão ali era decisiva: não bastava implantar o prédio, tinha uma paisagem para recompor. Independentemente da solução que chegamos para acertar o terreno, olhamos para um dos desenhos, que era um corte da topografia com a seção do prédio inserida, e falamos: não damos conta disso, é preciso alguém como a Rosa Kliass. Além da familiaridade com o que existia em cima do terreno, ela saberia enfrentar situações ali que eram muito complexas para nós, que tínhamos relativamente pouco tempo de formados. Então falamos: precisamos da Rosa. [Renata Semin]

O projeto paisagístico para o Laboratório Fleury, iniciado em 1996, apresentou dois aspectos importantes: a interdisciplinaridade e a complexidade. O que nós fizemos foi transformar esta complexidade, que poderia ser um problema, em um tema para desenvolver o projeto.

> A Rosa não desfez o projeto inteiro, mas mexeu bastante. A entrada dela no projeto foi muito decisiva na questão da estrutura, nos muros

Laboratório Fleury, implantação, Jabaquara, São Paulo, 1996

Laboratório Fleury, croquis, Jabaquara, São Paulo, 1996

de arrimo, na reconfiguração do terreno considerando a contenção do solo, em uma condição complexa de grandes cortes, e na maneira de lidar com aquela vegetação que preexistia. E ela trouxe a reboque profissionais incríveis também. [Renata Semin]

Chamei o Eduardo Kanji[15] para atuar na topografia, e o Walter Doering, que faria a execução da vegetação e tinha um horto. Eu tenho um compromisso profissional com a preservação. Não um compromisso "qualquer árvore em qualquer lugar". A visão é a da árvore dentro de um espaço, um projeto que considere estas árvores. É uma visão muito mais ampliada do papel da árvore na paisagem urbana e da necessidade da preservação.

Começamos a fazer uma convergência de interesses, cada um na sua área, junto com o Marcelo Ungaretti, engenheiro de estrutura. E chegamos a um entendimento do que o prédio deveria ter do ponto de vista estrutural, que só o desenho da Rosa é que dava conta. Ela aliviou o prédio do esforço de terra. Então a construção respirou – literalmente, porque pôde ter janela para tudo o que era lado, e respirou no sentido de cargas que eram pesadíssimas. Foi muito importante, porque nem sempre a estrutura dialoga com o paisagismo.

E até hoje é uma experiência fantástica de integração de disciplinas, todas ligadas ao projeto. Não dava para separar ninguém, não dava para dizer "este entra depois", todos foram trabalhando juntos. E, por meio dessa interação, o projeto ganhou qualidades que o levam a uma situação de excepcionalidade naquele momento da arquitetura em São Paulo. Era um prédio que continha todos esses pré-requisitos da hoje chamada sustentabilidade. Ele já tinha aquilo naturalmente, porque pedia aquilo. [Renata Semin]

São duas áreas principais. Uma é um pátio externo, que fica abaixo do nível da rua. A entrada é por um patamar, que desce por uma grande rampa, inclusive para carros, e termina no estacionamento. Ao lado, tem uma passagem de pedestres que vai dar então no patamar, onde se pode entrar para o laboratório diretamente. Ou é possível descer por um outro acesso e chegar num pátio enterrado, com um grande muro de arrimo onde foi criada uma cascata.

> Rosa transplantou muitas árvores antes de começar a obra. Tipuanas foram podadas para a galhada não ficar atrapalhando, paineiras foram transplantadas, jabuticabeiras ficaram no viveiro para esperar a hora de vir, e tinha abacateiro, goiabeira; fora o que veio de coisa nova que dialogava com tudo aquilo, jasmim manga, tamareiras... Era incrível. E criou-se, neste ambiente ligado a ciência e tecnologia de referência a análises clínicas, um imenso jardim. Nas coberturas, nos pátios internos que tínhamos idealizado para serem fontes de luz. E pátios, águas – o barulho das águas... [Renata Semin]

Esta área de estar ao ar livre, com poucos lugares e uma cascata, tem uma história muito bonita. Uma vez, eu voltei lá quando o prédio já estava pronto, mas eu ainda precisava resolver algo com o mestre de obras no último andar, que também teve um jardim sobre laje, e foi utilizado como parque de esculturas. Estávamos lá, eu e o mestre de obras, e ele pediu para alguém ir buscar umas ferramentas. E o operário demorava, demorava. Quando o mestre de obras foi ver o porquê da demora, encontrou o rapaz sentado num banquinho, no pátio interno com a cascata. Ele o chamou, e perguntou o que fazia lá... "Ah, lá não é um lugar para rezar?" Ele estava embevecido... Foi o maior elogio que eu tive do meu projeto!

> Este projeto teve grandes profissionais. Os diretores do laboratório queriam ter um mural no hall de entrada, onde tinha um pé direito muito alto. E chamaram o Millôr Fernandes. Mas o que o Millôr iria fazer diante daquele contexto, um laboratório de análises clínicas? O desenho dele era muito engraçado, dialogava super bem com tudo: pássaros todos vestidos de roupas de várias profissões – médico, bombeiro, arquiteto, engenheiro –; muitos pássaros na cidade,

alguns prédios desenhados daquele jeito dele, traços sintéticos, bem colorido, e um monte de homens e mulheres nus voando! Era genial! [Renata Semin]

E lá aconteceu uma coisa muito interessante num pátio interno que não batia sol, e onde nós plantamos monsteras.[16] No andar acima ficava um restaurante que se abria para esse pátio. Então, o que eu fiz? Botei uns vasos pendurados com monsteras, para quem estivesse no restaurante pudesse vê-las da janela. Tempos depois, quando eu estive lá, vi uma coisa incrível! As monsteras de cima soltaram as raízes e vieram encontrar as de baixo. É muito bonito, e não estava na minha proposta!

•

Na sala do meu apartamento, tenho uma estante com uma coleção que eu prezo muito. Começou, como toda coleção, pouco a pouco. Primeiro, herdei umas garrafas – inclusive da minha sogra –, embora, na verdade, o que eu queria era colecionar garrafas de farmácia. Comecei por aí, mas fui avançando. Em todas as viagens que eu fazia, levava uma sacolinha, que era a bolsa das garrafas, para poder trazer sem quebrar as garrafas que eu comprava, muitas vezes nas feiras locais.

Assim a minha coleção está toda organizada: parte por cor, parte por categoria; a segunda prateleira, é das licoreiras brasileiras, fabricadas aqui – não tinha uma casa brasileira que não tivesse a licoreira em uma bandeja para servir o licor! E depois tem as garrafas de bebidas, copos, licoreiras, garrafas mais variadas. E na prateleira embaixo estão as garrafas de água: água sifonadas e umas que eu chamo de antropomórficas, com formas humanas, como se fosse uma Joana D'Arc, e tem uma de sino também. E por fim, na última prateleira ficam mais licoreiras.

Quando o Michel e a Ciça foram para o Chile, eles visitaram as duas casas do Pablo Neruda que foram transformadas em museus. Na casa de Isla Negra, viram uma vitrine toda de garrafinhas, lembraram da tia Rosa, e tiraram uma foto. No momento que vi a foto, vimos que uma garrafinha minha era igualzinha a dele! E eu brinquei, dizendo que tem uma foto que eu tirei, Neruda e eu...

> Quando chega a noitinha e a dona Rosa acende as luzes da estante, é lindo! É sempre um dos primeiros comentários de todos que entram na sala. [Josiane Santos]

•

Na minha casa sempre teve muita música. Eu sempre gostei e, convivendo com a família Kliass, isso provavelmente se acentuou. Mas antes mesmo de conhecê-los, quando eu ainda estava no ginásio e no científico, eu já frequentava o Municipal, onde aconteciam os concertos. E, por causa dos meus sogros, nós conhecíamos o bilheteiro do Teatro Municipal, que nos deixava entrar de graça! Mas só na galeria... Nós íamos lá, ele sempre nos deixava entrar, e íamos para a galeria ouvir música. Então realmente é de longa data, mas é uma coisa que eu aprecio muito. Até hoje eu ouço muito música.

> Volta e meia eu e a Rosa nos encontramos na Sala São Paulo. Ela me ensinou a apreciar um compositor que hoje eu adoro, o Arvo Pärt.[17] Uma vez, encontrei a Rosa num dos intervalos de uma apresentação do Spivakov.[18] Fui falar com ela e comentei o quanto eu estava emocionada com a apresentação dele. A Rosa me disse: "Ele é muito amigo meu!" Fiquei espantada, e ela continuou, sorrindo: "Não o conheço pessoalmente, mas eu o conheço a muito tempo, tinha os discos dele..." [Renata Semin]

> E a Rosa, além das histórias e da risada – que sempre eleva e te impulsiona, com um humor extraordinário e com uma elegância incrível –, ela também nos apresentou coisas importantes na área da música. Foi através dela que conheci o Arvo Pärt, e também a música catalã,

> a música renascentista, e a música da cultura sefardita, da Andaluzia. [Orlando Bussarelo]

> Um presente muito importante que recebemos da dona Rosa, todo fim de ano, é uma assinatura da Sala São Paulo. É uma coisa incrível, a gente ganhar essa assinatura! Para mim foi um mundo novo, muito enriquecedor. Eu gosto muito, e quando posso, levo alguém também para conhecer, para ter esta mesma sensação. Então, no final, através dela também se abrem caminhos para que outras pessoas conheçam mais de cultura, arte, entendam um pouco mais de música. Toda vez é um deslumbre, é muito bom; é um grande presente. [Josiane Santos]

Para mim, toda vez que vou à Sala São Paulo é uma festa! Eu acho que ela é uma dádiva para a cidade. Costumo dizer que, se o Mário Covas não tivesse feito mais nada no governo dele, a Sala São Paulo teria bastado, porque é uma coisa maravilhosa que ele deixou para a cidade. Como presente de fim de ano aos funcionários, a melhor coisa que eu posso dar é uma assinatura dos concertos, e parece que fez efeito, pois até hoje a Josi[19] frequenta.

•

Um certo dia recebo um telefonema de meu amigo, o arquiteto Jorge Rappoport.[20] Ele queria que eu indicasse uma empresa que pudesse atendê-lo no fornecimento de mudas para um grande reflorestamento em uma propriedade rural que ele havia comprado em São Francisco Xavier, no Estado de São Paulo. Pedi mais informações e entendi que ele pretendia promover um reflorestamento com espécies nativas da região. Então eu disse: "Na verdade, Jorge, você não está precisando de um fornecedor de mudas. Você está precisando de um projeto de paisagismo!" Ele respondeu que não poderia pagar um projeto de paisagismo. Ao ouvir isto, retruquei: "Mas quem te disse que é preciso dinheiro para projeto

Jorge Rappoport e
Rosa Grena Kliass

de paisagismo? Nós vamos proceder de maneira que você não precise de dinheiro para isso".

> Eu estava perdido quando liguei pra Rosa com tantas perguntas – como faço, o que planto primeiro, o que planto depois, onde compro árvores... e foi então que Rosa me falou: "Jorge, você não entendeu que você precisa de um projeto?" Foi um comentário drástico, assim, definitivo. [Jorge Rappoport]

E passamos a ir juntos às sextas-feiras à noite para São Francisco Xavier, e ficávamos até o domingo. Passávamos o fim de semana alojados em uma pequena casa, construída por ele, que seria futuramente a casa do caseiro. E me lembro que a comida era muito boa!

Assim, durante alguns fins de semana entre 1997 e 1998, montamos o projeto ao vivo, na escala 1:1! Foi uma experiência foi muito importante!

> Eu só tinha uma planta assim mais ou menos, mas sem o levantamento planialtimétrico, que só foi feito depois. O terreno era um pasto recoberto de capim. A primeira proposta da Rosa para a distribuição das árvores foi fantástica. Foi definido um elenco de espécies pioneiras a serem plantadas e foram estabelecidos os critérios de seleção. Um dos critérios foi a fisionomia, tais como porte, espécies perenes ou temporárias, cores e época da floração, lilases, amarelos, cores que trariam um contraste. E Rosa sentava assim na casinha azul e começava a fazer seus rabiscos. Ela definiu as áreas: esta será a área de lazer; este, o jardim das águas; e aqui, o jardim de bromélias... e assim foi feito o zoneamento, que permitiu estabelecer o elenco das espécies que seriam plantadas. [Jorge Rappoport]

Para o fornecimento de mudas para o jardim e para o reflorestamento, indiquei o viveirista Walter Doering, com quem eu já tinha uma longa experiência de trabalho.

> Foi muito divertido, porque o plantio foi um caos! Chegaram umas seiscentas mudas de uma só vez. O tempo estava ruim, e as etiquetas das espécies se perderam pelo caminho. Mas por sorte o seu Walter era sensacional, e é lógico que reconheceu todas. Este plantio foi uma experiência...
>
> Foram alguns fins de semana de muito aprendizado para mim. Nós conversávamos, assim, caminhando de um lado para o outro, e íamos definindo. Fui aprendendo, e neste momento dava relativamente poucos palpites. Descobrimos lugares sensacionais no sítio. Um dia, estávamos caminhando por uma pirambeira, tão íngreme que chamávamos de "escadaria dos incas", e percebemos que por um dos lados não havia possibilidade de travessia direta. E aí, Rosa começou a caminhar feito um cabrito, seguindo as curvas de nível e de repente falou: "Por aqui! Lógico, por aqui! Podemos passar por aqui e aí fazemos o circuito".
>
> E foi sensacional, porque estava cheio de vegetação e rochas do tamanho de uma sala.
>
> A Rosa descobriu, entre estas rochas, uma passagem como se fosse uma fenda, e assim conseguimos ligar a parte do terreno onde é agora a casinha de hóspedes, como chegar para o rio e depois para a casa grande, que foi construída mais tarde. E, como é um lugar cheio de pedras, com elas é que foi construído o jardim.
> [Jorge Rappoport]

A topografia era muito acidentada, uma pirambeira. Criamos alguns patamares e ainda uma muralha com uma cascata que nunca é interrompida, pois o terreno tem muitas nascentes e a água não se perde, devido ao percurso. Criamos até dois rios que não existiam!

> Uma muralha sensacional! A proposta foi da Rosa, de que um segundo muro vertesse a água. A casa tem exatamente a orientação Leste-Oeste, e naquele lugar eu queria, de um lado, um muro vermelho e, do outro, um muro azul. A partir de uma conversa decidimos o

Residência Jorge Rappoport, croquis, São Francisco Xavier, 1998

contrário, e uma cascata com um jogo de águas lindíssimo. A água vem de uma nascente protegida que fica no próprio terreno, passa pela cascata e volta para o rio. O curso d´água, assim como o terreno estava coberto de capim, havia se espalhado e seu leito não era definido. Nós definimos o percurso deste rio, o que ajudou a definir as diferentes áreas da propriedade. [Jorge Rappoport]

E a situação do terreno é linda. Foi uma experiência fantástica trabalhar direto no local, sem ter o levantamento planialtimétrico, um trabalho bem *site specific*. Eu o considero um projeto muito bonito.

•

O projeto paisagístico das Gallerias Office Park, Corporate e Plaza, três conjuntos de escritórios situados na cidade de Campinas, representou um outro momento profissional importante, onde mais uma vez eu pude reinterpretar a demanda inicial do cliente, Franklin Gindler,[21] chegando a uma solução paisagística que valorizou ainda mais o empreendimento. Fui chamada inicialmente para fazer o paisagismo do hall de entrada, em 1999. Quando fui ao local conhecer o projeto, percebi que seria necessário ir muito além, a fim de garantir a unidade do conjunto. E comecei a mudar o estacionamento de lugar e arborizá-lo, propus um monte de modificações – incluindo uma fonte na frente do empreendimento, para marcar a importância do conjunto.

> Eu e a Promon havíamos comprado um terreno com uma topografia acidentada em Campinas, ao lado do Shopping Galleria. Estávamos encontrando dificuldade na discussão com os arquitetos em estabelecermos os níveis de implantação dos prédios, devido à topografia em si e às construções do entorno. Foi então que sugeri conhecermos de perto a obra do Porto Seguro, cujo terreno era mais caprichoso ainda que o nosso. As soluções geniais dadas pela Rosa, na urbanização e paisagismo do projeto fizeram com que na

volta da visita marcássemos imediatamente uma reunião com ela. Amor à primeira vista! [Franklin Gindler]

Eram dois conjuntos grandes: um conjunto que já existia, do mesmo grupo, e esse novo que estava sendo construído. Era preciso fazer uma passagem de um para outro, mas essa passagem só era possível através do estacionamento. Pensei que as pessoas iriam andar ali, então deveria ser criado um ambiente para esse corredor não ser um corredor apenas no sol e com os carros do lado. Propus então um corredor paisagístico. Foi feita uma pérgola a ser plantada, e a lateral da divisa foi um painel também paisagístico, com vegetação e tudo o mais.

O presidente de uma multinacional americana de energia, que estava interessado em desenvolver um polo de tecnologia em Campinas, me convidou para desenvolver o projeto com eles. Depois de algum tempo, perguntei a ele o que o havia levado a nos convidar para sócios, e ele me contou que havia passado pela via expressa e viu o nosso projeto do Galleria e, como não viu carros, pensou que o estacionamento era no subsolo. O diretor da empresa que o acompanhava, e que conhecia o projeto, informou que o estacionamento era de superfície e que havia muitos veículos ali. A Rosa, numa solução genial, escondeu os carros com o seu jardim. [Franklin Gindler]

O Franklin realmente ficou satisfeito, ficamos muito amigos, ele se tornou meu cliente e eu, a arquiteta paisagista dele! Depois que eu fiz os projetos do Office Park, ele comprou uma chácara, ia fazer a casa dele; eu chamei o Luciano e fizemos o projeto da chácara.

A partir daquele nosso primeiro encontro, há mais de vinte anos, antes de contratar um arquiteto para um novo projeto, pedimos a Rosa para atuar na sua implantação – apliquei isso até na minha casa. Amiga leal e profissional de conduta impecável, firme sem ser dura... Das suas muitas qualidades, a que mais admiro é a sua sensibilidade de especificar plantas e materiais em harmonia com o entorno, sem perder a racionalidade – e ainda antever como ficará o projeto dali a dez anos. [Franklin Gindler]

•

Fiz alguns projetos paisagísticos para aeroportos, todos a convite do arquiteto Sérgio Parada,[22] que fazia projetos para Themag Engenharia. O Sérgio é um arquiteto que realmente entende o papel do arquiteto paisagista num projeto de arquitetura.

O paisagismo do aeroporto de Brasília foi o primeiro, em 1995, e fiz em parceria com o Luciano Fiaschi. Tínhamos o mesmo entendimento de que não era só uma questão de propor um plantio para o entorno: era preciso realmente entrar com a paisagem dentro do aeroporto. Em primeiro lugar, um aeroporto é um lugar de circulação e um lugar de estar; dentro de um aeroporto existem lugares onde as pessoas ficam muito tempo paradas. Achávamos que o projeto paisagístico poderia ajudar a criar e a enriquecer ambientes de circulação e de estar. E assim, trabalhamos a parte externa e a interna do aeroporto.

> O aeroporto de Brasília agora está todo destruído. É uma pena que não exista controle. Chegamos a receber fotos dos jardins, todos de pedrinhas brancas e cor de rosa, e tufinhos de plantas... Uma coisa terrível. É claro que o aeroporto muda, mas sempre é preciso ter um projeto. E, ligado a esse projeto, fizemos um estudo para a Infraero, em 2003, para a avenida de acesso do aeroporto, que não foi em frente. Ia desde aquela rotatória, que eles chamam de bambolê da Sarah, percorrendo toda a avenida e a praça de chegada também, onde haveria um hotel. Foram estudos que ficaram no papel. [Luciano Fiaschi]

Logo depois do aeroporto de Brasília, em 1998, o Sérgio me chamou para fazer o projeto paisagístico do aeroporto de Belém, cuja característica é a forte presença da água, que movimentava a paisagem. É também um local de passagem, e de repente tem as áreas grandes, os saguões, que é uma paisagem interna. Foi uma coisa, realmente, revolucionária! O hall virou um parque, vamos dizer. Era uma área interna, coberta e tudo, mas era um parque, com cascata, uma loucura!

E, sempre com o Sérgio Parada, fizemos vários projetos para a praça de cobertura do edifício-garagem de Congonhas.

> Esse projeto de Congonhas foi se modificando... fizemos muitas vezes. Eram dois blocos, depois passou a ser um bloco, depois o bloco era escalonado; fizemos várias alternativas até chegar no projeto que está aí agora. [Luciano Fiaschi]

Nós é que provocamos... era um jardim sobre laje. Foi assim: havia as áreas internas, mas também a cobertura da garagem, que era a cobertura de um conjunto arquitetônico – um anexo independente do aeroporto. Como o nível da cobertura era o mesmo do acesso para o aeroporto, nós criamos o jardim da cobertura, que já introduz, digamos assim, para a área do aeroporto. E era um jardim sobre laje, muito trabalhado com pedras.

> Havia na cobertura, como parte do projeto, alguns equipamentos bem interessantes. Um seria o Museu da Aviação, outros seriam salas de aluguel para, por exemplo, reuniões com pessoas de vários estados. Havia um restaurante, um bar e coisas assim. Tudo isso está mais ou menos construído, mas nada está funcionando. A praça está subutilizada. Talvez porque, quando estava prestes a inaugurar, houve aquele acidente da TAM e veio o comentário: "A Infraero, ao invés de cuidar das pistas, está cuidando das praças". A proposta ficou meio prejudicada por isso, mas era muito interessante. Chegou a ser feita totalmente, mas nunca houve operação

de uso. O Museu deveria ser montado, mas a Infraero usou o edifício como depósito, ou um escritório. A praça foi executada até o fim, mas esses equipamentos, que iriam animar a praça, não aconteceram. Quem sabe um dia executem. [Luciano Fiaschi]

Estes projetos paisagísticos para aeroportos foram, sem dúvida, relevantes no meu percurso de trabalho; não apenas pelos desafios profissionais, mas porque também acabaram me levando para uma experiência fantástica no norte do Brasil.

NOTAS

1. Conjunto arquitetônico do século 16, tombado pelo então Serviço do Patrimônio Histórico e Artístico Nacional nos anos 1940 (hoje Iphan) e restaurado pela arquiteta Lina Bo Bardi nos anos 1960. Cf. FERRAZ, Marcelo Carvalho. *Lina Bo Bardi*.

2. Maria Angela (**Dange**) Barreiros **Cardoso**, 1949. Arquiteta e urbanista (UFBA, 1972). Membro do grupo de trabalho sobre de áreas verdes e espaços abertos do Órgão Central de Planejamento da Prefeitura Municipal de Salvador – Oceplan.

3. Héctor Julio Páride Bernabó (**Carybé**), 1911-1997. Artista plástico argentino naturalizado brasileiro, radicado em Salvador. Reconhecido pela inserção da cultura baiana em suas obras, especialmente a de origem Africana. Recebeu diversos prêmios, entre eles o Cavaleiro da Ordem do Mérito da Bahia (1976) e a Medalha do Mérito Castro Alves (1984). Cf. <https://enciclopedia.itaucultural.org.br/pessoa1199/carybe>.

4. Mário Cravo Júnior, 1923-2018. Formado em Belas Artes (UFBA, 1954), é um dos mais importantes artistas plásticos modernistas da Bahia. Estudou em Salvador, Rio de Janeiro, Nova York e Berlim. Recebeu diversos prêmios, dentre eles, o da I Bienal de São Paulo (1951) e o Mário de Andrade (2010). Cf. <https://enciclopedia.itaucultural.org.br/pessoa5514/mario-cravo-junior>.

5. **Francisco** de Paula de Almeida **Brennand**, 1927. Escultor pernambucano, conhecido por suas obras em cerâmica. Cf. <https://enciclopedia.itaucultural.org.br/pessoa3999/francisco-brennand>.

6. Daniel (**Dani**) **Karavan**, 1930. Artista plástico israelense (Bezalel School of Art, 1943-1949), reconhecido como um dos mais importantes escultores israelenses em *site specific*. Recebeu o Goslar Kaiser Ring da Alemanha (1996) e foi condecorado com a Légion d'Honneur francesa (2014), entre outros prêmios. Cf. <www.danikaravan.com>.

7. **Shlomo Aronson**, 1936-2018. Arquiteto paisagista (UCLA Berkeley, 1963) e mestre (Harvard, 1966). Reconhecido como um dos mais importantes arquitetos paisagistas israelenses, recebeu várias premiações, tais como a Jerusalem Prize for Architecture (2000) e o Global Award for Sustainable Architecture (2011). Cf. <https://tclf.org/pioneer/shlomo-aronson>.

8. **Gideon Sarig**, 1934. Arquiteto paisagista israelense. Ganhador do Israel Rokach Architectural Prize (1973) e do The Karavan Prize for Landscape Architecture (1992).

10. **Walter** Bendix Schönflies **Benjamin**, 1892-1940. Filósofo alemão (Berlim, Munique e Freiburg, anos 1910). Importante crítico literário e pensador do século 20. É autor de *O conceito de crítica de arte no romantismo alemão*, entre outros livros. Cf. Wikipédia.

11. Costume judaico, indicando que o túmulo foi visitado.

12. **Cornelia** Hahn **Oberlander**, 1921. Arquiteta paisagista (Harvard, 1947) de origem alemã e radicada no Canadá. Uma das mais importantes arquitetas paisagistas canadenses, estabeleceu seu próprio escritório em Vancouver em 1953. Com importantes trabalhos no Canadá e nos EUA, é reconhecida pelo seu trabalho de responsabilidade social e consciência ambiental. Cf. STINSON, K. *Love Every Leaf: The life of the landscape architect Cornelia Hahn Oberlander*.

13. **José Armênio** de Brito Cruz, 1959. Arquiteto e urbanista (USP, 1982), sócio-fundador do escritório Piratininga Arquitetos Associados (1984-2016). Foi presidente do IAB-SP (2012-2016) e atualmente é presidente do SP Urbanismo da cidade de São Paulo.

14. **Renata Semin**,1959. Arquiteta e urbanista (USP, 1982), sócia fundadora do escritório Piratininga Arquitetos Associados (1984).

15. **Eduardo Kanji** Sobrinho, 1947. Engenheiro agrimensor (Escola Superior de Agrimensura, 1970).

16. *Monstera deliciosa* – nome científico da planta costela-de-adão.

17. **Arvo Pärt**, 1935. Compositor de música clássica e religiosa (Tallin Music Shool, 1963), natural da Estônia. Cf. <www.arvopart.ee/en/>.

18. **Vladimir** Teodorovich **Spivakov**, 1944. Maestro e violinista russo (Conservatório de Moscou, 1967). Cf. <www.vladimirspivakov.com>.

19. **Josiane** Alessandra Alves dos **Santos**, 1974. Secretária particular da paisagista Rosa Kliass desde 1996.

20. **Jorge Rappoport**, 1947. Arquiteto (Universidad de Buenos Aires, 1974).

21. José **Franklin Gindler**,1943. Fundador da Cariba Empreendimentos e Participações Ltda.

22. **Sérgio** Roberto **Parada**, 1951. Arquiteto (UFPR, 1973). Fundador do escritório Sérgio Roberto Parada em 1977.

Imagem aérea de São Luís

Cidades do Norte

Rosa Kliass no Parque da Residência, junto à escultura do poeta Ruy Barata, Belém

"Discutir o escopo do programa faz parte da minha forma de trabalhar. Eu nunca aceitei um programa apresentado sem discutir".

Ao longo de quase dez anos, eu fiz vários projetos para as cidades de Belém do Pará, São Luís do Maranhão e Macapá. E tudo começou com a cidade de Belém, com o tratamento paisagístico do aeroporto, projeto do arquiteto Sérgio Parada. Tempos depois, o governo do Estado do Pará resolveu fazer a avenida que ligava o aeroporto ao centro da cidade de Belém, e o Sérgio, que também estava envolvido no projeto dos pontos de ônibus desta avenida, me chamou para fazer o projeto paisagístico. Mais tarde, me solicitaram o projeto paisagístico para o Parque da Residência.

> O meu primeiro contato com a Rosa foi num restaurante muito simpático em Belém. Ali começou uma profícua relação de trabalho, de realizações. Ela nem estava na cidade para isso, veio para ver o trabalho específico do paisagismo do aeroporto que estava em vias de inauguração. Quando eu soube da presença dela aqui na cidade, eu imediatamente fiz contato com ela e foi amor à primeira vista. [Paulo Chaves]

O Parque da Residência era uma área que tinha sido o quintal da residência do governador. Era uma área muito bonita, e a Secretaria de Cultura estava fazendo a sua sede ali. Eu fiz um estudo, e fui apresentar para o Paulo Chaves,[1] que era o secretário de Cultura e também arquiteto. Eu não sabia que a Secretaria já havia desenvolvido um projeto para lá. Quando eu apresentei minha proposta, ele virou para a Rosário, sua esposa, que também é arquiteta e trabalha na Secretaria, e disse que o meu projeto estava muito melhor que o deles – que iriam fazer o meu! E o Parque da Residência foi o primeiro de muitos trabalhos que realizei em Belém com o Paulo Chaves, a partir de 1998.

Eu percebi o potencial da área e propus um novo programa para o Parque – a instalação de um restaurante com comida típica, aberto ao público. Um vagão de trem que ainda estava no local ganhou a categoria de monumento, abrigando uma filial da Sorveteria Cairu, com sorvetes de sabores típicos do Pará. A estrutura de ferro do antigo galpão, que pertencia a Companhia de Gás do Pará, já em desuso, foi utilizada para criar um auditório. Resgatando o espaço usado pelos orquidófilos aos sábados para a venda de seus produtos, foi criada uma estufa para essa finalidade.

O Paulo Chaves pediu que o parque tivesse uma estátua do poeta paraense Ruy Barata.[2] Eu achei que o parque era tão pequeno, não caberia uma estátua... Então eu tive a ideia de colocar o poeta num banco sentado no parque! Pedimos ao escultor também paraense Fernando Pessoa[3] que sentasse o poeta. E foi um sucesso, porque o poeta ficou ali no banco, e muita gente sentava ali com ele para tirar fotografia...

> Eu lembro quando a Rosa apresentou os croquis dos padrões de piso com motivos marajoaras que foram adotados no pavimento de mosaico português do Parque da Residência. Lembro dos desenhos e da Rosa apresentando: "Ah, vamos fazer assim!" Eu estagiava no escritório com a Rosa e a Gláucia, e foi uma escola. Porque muita gente entende o paisagismo equivocadamente, acha que é o "verdinho". Aí

Parque da Residência, Belém, 2006

> eu caí justamente num escritório de paisagismo que faz desenho da paisagem urbana, na escala urbana, em equipamentos públicos... Começar com um parque, começar com uma praça, quem não quer? Depois de alguns anos, nós acabamos desenhando um plano com as obras na malha urbana de Belém. [José Luiz Brenna]

•

Logo depois eu fui contratada para fazer o projeto paisagístico da Estação das Docas, onde os antigos armazéns seriam transformados em espaços de uso público. O projeto de intervenção Janelas para o Rio propunha uma série de ações voltadas para abrir a cidade de Belém para o rio Guamá, pois ela tinha se desenvolvido de costas para o rio. A Estação das Docas foi um dos primeiros destes projetos.

> A Rosa foi um raio de luz que surgiu na minha vida, num momento único e esplendoroso, numa capital terceiro-mundista, mas que viveu a esperança do renascimento. A conjuntura, a alma, as condições de recursos, apesar de nem sempre ideais, possibilitaram um trabalho no qual a Rosa foi uma parceria inestimável. [Paulo Chaves]

Embora a proposta lembrasse muito o Puerto Madero de Buenos Aires, o projeto do Paulo Chaves era diferente. Estação das Docas e Puerto Madero tinham em comum o fato de serem portos à beira-rio, porém têm propostas, programas e resultados distintos.

Em Belém, o projeto foi todo aberto: foi feito um grande terraço que se comunicava com o grande passeio, as Docas. Utilizamos os guindastes existentes como peças escultóricas, e eu projetei todos os detalhes, pisos e principalmente o peitoril. O peitoril, vamos dizer, remetia ao universo náutico.

•

O conjunto Feliz Lusitânia, proposto também pelo Paulo Chaves como secretário de Cultura, veio pouco depois, em 2000, e procurou restaurar edifícios, articulando-os com espaços públicos do centro histórico de Belém. Ele propôs um passeio à beira-rio, que ia do Forte do Presépio até a Casa das Onze Janelas, passando por muitas outras edificações. Terminava num ancoradouro do rio. Assim, além do passeio à beira-rio, era possível ir da cidade ao rio através dessa praça. Era um circuito, onde desenvolvi os projetos paisagísticos.

> Houve uma combinação de fatores, todos favoráveis. Você tem que ter uma conjuntura especial, propícia, para que as coisas aconteçam como em Belém aconteceram. Foi muito importante ter uma pessoa como a Rosa num projeto desta magnitude, na reconstrução dessa Belém. [Paulo Chaves]

Fizemos a entrada desse conjunto que dava para a praça – um grande espaço entre o Forte do Presépio e a Casa das Onze Janelas. No Forte foi criada uma grande praça, que era praticamente um anfiteatro, onde poderiam acontecer eventos e outras atividades, tendo o forte como fundo. Mas dentro do forte realmente não havia o que fazer... A grande ligação do núcleo urbano com o rio se deu realmente quando propusemos aquele último espaço que dava para a praça.

•

Em todos os meus projetos, a primeira coisa que fazemos ao receber uma demanda é ir ao local. Sem isso não dá para fazer nada. Analisamos os documentos que recebemos, e vamos verificar o local. Depois fazemos o que eu chamo de inventário, quer dizer, realmente investigar tudo. E, a partir daí, fazemos um desenho que é um resumo de tudo. Ou seja, esta é a nossa questão, nós montamos o problema, e daí partimos para uma solução global. Por exemplo, em Belém tinha a Estação das Docas e Feliz Lusitânia – tudo estava ligado, mas cada um era um projeto. Depois

Estação das Docas, implantação, Belém, 1998

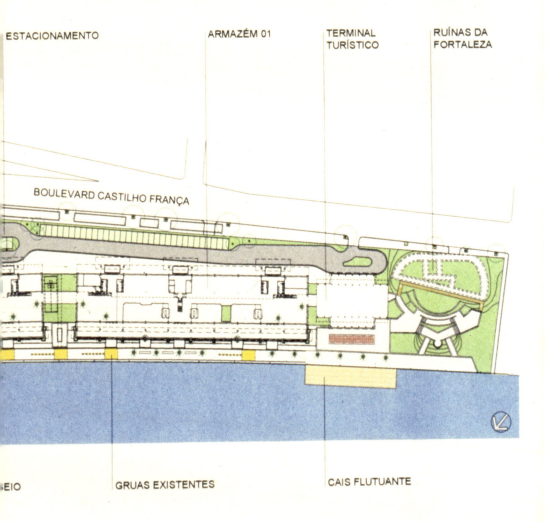

Anteprojeto do Pátio Santo
Alexandre, Belém, 1998

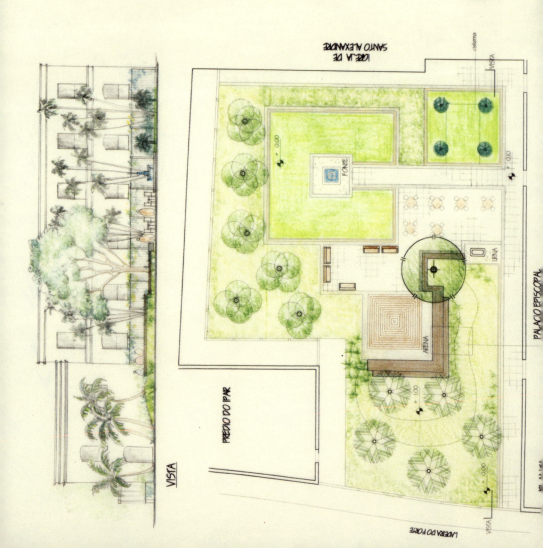

entrávamos em cada um, fazíamos um anteprojeto e íamos desenvolvendo. Na ocasião, trabalhavam comigo a arquiteta Gláucia Pinheiro[4] e o estagiário José Luiz Brenna.[5]

> A concepção do projeto para ela era muito natural. Às vezes ela croquisava sozinha, às vezes à noite, ou no fim de tarde, ou ela ficava desenhando enquanto estávamos fazendo outra coisa. Ela tem uma leitura do espaço externo muito forte. Era uma facilidade incrível, ela chegava e já ia com esse jeito, ia mudando, desenhando... sempre com grafite bem macio, fazia o primeiro, e depois um desenho em cima do outro, muitos, muitos... [Gláucia Pinheiro]

•

O Centro de Gemologia e Polo Joalheiro não ficava na beira do rio, mas sim dentro da cidade. O projeto paisagístico do pátio do Polo Joalheiro, que foi realizado em 2000, é muito importante no conjunto do meu trabalho. Ele representa um paradigma que considero fundamental num projeto de paisagismo, que é o caráter. E acho que conseguimos ali estabelecer uma ligação do desenho com um tema bastante complexo. Paulo Chaves e sua equipe fizeram um projeto de adaptação de um edifício histórico, uma antiga igreja que tinha sido transformada em presídio e depois desativada. Nesta edificação o Paulo criou o programa de um Museu de Gemas, pois em Belém a questão das pedras semipreciosas era muito importante. Junto a ele foi criada a Oficina de Joias e a Casa do Artesão. Eles estavam ali fazendo as joias, você via as pedras, era uma coisa muito bonita. E ele me chamou para fazer o pátio central.

Usando esse tema, no projeto paisagístico só foram usadas pedras da região. Nós pretendemos dar um caráter de joia, uma pequena exposição de gemas, complementando o museu. Tudo, tudo, tudo foi feito com pedras: grandes rochas foram colocadas no espelho d'água, além de seixos rolados de quartzo. Eu fiz uns vasos de vidro, enchemos de pedras coloridas, e distribuímos esses vasos nessa passagem. Todas as pedras eram realmente de lá. Acredito que isso acabou dando o caráter de pátio do polo joalheiro.

•

O Mangal das Garças[6] foi meu último projeto da série Belém do Pará. É um parque público; um parque naturalístico. Isso já induz a um certo tipo de uso pela população. O projeto teve um longo percurso entre o desenho e a execução, entre 1999 e 2004. O parque surgiu de uma grande área de várzea junto ao rio Guamá, que estava sob custódia da Marinha. Como era uma área de várzea, de mangue, a água subia e descia, subia e descia... Os militares achavam isso muito ruim, e resolveram aterrar tudo e fazer um muro retilíneo para conter essa invasão do rio. E o que ficou? De um lado, um aterro imenso com capinzal – nem para jogar futebol eles usavam. Do outro, a vegetação de beira-rio, já também deteriorada. Foi quando o Paulo Chaves conseguiu uma autorização do Estado para criar ali um parque. Então, como ele fazia sempre – quando foi fazer o projeto da igreja, ele me levou para falar com o Arcebispo –, lá fomos nós conversar com os militares.

Na primeira visita que fizemos à área, ele me disse que queria fazer ali um restaurante. Para isso, aterraríamos tudo, e faríamos o restaurante na beira do rio, para oferecer a vista da cidade com as torres das igrejas.

Quando olhei, notei que tinha aningas,[7] e que estavam tímidas. Eu disse a ele que nós não faríamos aterro ali. Ele me perguntou por que; eu mostrei as aningas e expliquei que é uma planta típica do litoral norte do Brasil, e que nenhuma cidade mais havia preservado. Esse era o último resquício de aninga em área urbana – nós não podíamos destruir. Além disso, quando a gente tirasse o muro e deixasse o rio entrar, elas ficariam com uns cinco metros de altura. Ele olhou meio desconfiado mas, como confiava em mim devido a todos os outros projetos, concordou.

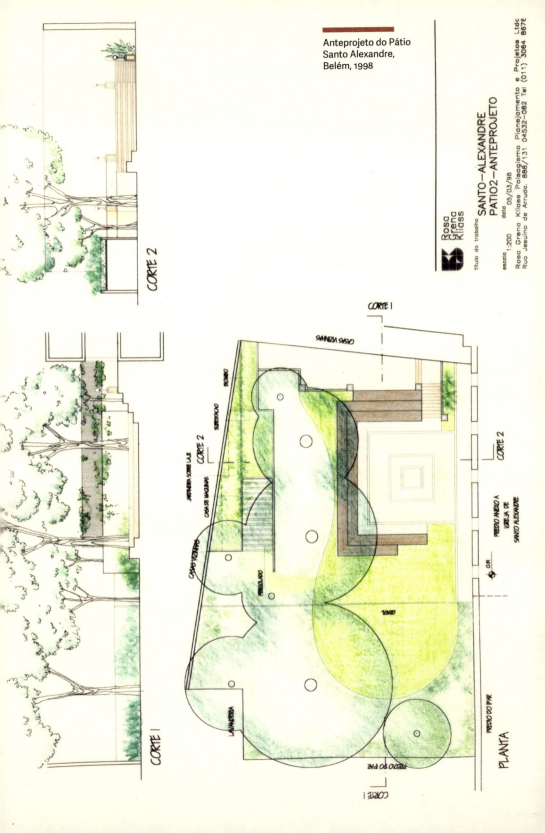

Anteprojeto do Pátio Santo Alexandre, Belém, 1998

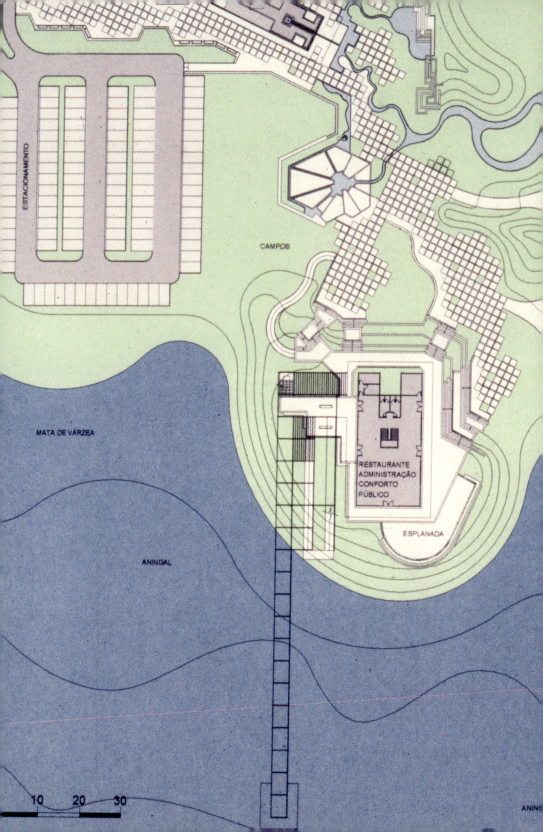

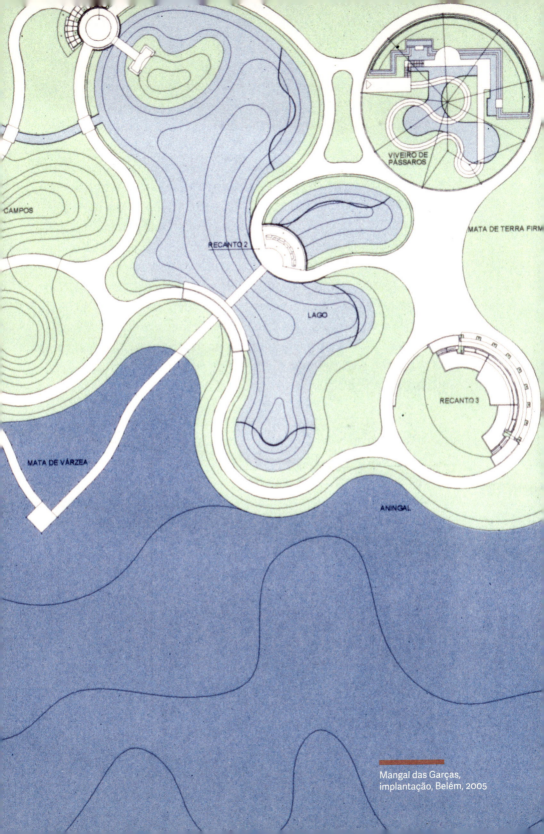

Mangal das Garças, implantação, Belém, 2005

> Eu tenho em relação a ela a imagem de mais do que uma profissional, uma pessoa que se doa todo o tempo. Com aquilo que eu acho que é o tempero essencial para que se tenha êxito, que é a paixão. [Paulo Chaves]

A minha proposta básica foi a criação de um sistema de águas. Um grande lago e fontes que simulavam as nascentes – uma cascatinha, um jogo de água, isto é, várias fontes que iam levando água para o lago, incluindo alguns meandros e um passeio de pedestres nesse trajeto, com pontes, de onde era possível apreciar todo esse caminho das águas. Enfim, era uma alegoria para as águas do rio, que simbolicamente penetravam no parque e ao mesmo tempo criavam as zonas de vegetação do Estado. O tema do parque passou a ser a vegetação das diferentes regiões da flora do Pará; matas de terra firme, várzea, campos, enfim, todas as áreas de vegetação do Estado foram reproduzidas no parque. À medida que você passeava por todo esse microssistema, essas áreas iam sendo apresentadas. O borboletário e a torre foram propostas do Paulo.

O restaurante foi construído em terra firme, e se chama O Manjar das Garças! O acesso ao belvedere, com vista para o rio e para o perfil das torres das igrejas, é feito por uma extensa passarela elevada sobre a vasta extensão das aningas, que conseguimos salvar. Elas alcançaram seu porte natural, chegando até três metros de altura, com folhas de até um metro de comprimento. Foi uma grande vitória.

> Belém era uma antes da Rosa, e é outra depois dela. É um privilégio trabalhar com ela. [Paulo Chaves]

•

Além do projeto paisagístico do Forte do Presépio, no âmbito do conjunto Feliz Luzitânia em Belém, eu fiz também na região norte o projeto paisagístico da Fortaleza de São José, em Macapá, em 2001. O Iphan[8] estava fazendo o restauro deste forte; sua sede era em Belém, e me recomendaram para fazer o paisagismo dessa área.

Mangal das Garças, Belém, 2005

Mas não dava para fazer quase nada! Não podia plantar uma árvore, nem um arbusto mais alto: tudo iria tirar a vista do forte. Assim, a única coisa que eu fiz foi um percurso beira-rio; e usei a área central como um grande anfiteatro, sugerindo uns bancos, com o forte como o pano de fundo, onde poderiam acontecer eventos. Na verdade, ali era uma área de estacionamento que foi retirada, então pude criar este anfiteatro. E foi feito todo esse percurso, onde eu adotei também um desenho de gradil, de peitoril, um pouco inspirado naquele feito em Belém, mas eram quilômetros de passeio à beira-rio, muito usado para bicicletas.

Mas atrás da fortaleza havia uma área que era mais baixa, junto da cidade. Nessa área, se eu fizesse um trabalho sem elevar muito as coisas, eu conseguiria propor um outro uso sem tirar a vista do forte. Ali eu criei uma área de recreação infantil – nos dedicamos muito a esse desenho, sempre imaginando como as crianças iriam fazer uso dos elementos que criamos para elas. O tema da água foi desenvolvido através de elementos lúdicos, e o uso da cor animou o espaço.

> Quando o projeto paisagístico da Fortaleza de Macapá foi entregue, ficou lá em algum departamento do governo do Amapá, e depois construíram. Sem acompanhamento, sem nada. Isso a mais de não sei quantos mil quilômetros de São Paulo, um outro país. Mas fizeram exatamente conforme o projeto. Por quê? Primeiro porque tiveram um respeito pelo projeto. Segundo porque era um projeto bem feito. Todas as definições da Rosa foram lá implantadas conforme os desenhos que eu lembro de ter feito, ou que a Gláucia fez. Dentro desta experiência eu fui aprendendo o que desenhar, como informar, o que é relevante. [José Luiz Brenna]

Foi muito interessante porque tempos depois, em São Luís, num trabalho que eu estava fazendo, fui tomar um banho de piscina na hora do almoço, no hotel onde eu estava hospedada. Me sentei numa cadeira na beira da piscina, e um senhor ao meu lado começou a conversar comigo.

Fortaleza de São José, Macapá, 2006

Ele estava com a senhora dele e duas crianças, que estavam na piscina. E começou aquele papo de beira de piscina... De onde eu era – "De São Paulo". Se tinha vindo a passeio – "Não, não vim passear não, vim trabalhar". O que eu fazia – "Sou arquiteta paisagista". Quando eu perguntei de onde ele era, ele disse que era de Macapá. "Macapá? Eu sou quase cidadã macapaense! O senhor conhece aquela área de recreação infantil da Fortaleza de São José? Fui eu que fiz..." Ele não me respondeu nada... e deu um berro: "Fulana e fulano! Venham aqui para ver quem fez o lugar bonito!" O parque foi batizado pela cidade como o "lugar bonito"! É assim que o parque é reconhecido. Não podia ser nada mais elogioso...

•

Em 2002, quando eu era a vice-presidente da Ifla Região das Américas, resolvi fazer o Congresso Regional em Belém do Pará.

> Eles adoraram a ideia de fazer o congresso em Belém. Tinham orgulho dos novos projetos lá implantados. Eu lembro do depoimento das pessoas dizendo: "Olha, nós estávamos meio escondidos aqui em Belém, e na hora em que a cidade passa por essa transformação, e tem gente indo estudar na Itália, fazendo curso de conservação, para vir aqui e aplicar nas obras, recuperamos nossa autoestima". [Ciça Gorski]

Os congressos precisam de ambiente. Quando se faz um congresso sobre a arquitetura paisagística em auditório fechado, perde-se a oportunidade de explorar ambientes que enfatizam a temática. Eu pensei, então, que não deveria ser em São Paulo. Belém apresentava todo o cenário: era uma cidade com muita área verde, com muita vegetação, onde poderia também apresentar meus projetos. E mais uma coisa: o auditório era realmente numa área que recebeu tratamento paisagístico. Era nas Docas. E lá eu podia contar com o apoio do Paulo, e também da Ciça e da Elza.[9] Então foi perfeito – realmente foi muito bom.

Nossa Senhora... a gente gosta de lembrar depois para dar risada, porque foi uma loucura. A Rosa te convence a fazer, porque ela tem uma energia que sobra para todo lado. E quando ela fala, você acha que vai ser fácil, que a gente vai tirar de letra, e tal... e fomos as três para lá. Foram três semanas que ficamos em Belém, trabalhando para o congresso. Mas foi uma delícia... No final! [Elza Niero]

A Rosa falava: "Vai dar certo! Vai dar certo!" Nós não enxergávamos nada no horizonte, e ela falava: "Pode deixar! Pode deixar! Vai dar certo!" Então a gente ia, ia indo atrás. E de repente nós falamos: "E agora, Rosa?" E ela disse: "Peraí... Fulaninho, e aquele dinheiro, como é que é, não vai sair?" E saiu! [Ciça Gorski]

•

No período em que eu estava desenvolvendo estes trabalhos em Belém, recebi um telefonema em São Paulo de uma arquiteta de São Luís do Maranhão, Ana Cláudia Batista Peixoto, dizendo que a esposa do prefeito estava querendo colocar flores nos canteiros das novas avenidas, e, como eu era presidente da Associação Brasileira de Arquitetos Paisagistas, ela pedia sugestão de arquiteto paisagista na região. Eu respondi que dali a não sei quantas semanas iria ter um congresso internacional de arquitetura paisagística em Belém, e que seria interessante que viessem, para saber o que é paisagismo e entrar em contato com outros profissionais. Então a Tati Palácio, esposa do prefeito de São Luís, foi ao congresso da Ifla em Belém com a Ana Cláudia e outros técnicos da prefeitura. E assistiram a todas as palestras.

Depois, ela me convidou para ir para São Luís. Quando cheguei, começamos a conversar, e uma certa hora ela me disse que seu marido – o prefeito – queria falar comigo. Fui então conversar com ele, que me disse que sua mulher tinha estado em São Paulo, ido ao Departamento de Parques e Jardins, e que ele gostaria de também fazer em São Luís um departamento similar. Ele queria então que eu os instruísse para isso; mas eu expliquei a eles que arquitetura paisagística não é um setor – ela perpassa todos os setores. O que deveria ser feito era a criação de um órgão separado, que informaria a todas as outras áreas executivas as obras a serem executadas, garantindo assim uma paisagem adequada para a cidade.

E assim, em 2002, foi criado em São Luís o Instituto Municipal de Paisagem Urbana – Impur. Ainda existe. E foi curioso porque, para fazer esse Instituto, era preciso gente, e reunimos muitos arquitetos.

> O Impur tinha casa, endereço, tudo montado. E estavam fazendo o Plano Urbanístico de São Luís nesta época. Trabalhamos junto com eles, porém de forma independente, e fizemos o Plano Paisagístico do Município de São Luís. Esse trabalho foi fantástico, fizemos um levantamento minucioso. [Gláucia Pinheiro]

Fizemos o Plano da Paisagem Urbana de São Luís no âmbito desse Instituto. Isso significou que a primeira coisa que fizemos foi um levantamento de todo o município para verificar todas as condições, o que existia de áreas ainda disponíveis e de áreas que deviam ser remanejadas, e fizemos um plano de ação para tudo isso. Ele nortearia as ações dos demais departamentos. Por exemplo, quando uma escola fosse ser implantada, essa escola deveria atender as condições de ambientação da área, de recreação para as crianças, enfim, todas as questões. Nós fizemos também um projeto para todo o sistema viário de São Luís. Cada rua, cada avenida recebeu um projeto – com larguras das vias e das calçadas, intervenções nos lotes, recuos, gabaritos e arborização também. Foi uma interferência inclusive na engenharia de tráfego da cidade.

> Com este trabalho do Impur em São Luís, a Rosa está dizendo que, para dominar a cidade, você tem que dominar as vias de tráfego, senão você fica subordinado a elas, senão vai só fazer canteiros. É um jeito de reinterpretar agindo positivamente. [Michel Gorski]

E assim, por ser a Rosa extremamente didática e generosa, com uma paciência para ensinar, eu aprendi a fazer planta de declividade, de drenagem, de insolação, das curvas de sombras... E este estudo todo, este mapeamento, estava ligado com concepção de projeto. Isso é fantástico, porque teve todo o inventário, aí veio o diagnóstico, e já vem concepção de projeto junto, porque você está analisando e trabalhando em várias escalas. Era algo muito vivo, você não está fazendo gráfico. [Gláucia Pinheiro].

O Plano da Paisagem Urbana de São Luís foi todo feito a partir da metodologia do McHarg. Fizemos um inventário, fizemos um diagnóstico e fizemos as propostas. Se esse Instituto fosse efetivamente operante, ele ia seguir o Plano como uma diretriz realmente: para todas as obras, iriam consultar sua orientação. Porque, no fim, você elege as coisas que são valiosas para a paisagem. Se eles fossem responsáveis, se esse Instituto fosse como aquele em Curitiba, iria se sobrepondo aos mandatos, conseguiria realmente manter uma linha. O problema é que descontinuou mesmo.

Eu diria o seguinte: o Roberto Burle Marx inventou o paisagismo no Brasil. O Roberto Cardoso inventou o ensino de paisagismo no Brasil. E a Rosa inventou duas coisas que para mim são fundamentais: ela inventou o planejamento paisagístico no Brasil, o paisagismo levado para a escala da cidade – que é muito diferente do que o Burle Marx fazia. Ele fazia grandes jardins, vamos dizer assim. Embora trabalhasse em projetos maravilhosos, como o Parque do Flamengo, enfim, vários projetos enormes, a escala dele de trabalho era muito diferente. A Rosa já traz uma outra visão, que é a visão do plano. O plano paisagístico, o plano de áreas verdes. Isso foi uma coisa que me abriu muitas portas. [Benedito Abbud]

•

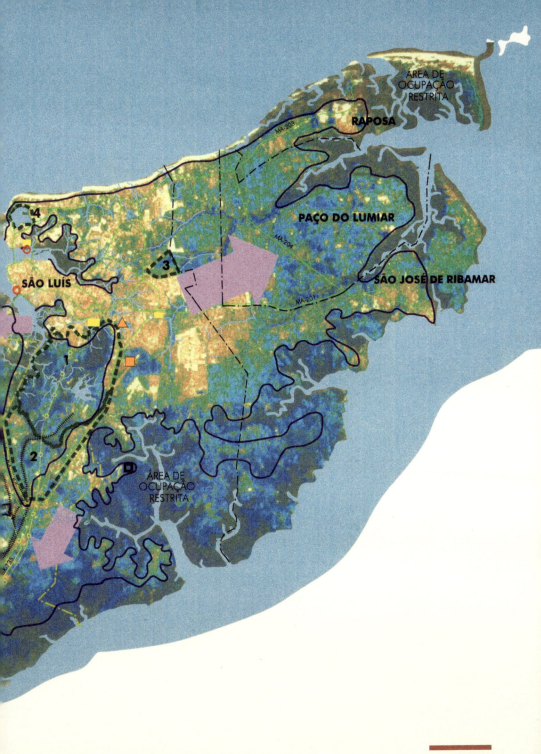

Plano da Paisagem Urbana do Município de São Luís, 2003

Para trabalhar nestas cidades do Norte do Brasil, eu ia de véspera, de avião, ficava um ou dois dias e voltava. Em Belém, eu muitas vezes ficava mais tempo porque lá tinha muita coisa; então eu tinha o meu hotel.

> Em Belém a Rosa dizia: "Onde nós vamos jantar hoje?!" Nós ficávamos sempre no mesmo hotel porque lá era gostoso, a gente ia a pé para o Teatro Municipal, era um lugar cheio de residências, agradável à noite. Para a Rosa o hotel deveria ser "simpático", ela usava muito essa palavra. Nós tínhamos sempre uns passeios arquitetônicos, e isto fazia parte de se aproximar das coisas da cidade. Ela promovia esta coisa de você estar se expandindo culturalmente, não era só trabalhar e voltar. Era também um passeio. [Gláucia Pinheiro]

Em Macapá nós tínhamos a nossa pensão, era de uma brasileira casada com um francês. Era uma comida muito especial, pois ela juntava a comida francesa com a comida local, saía uma coisa, assim, diferente...

> No restaurante da pousada tinha comida à noite; ela cultivava uma horta orgânica, e a gente comia muito bem. Os açaís... e também um tipo de um lagostim que ela muitas vezes deixava reservado para fazer quando a gente ia. Quantas vivências maravilhosas lá! Em todos os projetos nós aproveitávamos para conhecer e entender o lugar. Uma vez passamos o dia numa antiga fazenda de extração de borracha, que era dos donos da pousada. Fomos para o meio do rio Amazonas na hora em que a maré baixa, praticamente não tem um pingo d'água, ficamos em umas cadeirinhas lá, sentadas. Vivenciamos juntas estas coisas, estar ali, andando no meio do mato, estar no meio do rio Amazonas, rindo, tomando sol, andando de barco, conhecendo o lugar. [Gláucia Pinheiro]

O trabalho era lúdico!

NOTAS

1. **Paulo Chaves** Fernandes, 1946. Arquiteto e urbanista paraense (UFPA, 1968). Secretário de Cultura do Estado do Pará (1995-2002; 2003-2006; 2011-2014; 2014-2018).

2. **Ruy** Guilherme Paranatinga **Barata**, 1920-1990. Político, poeta e jornalista paraense. Formado em Direito (1943) na UFPA, onde foi professor titular. Foi deputado estadual (1946-1950 e 1950-1954) e deputado federal (1957-1959).

3. **Fernando** Luiz de Souza **Pessoa**, 1943. Engenheiro civil (1968) e arquiteto (1975) pela UFPA, onde foi professor (1970-2000) dos cursos de engenharia e arquitetura, e um dos fundadores da atual Faculdade de Artes Visuais. Atua como escultor, poeta, cenógrafo de óperas e eventos musicais, e carnavalesco responsável pela renovação do carnaval paraense. Autor da escultura do poeta Ruy Barata, no Parque da Residência em Belém, projeto de Rosa Kliass.

4. **Gláucia** Dias **Pinheiro**,1960. Arquiteta e urbanista (PUC-GO, 1983). Trabalhou com Rosa Kliass de 1994 a 2005.

5. **José Luiz Brenna** Fernandes de Oliveira, 1970. Arquiteto e urbanista (USP, 1998), sócio-fundador do escritório Soma Arquitetos (2004).

6. Ver ZEIN, Ruth Verde; KLIASS, Rosa Grena. *Rosa Kliass: desenhando paisagens, moldando uma profissão;* GORSKI, Maria Cecília Barbieri. *Rios e cidades: ruptura e conciliação.*

7. Aninga é o nome vulgar da espécie aquática *Montrichardia arborescens*.

8. Instituto do Patrimônio Histórico e Artístico Nacional.

9. **Elza** Maria **Niero**, 1960. Arquiteta paulista (Faculdade Brás Cubas, 1984), mestre em arquitetura (USP, 2005). Fundadora do escritório Elza Niero Paisagismo.

A paisagista rebelde

Rosa Grena Kliass

Parque da Juventude, São Paulo, 2010

> *"O mais importante é esse amor pelo trabalho, essa vontade de realmente fazer alguma coisa, uma semente que valha a pena. Isso foi o que eu mais recebi da mamãe"*
> Sonia Kliass

O Parque da Juventude é um projeto de arquitetura paisagística que inclui edificações. Isso foi dito por um arquiteto que eu reputo como o maior *gentleman* da arquitetura paulista – o Gasperini.[1] Em 1999, ele me chamou para participar do concurso nacional de arquitetura para o Carandiru. O concurso era para a transformação de todo o conjunto carcerário: ia sair tudo de lá, até a penitenciária. Para a penitenciária, que era enorme, estava previsto um projeto de arquitetura com um programa muito grande, com uma série de coisas, dentre elas, áreas de exposições. Naquela ocasião, ele me disse: "Nós vamos entrar no concurso de arquitetura para reformulação de todo o presídio Carandiru. É um trabalho de arquitetura muito grande, mas tem muito paisagismo, e eu queria que você entrasse conosco".

Eu entrei e ganhamos o primeiro lugar; porém não levamos, pois nada aconteceu. Passaram-se os anos e, em 2002, quando o governo do Estado resolveu retomar, surpreendentemente chamaram o vencedor do concurso para fazer o projeto. Aí já não faria mais parte o presídio – que iria ser mantido – nem o presídio feminino; só a parte do Carandiru que realmente iria ser reformulada. O Gasperini me chamou e disse que eu tinha participado com eles do concurso, mas que, àquela altura, era um grande projeto de paisagismo com alguma arquitetura. Então era para que o crédito do projeto paisagístico fosse meu.

Tinha que ser tudo muito rápido – em praticamente um mês o projeto deveria estar pronto para entrar em licitação.

> O Carandiru traz a questão do projeto participativo. Teve participação? Teve participação, sim: toda a equipe Rosa Kliass, toda equipe Aflalo e Gasperini, e de todo o staff do governo, para ficar pronto em um mês! Se fosse fazer o participativo no modelo "discussão vai e volta, vai e volta", não sairia projeto nenhum, porque não daria tempo. [José Luiz Brenna]

Num caso como esse, eu acho que é possível substituir a participação popular pela sensibilidade do profissional para os problemas sociais e urbanos. Um bom exemplo disso foi a questão dos alambrados das quadras. Essa realmente foi a grande contribuição do Zé Luiz no projeto.

> A discussão foi: não podemos transformar as oito quadras do parque esportivo em oito gaiolas. Estávamos fazendo um parque no território de um antigo sistema prisional, e especificar um gradil numa área como esta não seria algo interessante. Também acreditávamos que a convivência num parque é um dado relevante. Não queríamos separar uma quadra da outra como territórios independentes. E aí surgiu... lembro muito bem disso, do desenho. [José Luiz Brenna]

> As quadras ficavam uma de cada lado da alameda. Isso já era uma articulação interessante porque as linhas de fundo das quadras ou eram os muros laterais ou eram a alameda principal. Se protegêssemos a alameda principal, não seria preciso dividir quadra com quadra, já que estão contíguas. Fazer um alambrado contínuo também não ia ficar legal. Para não ter portas, quebramos todos os alambrados, criando frestas de acesso entre as alamedas e as quadras. E criamos bancos baixos, que barram as bolas que poderiam ir de uma quadra para outra. Por mais que uma bola passe para o outro lado, às vezes é até motivo de convivência entre as quadras. Ninguém

José Luiz Brenna e Rosa Grena Kliass no Parque da Juventude, São Paulo, c. 2010

está querendo jogar a bola na quadra do outro, mas quando escapa você já acaba por conhecer alguém. [José Luiz Brenna]

Eu me lembro que, quando nós tínhamos decidido que não íamos fazer os alambrados nas quadras, alguém contestou, e eu retruquei: "Vocês conhecem campo de várzea? Tem alambrado em campo de várzea?" E quando o Robin Moore[2] viu essas quadras, ficou assustadíssimo... O Robin Moore é um arquiteto paisagista americano especializado em design com participação popular. Quando eu o levei para conhecer o Parque da Juventude, ele me perguntou se eu tinha consultado a população quando decidi por não colocar alambrado: "Não! Se não der certo, a gente coloca o alambrado depois!"

Outra discussão muito importante foi a do córrego Carajá. Como desenhadores da paisagem, não acreditávamos que ele deveria ser tampado, mesmo estando sujo – embora a equipe de arquitetura tenha proposto tampar. Porque a gente tampa, se esquece, e acha que não tem mais o problema. Mas o problema continua lá. Quando inauguraram o parque, uma força um pouco mais focada da Sabesp[3] conseguiu tratar um pouco as contribuições espúrias à montante. O rio não ficou limpo, mas... cheirou menos!

Mostrar um rio sujo dentro de um parque estadual? Não! Vamos dar um trato. É uma questão de ir empurrando até que as coisas funcionem. E esse rio, se tapássemos, perderia parte da graça também, porque você tem um passadiço junto a ele, as pontes que a gente também desenhou... Foi bastante gratificante ver o rio funcionando. Hoje, quando você visita o parque, percebe que ele não é um rio parado, é um rio com uma certa corrente, e tem muitas pedras no fundo. Até engana, às vezes: "Nossa que córrego bonito!" Você percebe que as pessoas que estão no passadiço param para olhar, porque tem lá um jogo de luz, tem as árvores... [José Luiz Brenna]

E tem também o "trecho da mata atlântica", cheio de eucaliptos!

Descobrimos um documento de um biólogo que fez um levantamento sobre a área, e ele tinha uma visão muito perspicaz. Com o intuito de preservar alguma área verde neste monstro que era o sistema carcerário, ele comenta que era de vegetação com espécies da mata atlântica. Já virou mata atlântica! Entre os eucaliptos nós tínhamos guapuruvus, sibipirunas, outras espécies que de fato estão lá. Mas a perspicácia deste biólogo – acho que não era agrônomo, não – garantiu a preservação.

De fato se preservou um maciço arbóreo que ficou, e onde nós propusemos um enriquecimento que não foi todo efetivado. Como era área de sombra, que árvore iria funcionar? Vamos de pau-brasil. E realmente eles estão lindos lá. E a vegetação das tipuanas, que são exóticas, e a forma como elas se reproduziram naturalmente deu um lastro para o parque que era muito necessário. Uma coisa seria ter esse miolo totalmente gramado com árvores pra crescer. Outra coisa seria chegar numas clareiras gramadas, alamedas de novas árvores, e um bosque pronto. Já tínhamos ali um maciço verde que, junto com esse da "mata atlântica", ajudaram muito a criar o caráter de parque e criam uma relação muito agradável com o usuário. [José Luiz Brenna]

O Parque da Juventude não é um parque qualquer, é importante, muito usado, e mexeu com uma região toda. Mais ou menos quinze anos atrás era difícil achar um novo empreendimento em Santana... Hoje em dia são vários, de médio e alto padrão, inacreditável. Na minha opinião, o Parque da Juventude tem um papel importante neste processo. [Nina Vaisman]

Algumas vezes, o paisagismo é uma das disciplinas complementares dos projetos; outras, é a principal. O processo de projeto do Carandiru, onde o contato acabou sendo muito maior com o Roberto Aflalo, foi também uma oportunidade de explicitar a abrangência do projeto de paisagismo, porque era perceptível um certo desconhecimento. E, assim, foi se estabelecendo uma troca muito rica. Eles, com as experiências das construções do escritório, hoje com mais de cinquenta anos de experiência, e a Rosa com quase cinquenta anos de experiência. Quer dizer, alguma coisa bem consistente pode sair. [José Luiz Brenna]

•

Quando eu era vice-presidente da Região Ocidental da Ifla em 2002, vislumbrei a oportunidade de fazer um curso de capacitação de professores em arquitetura paisagística no Brasil com o apoio da Ifla e da Unesco.[4] Eu já tinha organizado aquela reunião com professores de paisagismo de todo o Brasil em 1993, que deu origem ao Enepea. Seria mais um esforço no sentido de capacitar professores na área, considerando o grande número de escolas de arquitetura em todo o Brasil.

Eu participava das assembleias gerais da Ifla, com representantes de cada país, e ali sempre tinham assuntos a serem tratados. Em uma dessas reuniões eu apresentei a proposta, que foi aceita. No Brasil, chamei o Paulo Pellegrino[5] e outros professores da FAU USP para viabilizar o curso. Através da Ifla, solicitei e conseguimos o apoio da Unesco. Conseguimos também o apoio financeiro da Fupam.[6] Assim, a partir da conexão Ifla, Unesco, Abap, FAU USP e Fupam, o curso foi finalmente oferecido em 2005 na FAU Maranhão. Uma coisa louca, uma trabalheira!

> Um dos diretores da Fupam na época era o Chico Segnini. A Rosa foi falar com o Segnini e ele, que era também professor da FAU USP, conseguiu. [Ciça Gorski]

Foi um sucesso! O James Taylor[7] convidou professores canadenses e norte americanos que, juntamente com os professores brasileiros, deram aulas para arquitetos de todo o Brasil. Hoje não sei como é que eu consegui fazer isso!

Quando a Abap foi criada, e em seguida filiada à Ifla, eu passei a ser a delegada brasileira nesta instituição. Por conta desta representação, eu ia todos os anos para congressos internacionais da Ifla, para poder participar das reuniões dos delegados que antecediam o evento. Visitei o mundo inteiro com estes congressos. E, depois que minha filha Sonia foi para a Espanha, eu sempre procurava voltar por Girona, a cidade onde ela mora. Na volta das minhas viagens, eu sempre ficava na casa dela, e assim quase todo ano eu ia para lá.

Quando a Sonia engravidou, eu me programei para estar em Girona no período previsto para o bebê nascer. Mas houve uma antecipação e no dia em que eu cheguei ela já tinha ido para a maternidade. Recebi o recado para eu ir até lá, e quando cheguei o bebê tinha acabado de nascer. Dali a pouco vi o Pep, marido dela, chegar com um pacotinho para mim... era o Joan! Eu vi aquilo, assim... e então peguei meu neto no colo.

> O Joan nasceu na madrugada do dia em que a mamãe chegou em Girona, parecia que ele só estava esperando ela chegar. Eu pedi para mamãe me dar uma mão, e ela veio para ficar com a gente um mês inteiro me ajudando. [Sonia Kliass]

Voltamos para casa, e logo depois veio a Sonia com aquele pacotinho. Quando ela colocou o pacotinho no trocador de fraldas, eu a vi começar a conversar com ele: "Olha, mamãe agora vai começar a fazer assim... Agora vou pegar o seu pezinho, agora vou pegar a sua mãozinha..." E nesta hora eu pensei: "A minha filha pirou!"

Tempos depois, eu voltei a Girona e, como sempre, fiquei no apartamento deles – Joan estava maiorzinho, mas ainda era bebê. Voltei a ver a mesma cena. Sonia dizia para ele: "Mamãe vai pegar o seu pezinho" – e ele levantava o pé. "Mamãe vai pegar a sua mãozinha" – e ele levantava a

Rosa Grena Kliass e Joan Segura Kliass, Girona, 2002
Joan Segura Kliass tocando violino, Girona, 2012

mãozinha. Ele respondia! Eu fiquei muito surpresa. E nesta hora, pensei: "A tonta sou eu!"

Quando o Joan era menorzinho, a mamãe vinha no mínimo duas vezes por ano para a Espanha, e a relação deles era muito boa e muito próxima. Pena que agora não dá para se verem com tanta frequência. Eles sempre iam passear juntos, em Girona e depois em Sant Gregori. Nas praças e no campo, pelos caminhos, no bosque, colhendo flores... E a mamãe aproveitava para tirar muitas fotos. Como a foto famosa onde o Joan aparece no meio do capim tocando violino. Ele tem muitas lembranças dos passeios e das fotos. Lembra que queria sempre fazer careta, e a vovó não gostava, falava: "Ai, Joan, não faz careta!" [Sonia Kliass]

-

A música sempre foi um elo importante na nossa família, e meu neto Joan vem confirmar isto. Um dia, Sonia e Pep colocaram uma música na sala – a casa deles tem uma sala com a cozinha aberta. Os brinquedos do Joan estavam ali, ele estava brincando na sala, e a música tocando. Quando acabou a música – que ele estava ouvindo pela primeira vez –, a Sonia o chamou para o almoço. Joan veio, sentou-se à mesa e começou a cantarolar a música. Sonia achou curioso. Mais tarde, quando fomos passear, ele me disse: "Vovó, sabe que hoje eu ouvi uma música?" "Ah, é?", eu respondi. Eu já estava sabendo... "Que música?" "A Nona". "E como é que é a música?", eu perguntei. Ele cantou a música! Corretamente! Então, eu pensei: "Bom... ele herdou o dom do bisavô!

Pena que estamos longe, não nos vemos muito. Mas a mamãe e o Joan tem uma relação muito boa. [Sonia Kliass]

O Joan quis ter aulas de violino. O professor de violino era muito longe da casa deles, ficava na área rural. Uma vez, quando eu estava na casa deles em Girona, o Pep disse que iria levar o Joan para a aula de violino. Quando eu disse que queria ir também, ele me respondeu que eu não poderia assistir a aula. Eu insisti, e fomos os três.

Era muito, muito longe, bem na zona rural, mesmo. Quando chegamos na casa do professor, eu fiquei deslumbrada. Um lugar lindo! Era uma cena, assim, medieval. Uma casa maravilhosa, toda de pedra.

Logo veio a mãe do professor, de avental, abrir a porteira para podermos entrar. Joan entrou para a aula dele, e Pep e eu ficamos esperando do lado de fora. Dali a pouco, ela voltou e perguntou se não queríamos subir e esperar em cima. Eu aceitei imediatamente, pois queria conhecer a casa. Subimos uma escada que chegava na cozinha, onde ficamos esperando. A cozinha era um mundo! Tinha um forno grande, tanta coisa... parecia uma oficina, tinha de tudo.

Quando terminou a aula, fomos para o atelier do pai do professor, que constrói e restaura violinos e outros instrumentos de corda – ele é um *luthier*.[8] Era uma outra parte da casa, que parecia uma oficina também. Havia de tudo lá. O Joan queria um violino; nós sentamos, e o senhor começou a mostrar as coisas. O professor tinha um violino antigo que ele havia restaurado, e achou que seria um bom instrumento para o Joan. E este violino, então, foi comprado, mas ainda precisava ser afinado e de outros acertos. Ele afinou, e finalmente pudemos ouvir Joan tocar o violino.

A casa antiga de pedra, o campo no entorno, a amabilidade da família, a genialidade do luthier, tudo isso criou uma atmosfera mágica. Quando fomos embora, eu disse para o Pep: "E você não queria me trazer porque eu não teria o que fazer aqui?! Vocês já perderam a noção da qualidade de vida que vocês têm! Isso aqui é uma coisa sensacional!"

•

Uma das últimas grandes viagens mais importantes que fiz foi para a China em 2004, a partir do congresso da Ifla na Coréia. A viagem para China foi uma coisa maravilhosa para mim!

Escrevi para o Kongjian Yu,[9] e pedi a ele para me indicar um bom hotel e me dizer o que eu deveria ver. O hotel que ele me indicou foi o da Universidade – que era dele –, e foi onde eu me hospedei. Lá estava tendo um seminário que o Kongjian havia organizado, e ele me pediu para apresentar uma palestra também.

O Kongjian tinha me recomendado que não fosse na excursão da Muralha da China que era feita no trecho da muralha ainda na cidade, mas que eu fosse num que ficava a 80 quilômetros de Pequim. Foi providenciado um carro que faria essa excursão. Eu fui com um canadense e um casal americano, só nós naquele carro, 80 quilômetros, saindo da cidade. Chegamos na Muralha da China, não tinha ninguém lá... éramos só nós. O motorista então nos disse que tínhamos duas possibilidades: ou íamos à pé, pelo caminho que subia e chegava na Muralha, ou poderíamos pegar o teleférico e chegaríamos direto. Os outros fizeram o caminho, acharam mais bacana andar, mas eu olhei e pensei que não tinha nada muito diferente para ver por ali, então fui de teleférico. Quando cheguei lá em cima... Gente! A sensação de estar na Muralha da China sozinha... Eu me lembro que eu gritei lá: "Eu estou na Muralha da Chiiinaaaaa!" Uma coisa incrível!... Emocionante!... Muito, muito mesmo.

> A Rosa, nestas viagens, sempre chegava com uns relatos que eram muito carregados de emoção, e a gente meio que viajava junto. Ela ia falando com uma carga emocional e um deslumbramento tão grande, com todas estas questões estéticas e culturais, que estes relatos eram muito marcantes para quem estava ouvindo. E isso, de certa maneira, é uma coisa que ela carregou para a profissão dela.
> [Michel Gorski]

Em 2005, quando me ofereceram uma sala especial na 6ª Bienal Internacional de Arquitetura em São Paulo, eu pensei sobre o que isso queria dizer... Todas eram salas cheias de painéis, com todas as coisas que a pessoa fez. Isso é uma sala especial? Não é. Então eu vou fazer uma sala especial! Eu vou contar a minha trajetória. Dizer algumas coisas que eu penso.

> A Bienal de Arquitetura em São Paulo foi muito importante. Tem um reconhecimento político, o reconhecimento de muita gente, o reconhecimento profissional dos colegas e também da família. Passa a ser uma referência. Antes, só quem era do meio é que sabia a importância e reconhecia. A medida em que começa a sair, ganha páginas de jornal, ganha televisão, é uma coisa bem significativa. [Paulo Kliass]

Pensei na sala como uma praça. E que piso eu iria pôr? O piso naquele momento polêmico: o mosaico português que haviam arrancado da avenida Paulista. Então eu refiz na exposição o piso da avenida: levei a Paulista para lá. Foi tão especial que, quando na inauguração passaram todas as comitivas, o prefeito – ou o governador, não me lembro bem – ao chegar e olhar aquele piso, virou pra mim e disse que aquilo era uma provocação! Eu respondi que era bom que ele tivesse percebido!

O que é importante numa praça? São os bancos? O banco é muito importante para mim nos projetos. E eu fiquei muito impressionada com aquilo porque correspondeu ao que eu sentia. Ele dizia que o banco era um lugar onde você escolhe para ver a paisagem. Então é muito importante o lugar onde você põe o banco. Então vamos pôr bancos... Bancos que são projetos meus, e fotos de bancos que registrei nas minhas viagens.

Nas paredes externas, expus os meus projetos que considero mais relevantes. De um lado, os grandes projetos de Belém, e no outro, uma série de coisas diferentes. Depois escolhi para expor um projeto completo:

Sala Especial Rosa Kliass, VI Bienal Internacional de Arquitetura e Design de São Paulo – BIA, São Paulo, 2005

desde o anteprojeto até o detalhamento. E como obviamente eu não poderia expor todos os meus projetos, havia um vídeo passando todos eles. Quem quisesse, sentava-se no banco e assistia o vídeo.

> A inauguração da sala na Bienal de São Paulo foi muito emocionante. Não foi o único momento – mas acho que foi um momento especial –, agora mamãe tem tido muitos retornos do que ela fez. Eu sempre tive a sensação que existia um retorno. Porque os clientes estavam sempre muito contentes, sempre se publicava algum trabalho numa revista, aparecia alguma coisa num jornal, na televisão... Não foi uma coisa que só aconteceu agora. Mas agora tem acontecido muito mais. [Sonia Kliass]

Foi mesmo uma sala muito especial. Uma coisa que gostei foi o balcão da frente, que era a minha trajetória pessoal, uma linha do tempo. Tinha tudo naquela sala! Nesse sentido eu acho que foi muito importante a forma como concebi sua montagem. Foi uma experiência muito bonita.

•

Uma das experiências mais interessantes entre as minhas últimas parcerias foi o projeto paisagístico do Parque Linear Macambira Anicuns, com o escritório Barbieri + Gorski – coordenação a cargo de Ciça Gorski, Michel Gorski e Mariana Siqueira[10] – e coparticipação com o Grupo Quatro Arquitetura e Urbanismo, entre 2010 e 2011. Foi realmente um trabalho incrível! O projeto era um parque linear de 26 quilômetros, aproximadamente, ao longo de dois cursos d'água – córregos que fazem parte de uma grande bacia hidrográfica responsável pela drenagem de quase 70% da área urbana de Goiânia.

A prefeitura de Goiânia tentou um financiamento junto ao Banco Interamericano de Desenvolvimento – BID para fazer avenidas de fundo de vale. O BID respondeu que atualmente não financiava mais avenidas de

Maria Cecília Barbieri Gorski e Rosa Grena Kliass discutindo sobre o projeto Macambira Anicuns, São Paulo, 2012

fundo de vale. Foi o momento em que se aproveitou a oportunidade para se sugerir um parque linear.

> O Luiz Fernando,[11] nosso parceiro de muito tempo e amigo da Rosa, convidou o escritório da Rosa por ela ter uma experiência indiscutível e uma credibilidade muito grande. Trabalhamos muito na proposta para definir princípios, diretrizes, detalhar todos os parâmetros que iriam nos balizar. Lembro que sentamos no escritório do Luiz Fernando com o escritório responsável pela infraestrutura. Quando começamos a conversar, o engenheiro argumentava que faria algumas das contenções laterais do leito do córrego em concreto, e sugeriu o plantio de braquiária para contenção de encostas. Quando ele mencionou este capim, na mesma hora Rosa ficou de cabelo em pé! Imediatamente ela disse: "De jeito nenhum! O senhor não está entendendo, nós estamos querendo trabalhar este projeto num outro sistema. Não é emparedar rio, não é nada disso. Vamos integrar a área o máximo possível com todo o seu sistema fluvial". E assim começou uma queda de braço no primeiro dia, no primeiro contato. E a Rosa foi então pontuando as diretrizes. [Ciça Gorski]

Fizemos um longo reconhecimento de todas as áreas ao longo dos 26 quilômetros, e definimos como seria a compartimentação e o programa de cada setor – o que incluía parques regionais, parques de vizinhança, núcleos autônomos e parques junto a núcleos socioambientais. Estes se referiam a pontos muito marcantes do projeto, como por exemplo o encontro do Macambira com o Anicuns.

Contratamos o escritório do Gilberto Franco[12] para uma consultoria em luminotécnica, e para o plantio tivemos a assessoria do Emiliano,[13] engenheiro florestal. Ele estabeleceu várias categorias de intervenção, como por exemplo áreas naturais a serem preservadas; áreas que apresentavam processo de deterioração, mas passíveis de recuperação; e áreas que estavam completamente deterioradas, que precisariam de uma intervenção mais pesada. O Emiliano sugeriu, na época, que a prefeitura fizesse um contrato com alguns viveiristas para produzir, durante alguns anos, as espécies determinadas no projeto. Mas infelizmente isso não aconteceu.

> Ao fim de cada uma das etapas do projeto fazíamos uma apresentação para a missão do BID – os escritórios de urbanismo, drenagem, infraestrutura e paisagismo. O projeto foi implantado parcialmente. Numa das missões do BID, foi eleito o Parque Ambiental Macambira como o primeiro setor a ser implantado. Percebemos – o que nos deixou muito aflitos – que na prefeitura não tinha ninguém que entendesse do projeto. E solicitamos que o Luiz Fernando designasse alguém para trabalhar junto, para poder destrinchar tudo isso. [Ciça Gorski]

A experiência de Belém deu mais certo do que a de Goiânia por causa do envolvimento político e técnico do Paulo Chaves. Ele era uma locomotiva, uma cabeça puxando todo mundo. Um projeto como esse não foi assimilado pela prefeitura de Goiânia, nunca recebeu o devido valor. Era um projeto muito frágil, no sentido de que, a não ser o Luiz Fernando e nós, ninguém estava zelando por ele, diferentemente do que aconteceu em Belém.

> O que recebi durante os dois anos em que compus a equipe do Barbieri + Gorski, no Macambira Anicuns e em outros projetos que fizemos com a Rosa, foi uma formação em arquitetura paisagística – formação que, no Brasil, ainda ocorre de forma incipiente. Aprendi sobre técnicas, materiais e plantas, e também sobre aquelas coisas mais difíceis de ensinar e de expressar, mas que certamente compõe a essência da profissão. Em meio às árduas entregas, havia momentos de prazer. Os bálsamos eram as tardes que passava com a Rosa: eu tinha o privilégio de, por vezes, atendê-la a sós e assisti-la no processo de projeto. Enquanto desenhava com extrema naturalidade – eu costumava brincar que ela psicografava os projetos –, ela ia me contando histórias do seu trabalho e da sua vida, que eu recebia com boas doses de emoção.

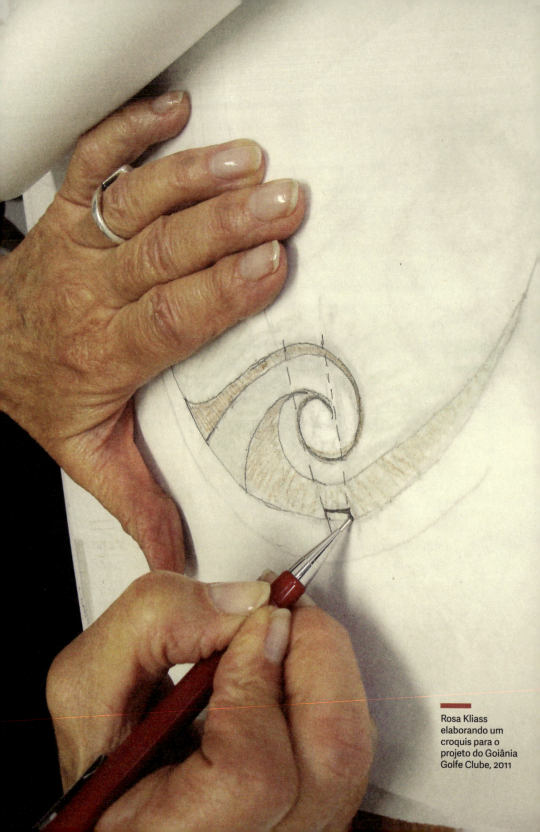

Rosa Kliass elaborando um croquis para o projeto do Goiânia Golfe Clube, 2011

Mas o melhor de tudo eram suas gargalhadas. Desenhando e falando, a Rosa ria. E seu riso subia as escadas, inundava os ambientes, ecoava pelo espaço do sobrado onde trabalhávamos, como seguirá ecoando sempre nas minhas lembranças e no meu coração. [Mariana Siqueira]

•

Um dia recebi um e-mail do John Beardsley,[14] da Universidade de Harvard, dizendo que estava concebendo um evento sobre as mulheres paisagistas modernistas mais importantes das Américas. E me informou que eu era uma das três profissionais escolhidas para receber esta homenagem: Rosa Kliass (Brasil), Cornelia Oberlander (Canadá) e Carol Johnson[15] (Estados Unidos). Meu nome foi sugerido por Charles Waldheim, que conhecia a mim e ao meu trabalho.

A homenagem foi através da realização do colóquio *Women and Modernism in Landscape Architecture* na própria Universidade de Harvard, em 2011. No período da manhã as obras das três homenageadas seriam abordadas por uma terceira pessoa, e eu indiquei a Ciça para falar sobre mim. No período da tarde, nós falaríamos sobre o que quiséssemos, e falamos sobre nossas experiências de vida e nossos trabalhos.

Rosa comentou que nunca foi discriminada no exercício da profissão no Brasil pelo fato de ser mulher. Contou que as pessoas perguntavam para ela, quando esteve nos Estados Unidos, se o fato dela ser mulher nunca havia atrapalhado. E ela respondia: "Não, nunca". Isso surpreendeu as colegas americanas. A própria Mia Lehrer[16] estava lá, e nesse dia confessou: "Eu abro o meu guarda roupa e só tem terninho!" Rosa estava elegantemente vestida, toda colorida, uma construção diferente... Uma valorização da feminilidade, também. Isso foi muito marcante. Cada uma falou muito da sua experiência, suas estratégias de como levar as coisas. A Rosa deixou claro essa questão de como ela se impunha, enfatizou a importância de orientar os clientes em relação à demanda. Com uma postura completamente diferente da submissão que eles imaginavam que ela pudesse ter. [Ciça Gorski]

Rosa, pequenina e com esse nome de flor, sempre defendeu suas ideias com a coragem e a determinação de um gigante. Jamais se curvou a nenhum desses personagens difíceis que a gente encontra pelos caminhos da nossa vida profissional. A força dessa baixinha é enorme. Todos sabiam que a Rosa não defendia nenhum projeto que ela mesma não acreditasse. A pequenina Rosa era, e ainda é, poderosa. Poderosa, poder da rosa, a rosa que pode. Na defesa de suas ideias, ela enquadrava secretário, prefeito e até governador. Não havia grandalhão que não se curvasse perante a força dessa rosinha. [Rafael Birmann]

Na minha apresentação eu contei que, na primeira vez em que viajei para os Estados Unidos através do HUD em 1969, imaginei que chegaria no paraíso das mulheres com uma vida profissional. Porém, em todos os escritórios de arquitetura paisagística que visitei, só encontrei uma única mulher exercendo a profissão: Harriet Bakewell[17] em Saint Louis, Missouri.

A Cornelia era ombro a ombro com a Rosa. A Carol Johnson era muito simpática, mas não tinha a energia da Rosa e da Cornelia – as duas eram intensas, os olhos brilhavam, contavam casos... Era completamente diferente. Carol era um pouco mais da área comercial, de shoppings. Foi uma desbravadora, mas era muito diferente a energia que a Cornelia e a Rosa devotavam à profissão, e a aposta que elas tinham para impelir a profissão. É um papel muito diferente, é de alguém que puxa a fila. Eu acho que as duas se viam muito como parceiras. O que impactou muito o auditório, também, foi a escala dos trabalhos. Rosa já tinha feito projetos marcantes em Belém e em Salvador, além do Parque da Juventude em São Paulo... Era uma escala muito espantosa. A Cornelia mostrou coisas de grande escala, mas assim, como Belém, é muito difícil. [Ciça Gorski]

Cornelia Oberlander e Rosa Kliass, Vancouver

Rosa e Luciano Fiaschi na praça Horácio Sabino recém requalificada, 2019

Vejo a homenagem que recebi em Harvard como uma confirmação, um reconhecimento do meu papel como mulher na arquitetura paisagística. Mas, na verdade, eu não sou uma mulher paisagista. Nunca fui. Eu sou paisagista.

> Esta Rosa, que ficou viúva cedo, é uma mulher que lutou toda sua vida antes mesmo de existirem feministas, lutou e nunca desistiu, nunca entregou os pontos. Luta até hoje. Só faz isso quem tem muito valor, algo que Rosa esbanja. Mais do que uma paisagista, mais do que uma urbanista, na falta de outra palavra, esta Rosa é uma humanista. [Rafael Birmann]

> Eu digo que no Brasil temos três grandes "Rs", um tripé do paisagismo: dois Robertos e uma Rosa no meio! [Benedito Abbud]

Pensando nestas homenagens que recebi, a da Bienal foi a mais completa porque foi uma exposição da minha obra. Não foi só eu lá falando. Em Boston foi realmente um momento em que eu fiz um relato, vamos dizer assim. Mas, na Bienal, foi a constatação de que a classe dos arquitetos me escolheu para expor o meu trabalho em uma das salas especiais. Foi um reconhecimento dos colegas, isso foi muito importante.

•

O projeto original das praças Horácio Sabino e General Oliveira Alves, em Pinheiros, data de 1968 e fez parte de um conjunto de projetos de praças desenvolvidas pelo Departamento de Parques da Prefeitura Municipal, na gestão do Brigadeiro Faria Lima, distribuídas em vários bairros do município. Nessa ocasião Miranda e eu éramos contratadas pela Prefeitura, através do então Departamento de Parques e Cemitérios, para desenvolver um trabalho de Planejamento das Áreas Verdes do Município. O projeto da praça foi elaborado com a colaboração de Miranda Martilelli Magnoli e Abrahão Sanovicz.

Naquela época o projeto não foi implantado em sua totalidade. Somente os pisos, escadarias e bancos associados a muretas de contenção foram executados. Nada do projeto de plantação foi realizado. Ao longo dos anos foram sendo plantadas árvores de forma aleatória, muitas vezes como descarte de vasos domésticos. Transformaram-se em grandes árvores, comprometendo pisos e áreas de estar ensolaradas.

Em 2012, a Associação da Praça Horácio Sabino – PRHOSA, de moradores da vizinhança da praça, entrou em contato comigo para a elaboração de projeto de renovação, e convidei o Luciano para trabalharmos juntos em mais estes projetos.

> Rosa convidou-nos, Luciano Fiaschi e Tomás Rebollo, da LF Paisagismo para a elaboração e desenvolvimento do projeto. Tanto o projeto quanto sua implantação foram bancados pela Associação, que os doou à Prefeitura. O projeto contemplava o manejo da vegetação existente, com o corte e transplante de espécies arbóreas inadequadas e a respectiva compensação ambiental através do plantio de árvores nativas, distribuídas com critérios paisagísticos, e previa a manutenção dos eucaliptos que sempre deram identidade ao espaço. [Luciano Fiaschi]

> A praça foi equipada com mobiliário construído, novos caminhos, áreas de recreação infantil e estação de ginástica. A revitalização da praça contígua, General Oliveira Alves, não foi executada. O manejo da vegetação existente, os novos plantios arbóreos e arbustivos, também não. A praça, sempre bastante utilizada pela sua vizinhança, foi reinaugurada em 2017 e tornou-se um espaço público de referência, atraindo usuários de outros bairros, sinal da carência de espaços públicos de qualidade e boa manutenção na cidade. [Luciano Fiaschi]

•

Receber o título de cidadã paulistana foi um momento de grande significação. A outorga deste título representou o reconhecimento da minha atuação profissional que, de alguma forma, marcou a paisagem da cidade.

> Nesses últimos tempos tem sido uma fase de um reconhecimento profissional, de uma vida dedicada. De repente começa a cair a ficha das pessoas que a Rosa é, depois do Burle Marx, a melhor paisagista do Brasil. Você só consegue consolidar isto depois de várias décadas de exercício profissional. Ela está nessa fase, de muito reconhecimento e premiações. [Paulo Kliass]

De fato, foi em São Paulo que eu iniciei e desenvolvi as minhas atividades profissionais, marcadas pela consolidação da consciência política e profissional da atividade da arquitetura paisagística – o que indubitavelmente contribuiu para a melhoria da qualidade de vida em nosso país e particularmente na nossa cidade. Como profissional liberal, pioneira na área da arquitetura paisagística, tive a oportunidade de desenvolver uma série de projetos de grande relevância que marcaram a sua paisagem. E no meu discurso, não pude deixar de agradecer a população paulistana que, ao fazer uso dos espaços da cidade, avalia as minhas intervenções na paisagem de São Paulo.

> Nada mais justo do que esta homenagem a Rosa. São Paulo precisa de rosas, São Paulo precisa do teu exemplo; por isso, Rosa, São Paulo te agradece, e na falta de outras palavras, de nomes, daqui para frente, você será chamada de Nossa Rosa Paulistana. [Rafael Birmann]

-

> Em 2019, o IAB atesta seu reconhecimento à obra e ao desempenho profissional de Rosa – a primeira arquiteta a receber o Colar de Ouro da entidade. [Ciça Gorski]

Vocês podem imaginar como fiquei emocionada com o Colar de Ouro e a homenagem que recebi do IAB. Fui a primeira mulher a integrar a diretoria dessa importante entidade, ainda na década de 1950. Meu percurso de atuação profissional, como quase todos sabem, sempre buscou a consolidação de um campo para a arquitetura paisagística e a afirmação de um espaço para os arquitetos paisagistas. Ao longo de todo esse período, minha trajetória foi no sentido de desenhar paisagens e moldar uma profissão.

Para minha grande felicidade, tive a oportunidade de participar da elaboração de projetos por todas as regiões do país, oferecendo minha contribuição para a melhoria da qualidade de vida da população. Como é da natureza da própria arquitetura paisagística, fui responsável por projetos de diferentes escalas e significados. Desde a introdução de elementos paisagísticos no âmbito da edificação até o planejamento paisagístico de todas as escalas – regional, metropolitano e municipal.

Nesse processo, a luta pela realização de concursos públicos para projetos de importância estratégica sempre fez parte da minha militância. Transparência, participação e democracia são ingredientes fundamentais para que a qualidade da intervenção no espaço seja voltada ao atendimento das necessidades da maioria.

Receber o Colar de Ouro do IAB me fez lembrar da criação da comenda, há mais de meio século, em 1967. Com muito orgulho, então, passei a integrar a lista de inúmeros arquitetos e personalidades que ofereceram sua colaboração para a melhoria da arquitetura e do urbanismo em nosso país. Dentre tantos, faço questão de lembrar aqui figuras como Oscar Niemeyer, Lúcio Costa, Roberto Burle Marx e Vilanova Artigas.

Um outro aspecto relevante é importante se mencionado. Depois de mais de cinquenta anos de homenagens, apenas em 2019 uma mulher recebeu o Colar de Ouro. Tenho a certeza que tal fato não deriva da ausência de profissionais mulheres com qualidade para receber o prêmio

Rosa Grena Kliass e sua coleção de garrafas, 2006

Sônia, Rosa e Paulo Kliass
Pep Segura, Rosa Kliass, Joan Segura Kliass e Sônia Kliass

antes de mim. Espero que essa decisão inclua a questão de gênero dentre os demais critérios de atribuição do prêmio nos próximos anos.

•

No meu aniversário de 85 anos, eu ganhei um piano dos meus filhos Paulo e Sonia. E assim pude voltar a tocar. Um dia, liguei para o Joan e toquei *Pour Elise* para ele ouvir, por Skype. E então ele tocou no violino, e nós tocamos juntos! E logo a Sonia tocou no piano lá, e assim os dois tocaram juntos também. Foi uma festa!

> Acho que a presença da vovó do Brasil ajudava a manter a identidade brasileira do Joan – o idioma, as canções, os contos. Não era só eu, era mais alguém que compartilhava a mesma cultura, que vinha do "mesmo planeta". Os dois são do mesmo signo de libra e têm muitas coisas em comum. Por exemplo, o gosto pela música, pela literatura e pela fotografia, adoram sair para comer fora e viajar. E a facilidade para línguas, que na verdade é uma coisa da família toda. Acho que a chegada do neto foi uma coisa muito importante na vida da mamãe, uma relação que enriqueceu muito. [Sonia Kliass]

•

Uma vez, após dar uma palestra na Universidade do Chile para a qual fui convidada, os professores me pediram que eu desse uma entrevista para o jornal *El Mercurio*. No sábado saía sempre uma matéria sobre decoração. Eu pensei: "Ah, já sei... Aquela matéria de moda, de decoração..." Mas fui, prontinha para dar a entrevista achando que seria aquele tipo de jornalista que não conhece paisagismo. Para minha surpresa, encontrei uma jornalista muito jovem e muito bem preparada, Constanza Toledo Soto.[18]

Ela já tinha visto meu livro inteiro, e começou a fazer perguntas sobre os meus projetos. "E esse aqui, essa praça?" "Ah, o prefeito queria que eu fizesse assim, mas eu falei para ele que não..." "E aquele sítio?" "Ah, a proprietária queria uma coisa, mas eu disse que não poderia ser, e propus outra..." E aí ela me pergunta: "En general, ¿la dejan hacer lo que usted quiere?" E a minha resposta: "¡Si no me dejan, los dejo!" Quando recebi a revista, li o título da entrevista: "La paisajista rebelde"![19] E pensei: essa sou eu...

NOTAS

1. Gian Carlo **Gasperini,** 1926. Arquiteto italiano, estudou na Università degli Studi de Roma e formou-se pela Faculdade Nacional de Arquitetura da Universidade do Brasil, no Rio de Janeiro (1949). Mestre (1966), doutor (1973) e livre-docente (1987) pela FAU USP, onde lecionou. Sócio-fundador do escritório Aflalo & Gasperini Arquitetos.

2. **Robin** C. **Moore**, 1938. Arquiteto (Bartlett UCL, 1962) e mestre (MIT, 1966). Reconhecido como uma autoridade internacional em avaliação e projeto de parques urbanos, espaços recreativos, desenvolvimento infantil e educação ambiental aplicados a arquitetura paisagística. Autor e coautor de vários livros, tais como *The Complete Playground Book* (1993) e *Natural Learning* (1997). Cf. <https://design.ncsu.edu/staff/robin-moore>.

3. Companhia de Saneamento Básico do Estado de São Paulo.

4. Organização das Nações Unidas para a Educação, a Ciência e a Cultura.

5. **Paulo** Renato Mesquita **Pellegrino**, 1959. Arquiteto paisagista, é formado em arquitetura e urbanismo (PUC-Campinas, 1981), mestre (1987), doutor (1995) e livre-docente (2014) pela FAU USP, onde atua em ensino e pesquisa nas áreas de Paisagem e Ambiente e de Projeto de Arquitetura. Cf. Plataforma Lattes.

6. Fundação Para a Pesquisa em Arquitetura e Ambiente.

7. **James** Richard **Taylor**, 1940. Arquiteto paisagista canadense (Iowa State University, 1964; University of California at Berkeley, 1964). Professor emérito da Universidade de Guelph, no Canadá. Atuou pela Ifla na capacitação profissional em arquitetura paisagística no Brasil (2004). Cf. <https://www.csla-aapc.ca/awards/college-fellows/james-r-taylor>.

8. Profissional que constrói ou repara instrumentos musicais de corda.

9. **Kongjian Yu**, 1963. Arquiteto paisagista chinês, doutor (Harvard, 1995), fundador e decano da Escola de Arquitetura Paisagística (1997) da Universidade de Pequim. Sócio-fundador e presidente do escritório Turenscape, em Pequim (1998), atuante nas áreas de arquitetura, arquitetura paisagística e desenho urbano. Cf. <www.turenscape.com/en>.

10. **Mariana Siqueira**, 1982. É arquiteta (USP, 2006). Trabalhou no escritório holandês West 8 Urban Design (2008-2011) e no escritório Barbieri Gorski Arquitetos Associados (2011-2013), onde coordenou o projeto executivo no Parque Linear Macambira Anicuns, de autoria de Rosa Kliass. Atualmente é titular do escritório Mariana Siqueira Arquitetura da Paisagem, em Brasília DF.

11. **Luiz Fernando** Cruvinel **Teixeira**, 1943. Arquiteto (UnB, 1968). Sócio fundador do escritório Fernando Teixeira Arquitetos Associados. Cf. <https://fernandoteixeira.arq.br>.

12. **Gilberto Franco**, 1957. Arquiteto (USP, 1981), com atuação no campo da iluminação. Sócio do escritório Franco Associados Lighting Design. Cf. <www.francoassociados.com>.

13. **Emiliano Lôbo de Godoi**, 1966. Engenheiro agrônomo (UFV, 1988), mestre e doutor em produção vegetal (UFG, 2006 e 2008) e pós-doutor (Universidade de Lisboa, 2019). Atualmente é membro do Conselho Estadual de Meio Ambiente de Goiás, consultor de Sustentabilidade do Sebrae e diretor geral de extensão da Universidade Federal de Goiás, onde é professor da Escola de Engenharia Civil e Ambiental.

14. **John Beardsley**, 1952. Historiador de arte americano, foi professor de Harvard (1998-2013). Atualmente é o diretor de Estudos sobre Jardins e Paisagens do Instituto Dumbarton Oaks.

15. **Carol** R. **Johnson**, 1929. Arquiteta paisagista americana (Harvard 1957). Fundou seu escritório de projetos em 1959; lecionou em Harvard (1966-1973) e foi a primeira mulher americana a receber a Medalha de Ouro da Asla, em 1998. Cf. <https://tclf.org/pioneer/carol-r-johnson>.

16. **Mia** Guttfreund **Lehrer**, 1953. Nascida em El Salvador, naturalizada norte-americana, é arquiteta paisagista (Tufts University, 1975) e mestre em arquitetura paisagística (Harvard, 1979). Sócia fundadora do escritório Mia Lehrer + Associates em Los Angeles e é autora do Plano Diretor de Revitalização do Rio Los Angeles (2007), pelo qual recebeu o prêmio da Asla (2009).

17. **Harriet** Rodes **Bakewell**, 1904-1988. Arquiteta paisagista americana (Harvard 1930). Recebeu diversos prêmios, entre eles o Destaque feminino no Professional Field Award Downtown St Louis (1969), e foi membro da Asla, participando de sua direção (1971-1975).

18. **Constanza Toledo Soto**, 1982. Jornalista (Universidad Diego Portales, 2006), com pós-graduação em jornalismo literário na Universidad Autónoma de Barcelona. Trabalhou em empresas, na televisão e na imprensa escrita, em especial no jornal *El Mercurio* (2006-2010). Atualmente é assessora de imprensa e redes sociais da livraria Contrapunto, em Santiago do Chile.

19. SOTO, Constanza Toledo. *Rosa Kliass: la paisagista rebelde*.

Obras de referência

Livros e artigos

AB'SÁBER, Aziz. Pierre Monbeig: a herança intelectual de um geógrafo. Estudos Avançados, vol. 8, n. 22, São Paulo, set./dez. 1994, p. 221-232 <www.revistas.usp.br/eav/article/view/9699/11271>.

ANELLI, Renato; GUERRA, Abilio; KON, Nelson. *Rino Levi – Arquitetura e cidade*. São Paulo, Romano Guerra, 2001.

ANTUNES, Ana Catarina Dias Santos. *A influência alemã na génese da arquitetura paisagista em Portugal*. Orientadora Teresa Dule Portela Marques. Tese de doutorado. Porto, Faculdade de Ciências, Universidade do Porto, 2019.

ARRUDA, Ângelo Marcos. Plano urbano de Jorge Wilheim fez nascer a cidade de Angélica há 50 anos. *Minha Cidade*, São Paulo, ano 04, n. 044.03, Vitruvius, mar. 2004 <www.vitruvius.com.br/revistas/read/minhacidade/04.044/2017>.

BELLEZA, Gilberto. Roberto Cerqueira César (1917-2003). *Arquitextos*, São Paulo, ano 04, n. 038.07, Vitruvius, jul. 2003 <www.vitruvius.com.br/revistas/read/arquitextos/04.038/671>.

BENATTI JR., Hugo; GOMES, Lucia Mercês de Avelar; KOVACS, Terezinha Vaz (Org.). *Caracterização e avaliação dos conhecimentos existentes sobre a região do Vale do Paraíba e diagnósticos resultantes – Codivap 1971*. Pindamonhangaba, Operação Codivap, 1971 <https://bit.ly/2LxqlzI>.

BERTONI, Estevão. Eugênia Sarah Paesani (1933-2012). Paulistana pioneira em pesquisa de mercado. *Folha de S.Paulo*, São Paulo, 26 mar. 2012 <https://bit.ly/2PvmctG>.

BIRKHOLZ, Lauro Bastos; RONCA, José Luiz Caruso. Anhaia Mello na Vila Penteado. In MARTINS, Maria Lucia Refinetti Rodrigues (Org.). *Vila Penteado 1902-2012: pós-graduação 40 anos*. São Paulo, FAU USP, 2012, p.149-156.

BOSSELMANN, Peter; CLARK, Mary Anne; SOUTHWORTH, Michael. *Francis Violich. In memoriam*. Los Angeles, The University of California, 2005 <https://senate.universityofcalifornia.edu/_files/inmemoriam/html/francisviolich.htm>.

CAVALCANTI, Lauro; EL-DAHDAH, Farés (Org.). *Roberto Burle Marx 100 anos – a permanência do instável*. Rio de Janeiro, Rocco, 2009.

CHACEL, Fernando. *Paisagismo e ecogênese*. Rio de Janeiro, Fraiha, 2001.

CONSTANTINO, Regina Adorno. *A obra de Abelardo de Souza*. Orientador Lucio Gomes Machado. Dissertação de mestrado. São Paulo, FAU USP, 2004.

CONTI, José Bueno. Carlos Augusto de Figueiredo Monteiro, o geógrafo. *Geousp – Espaço e Tempo*, n. 21, São Paulo, jan./jun. 2007, p. 11-14 <www.revistas.usp.br/geousp/article/view/74045>.

CORDEIRO, Waldemar. Parque infantil. *Acrópole*, n. 325, São Paulo, jan. 1966, p. 22-25 <www.acropole.fau.usp.br/edicao/325>.

CRULS, Gastão. *Aparência do Rio de Janeiro*. Volume 2. Rio de Janeiro, José Olympio, 1949.

DÜMPELMANN, Sonja; BEARDSLEY, John (Org.). *Women, modernity, and landscape architecture*. Nova York, Routledge, 2015.

FERRAZ, Marcelo Carvalho. *Lina Bo Bardi*. São Paulo, Instituto Bardi – Casa de Vidro / Romano Guerra, 2018.

FIASCHI, Luciano. Depoimento: arquiteto Luciano Fiaschi. *Paisagem Ambiente*, n. 19, São Paulo, 2004, p. 7-30 <www.revistas.usp.br/paam/article/view/40217/43083>.

GORSKI, Maria Cecília Barbieri. *Rios e cidades: ruptura e conciliação*. São Paulo, Senac São Paulo, 2010.

GORSKI, Michel. "Beissoilem briders", irmãos para sempre. *Devarim*, ano 1, n. 2, Rio de Janeiro, Associação Religiosa Israelita do Rio de Janeiro, jul. 2006, p. 38-39 <http://twixar.me/Dcx1>.

GOULART REIS FILHO, Nestor. Miranda Magnoli... *Paisagem ambiente*, n. 21, número especial Miranda Magnoli, São Paulo, jun. 2006, p. 9-12 <www.revistas.usp.br/paam/issue/view/3333>.

KLIASS, Rosa Grena; KFOURI, Jamil José; OLIVEIRA, Vanusa Maria Pinto. Estudo de áreas verdes e espaços abertos – Prefeitura Municipal da Cidade de Salvador. In FIASCHI, Luciano (Org.). *Cadernos Brasileiros de Arquitetura: Paisagismo*. Volume 5. São Paulo, Projeto, 1978, p. 5-13.

KLIASS, Rosa Grena; MAGNOLI, Miranda Martinelli. Depoimentos: áreas verdes de recreação. *Paisagem Ambiente*, n. 21, São Paulo, 2006, p. 245-256 <www.revistas.usp.br/paam/article/view/40254/43120>.

KLIASS, Rosa Grena; RÉ, Maria Maddalena. Centro Campestre do Sesc. In FIASCHI, Luciano (Org.). *Cadernos Brasileiros de Arquitetura: Paisagismo*. Volume 5. São Paulo, Projeto, 1978, p. 71-73.

KLIASS, Rosa Grena; TITARELLI, Augusto H. V.; RIBEIRO, Antonio Giacomini. Áreas especiais da represa de Barra Bonita e escarpas adjacentes. In FIASCHI, Luciano (Org.). *Cadernos Brasileiros de Arquitetura: Paisagismo*. Volume 5. São Paulo, Projeto, 1978, p. 60-62.

KLIASS, Rosa Grena. Meu São Roque. *Arquiteturismo*, São Paulo, ano 02, n. 013.04, Vitruvius, mar. 2008 <www.vitruvius.com.br/revistas/read/arquiteturismo/02.013/1404>.

KLIASS, Rosa Grena. O lugar bonito. *Arquiteturismo*, São Paulo, ano 01, n. 001.02, Vitruvius, mar. 2007 <www.vitruvius.com.br/revistas/read/arquiteturismo/01.001/1303>.

KLIASS, Rosa Grena. *Parques urbanos de São Paulo*. São Paulo, Pini, 1993.

MARTINS, José Eduardo. Escola pianística do professor José Kliass. Blog de José Eduardo Martins, 14 abr. 2012 <http://blog.joseeduardomartins.com/index.php/2012/04/14/escola-pianistica-do-professor-jose-kliass/>.

MARTINS, Paulo Egydio. *Paulo Egydio conta: depoimento ao CPDOC/FGV*. Organização de Verena Alberti, Ignez Cordeiro de Farias e Dora Rocha. São Paulo, Imprensa Oficial do Estado, 2007.

MEYER, Elizabeth K. The landscape architecture of Lawrence Halprin. The Cultural Landscape Foundation, 2016 <https://tclf.org/sites/default/files/microsites/halprinlegacy/lawrence-halprin.html>.

MOTA, Juliana Costa. *Planos Diretores de Goiânia, década de 60: a inserção dos arquitetos Luís Saia e Jorge Wilheim no campo do planejamento urbano*. Orientadora Sarah Feldman. Dissertação de mestrado. São Carlos, EESC USP, 2004.

MOZINGO, Louise A.; JEWELL, Linda (Org.). *Women in landscape architecture: essays on history and practice*. Londres, MC Farland & Company, 2012.

PELLEGRINO, Paulo Renato. O programa de capacitação em arquitetura paisagística. *Pós – Revista do Programa de Pós-Graduação em Arquitetura e Urbanismo da FAU USP*, n. 19, São Paulo, 2006, p. 212-219 <www.revistas.usp.br/posfau/article/view/43472/47094>.

PEREIRA-LEITE, Luiz Ricardo. *Estudo das estratégias das empresas incorporadoras do Município de São Paulo no segmento residencial no período 1960-1980*. Orientador Emílio Haddad. Dissertação de Mestrado. São Paulo, FAU USP, 2006.

PORTELA, Giceli. João Batista Vilanova Artigas, Curitiba, 1915-2015. Exposição "Nos pormenores um universo" no Museu Oscar Niemeyer. *Resenhas Online*, São Paulo, ano 14, n. 165.01, Vitruvius, set. 2015 <www.vitruvius.com.br/revistas/read/resenhasonline/14.165/5675>.

SANT'ANNA JR, Antonio Carlos. Luiz Roberto Carvalho Franco, 1926-2001. *Arquitextos*, São Paulo, ano 01, n. 011.00, Vitruvius, abr. 2001 <www.vitruvius.com.br/revistas/read/arquitextos/01.011/897>.

SANTOS, Michelle Schneider. *A arquitetura do escritório Forte Gandolfi – 1962-1973*. Orientadora Ruth Verde Zein. Dissertação de mestrado. São Paulo, FAU Mackenzie, 2011.

SÃO PAULO (Estado e Município). *Vegetação significativa do Município de São Paulo*. São Paulo, Governo do Estado de São Paulo, Secretaria do Meio Ambiente/Prefeitura do Município de São Paulo, Secretaria Municipal do Planejamento, 1988.

SODRÉ, João Clark de Abreu. Luís Saia e a formação de uma geração. *Risco*, n. 18-19, São Carlos, IAU USP, jul./dez. 2013 – jan./jun. 2014, p. 76-94.

SOTO, Constanza Toledo. Rosa Kliass: la paisagista rebelde. Suplemento Vivienda Decoración. *El Mercurio*, Santiago do Chile, 6 dez. 2008, p. 64-68.

STEINER, Frederick. Healing the earth: the relevance of McHarg's work for the future. *Philosophy & Geography*, vol. 7, n. 1, jan./jun. 2004, p. 141-149.

STINSON, K. *Love every leaf: the life of the landscape architect Cornelia Hahn Oberlander*. Nova York, Tundra Books, 2008.

STREATFIELD, David C. Thomas Church. In TISHLER, William H. (Org.). *American landscape architecture: designers and places*. Washington, DC, Preservation Press, 1989, p. 112-115.

TAMARI, Gabriela Tie Nagoya. *Modernidade paulistana: o paisagismo de Roberto Coelho Cardozo*. Orientador Vladimir Bartalini. Dissertação de mestrado. São Paulo, FAU USP, 2017.

THOMPSON, Ian. *Landscape architecture: a very short introduction*. Oxford, OUP, 2014.

ZEIN, Ruth Verde; KLIASS, Rosa Grena. *Rosa Kliass: desenhando paisagens, moldando uma profissão*. São Paulo, Senac, 2006.

Vídeos

CAU/BR. *CAU conversa: Rosa Grena Kliass*. Brasília, Conselho de Arquitetura e Urbanismo do Brasil, 2014 <www.youtube.com/watch?v=xcowy5i3nco>.

KALIL, Lucy Rocha; KALIL, Paulo; CARVALHO, Marcos Bau. *Rosa Grena Kliass*. Salvador, XIII° Enepea, 2016 <www.youtube.com/watch?v=Enuid6jvbim>.

LUIZ, Vander. *Rosa Grena Kliass – projeto para o Largo dos Mendes*. São Roque, Rádio Universal, out. 1994 <www.youtube.com/watch?v=0USzebcnMqw>.

MANSUIDO, Mariane. *Rosa Kliass recebe o título de cidadã paulistana*. TV Câmara São Paulo, 2016 <www.youtube.com/watch?v=R9ydxHuqutw>.

MARCIO, José. *Sintonia Urbana – com Rosa Kliass e Julio Moreno*. São Paulo, All TV, 17 jan. 2014 <www.youtube.com/watch?v=poxsdhslbf8>.

MARCIO, José. *Sintonia Urbana – com Rosa Kliass*. São Paulo, All TV, 21 fev. 2014 <www.youtube.com/watch?v=fgucxw3bakg>.

MARKUN, Paulo; ROIZENBLIT, Sergio. *Arquiteturas: Vale do Anhangabaú*. São Paulo, Sesc TV, 2015 <www.youtube.com/watch?v=XYFII7rKqIUA>.

MARKUN, Paulo. Arquitetura e urbanismo para todos – entrevista Rosa Kliass – Parte 1. Brasília, Conselho de Arquitetura e Urbanismo do Brasil, 2014 <www.youtube.com/watch?v=R9FLat8J7eE>.

MARKUN, Paulo. Arquitetura e urbanismo para todos – entrevista Rosa Kliass – Parte 2. Brasília, Conselho de Arquitetura e Urbanismo do Brasil, 2014 <www.youtube.com/watch?v=67pnc4h7wp0>.

MARKUN, Paulo. Arquitetura e urbanismo para todos – entrevista Rosa Kliass – Parte 3. Brasília, Conselho de Arquitetura e Urbanismo do Brasil, 2014 <www.youtube.com/watch?v=i4yp7qkvHAA>.

NADER, Carlos; VAISMAN, Haná; DEL FIOL, Marco. *Rosa do parque*. São Paulo, JA Filmes, 2006 <https://vimeo.com/2927028>.

THE DEPARTMENT OF LANDSCAPE ARCHITECTURE. *Women and modernism in landscape architecture: a colloquium, part I*. Harvard Graduate School of Design, fev. 2011 <www.youtube.com/watch?v=FTZQAZYOUXW&T=22s>.

THE DEPARTMENT OF LANDSCAPE ARCHITECTURE. *Women and modernism in landscape architecture: a colloquium, part II*. Harvard Graduate School of Design, fev. 2011 <www.youtube.com/watch?v=ETLXJ7PDMIC>.

THE DEPARTMENT OF LANDSCAPE ARCHITECTURE. *Women and modernism in landscape architecture: a colloquium, part III*. Harvard Graduate School of Design, fev. 2011 <www.youtube.com/watch?v=hckFXA8-uqs>.

TV CULTURA. *A arquiteta paisagista que projeta áreas verdes na maior cidade da América do Sul*. São Paulo, TV Cultura Digital, 2011 <www.youtube.com/watch?v=3Ju_IMJE1k8>.

WAINER, Julio. *Depoimento: Rosa Kliass fala de Jorge Wilheim – Programa 1*. São Paulo, TV PUC São Paulo, 2014 <www.youtube.com/watch?v=s31mfGygjko>.

WAINER, Julio. *Depoimento: Rosa Kliass fala de Jorge Wilheim – Programa 2*. São Paulo, TV PUC São Paulo, 2014 <www.youtube.com/watch?v=s5nlM-sdsEE>.

WAINER, Julio. *Depoimento: Rosa Kliass fala de Jorge Wilheim – Programa 3*. São Paulo, TV PUC São Paulo, 2014 <www.youtube.com/watch?v=vfBNJdMmzFU>.

WAINER, Julio. *Rosa Grena Kliass – desenhando paisagens*. DVDs 1 e 2. São Paulo, Sala Especial da 6ª Bienal Internacional de Arquitetura 2006.

WAINER, Julio. *Rosa Grena Kliass: moldando uma profissão*. São Paulo, Alter Mídia, 2005 <www.youtube.com/watch?v=Gj7i9dqIF4o&list=PLgp1odYodhysV5Ty2xn8y-L8xltwIxyx0n&index=4>.

Websites

Arvo Pärt Centre <www.arvopart.ee/en/>.

Associação Brasileira de Arquitetos Paisagistas <www.abap.org.br>.

Benno Perelmutter Arquitetura e Planejamento <www.benno.com.br>.

Botti & Rubin <www.bottirubin.com.br>.

Canadian Society of Landscape Architects, verbete James R. Taylor <https://www.csla-aapc.ca/awards/college-fellows/james-r-taylor>.

Centre Pompidou – Dossiers pédagogiques, Collections du Musée Monographies, Grandes figures de l'art moderne, verbete Fernand Léger (autoria de Vanessa Morriset) <http://mediation.centrepompidou.fr/education/ressources/ENS-Leger/ENS-leger.html>.

Dani Karavan <www.danikaravan.com>.

Enciclopédia de Arte e Cultura Brasileiras – Itaú Cultural, verbete Carybé <https://enciclopedia.itaucultural.org.br/pessoa1199/carybe>.

Enciclopédia de Arte e Cultura Brasileiras – Itaú Cultural, verbete Yara Bernette <https://enciclopedia.itaucultural.org.br/pessoa636791/yara-bernette>.

Enciclopédia de Arte e Cultura Brasileiras – Itaú Cultural, verbete Cauduro Martino Arquitetos Associados <https://enciclopedia.itaucultural.org.br/instituicao6617/cauduro-martino-arquitetos-associados>.

Enciclopédia de Arte e Cultura Brasileiras – Itaú Cultural, verbete Mario Cravo Júnior <https://enciclopedia.itaucultural.org.br/pessoa5514/mario-cravo-junior>.

Enciclopédia de Arte e Cultura Brasileiras – Itaú Cultural, verbete Francisco Brennand <https://enciclopedia.itaucultural.org.br/pessoa3999/francisco-brennand>.

Enciclopédia de Arte e Cultura Brasileiras – Itaú Cultural, verbete David Libeskind <https://enciclopedia.itaucultural.org.br/pessoa22802/david-libeskind>.

Enciclopédia de Arte e Cultura Brasileiras – Itaú Cultural, verbete Joaquim Guedes <https://enciclopedia.itaucultural.org.br/pessoa247946/joaquim-guedes>.

Enciclopédia de Arte e Cultura Brasileiras – Itaú Cultural, verbete Christiano Stockler das Neves <https://enciclopedia.itaucultural.org.br/pessoa443402/christiano-stockler-das-neves>.

Escritório Turenscape <www.turenscape.com/en>.

Fernando Teixeira Arquitetos Associados <https://fernandoteixeira.arq.br>.

Franco Associados Lighting Design <www.francoassociados.com>.

Frank Lloyd Wright Foundation <https://franklloydwright.org>.

Fundação Getúlio Vargas – CPDOC, verbete José Vicente Faria Lima <www.fgv.br/cpdoc/acervo/dicionarios/verbete-biografico/lima-jose-vicente-faria>.

Instituto de Estudos Avançados da Universidade de São Paulo, Maria Adelia Aparecida de Souza (autoria de Marilda Givalli) <www.iea.usp.br/pessoas/pasta-pessoam/maria-adelia-aparecida-de-souza>.

Instituto de Estudos Avançados da Universidade de São Paulo, verbete Aziz Ab'Sáber (autoria de Marilda Givalli) <www.iea.usp.br/pessoas/pasta-pessoaa/aziz-absaber>.

Isaac Karabtchevsky <www.karabtchevsky.com.br/biografia>.

Jaime Lerner Arquitetos Associados <http://jaimelerner.com.br/pt/biografia-jaime-lerner>.

Jorge Wilheim <www.jorgewilheim.com.br>.

Jorge Wilheim, projeto Angélica – Plano Diretor de uma cidade cafeeira <www.jorgewilheim.com.br/legado/Projeto/visualizar/1663>.

Luciano Fiaschi Arquitetura Paisagística <lfpaisagismo.com.br>.

Museu Nacional – 100 anos de Luiz Emygdio de Mello Filho <www.museunacional.ufrj.br/siteluiz>.

NC State University. College of Design, página pessoal de Robin Moore <https://design.ncsu.edu/staff/robin-moore>.

Paul Singer <http://paulsinger.com.br>.

Plataforma Lattes <http://lattes.cnpq.br>.

Slomp & Busarello Arquitetos <slompbusarello.com.br>.

The Cultural Landscape Foundation – Pionners of American Landscape Design, verbete Shlomo Aronson <https://tclf.org/pioneer/shlomo-aronson>.

The Cultural Landscape Foundation – Pionners of American Landscape Design, verbete Carol R. Johnson (autoria de Mary Alice Van Sickle) <https://tclf.org/pioneer/carol-r-johnson>.

The Cultural Landscape Foundation – Pionners of American Landscape Design, verbete M. Paul Friedberg (autoria de Chad Randl) <https://tclf.org/pioneer/m-paul-friedberg>.

The Cultural Landscape Foundation – Pionners of American Landscape Design, verbete Theodore "Ted" Osmundson (autoria de Gary O. Robinette) <https://tclf.org/pioneer/theodore-ted-osmundson>.

The Cultural Landscape Foundation – Pionners of American Landscape Design, verbete Garrett Eckbo (autoria de Dorothée Imbert) <https://tclf.org/pioneer/theodore-ted-osmundson>.

The Cultural Landscape Foundation – The Landscape Architecture of Lawrence Halprin (autoria de Elizabeth K. Meyer) <https://tclf.org/sites/default/files/microsites/halprinlegacy/lawrence-halprin.html>.

Vladimir Spivakov <www.vladimirspivakov.com>.

Wikipédia – a enciclopédia livre <https://pt.wikipedia.org>.

Wikipedia – The Free Encyclopedia <https://en.wikipedia.org>.

O livro da Rosa – vivência e paisagens
Rosa Grena Kliass

ORGANIZAÇÃO E PESQUISA
Lucia Maria Sá Antunes Costa
Maria Cecilia Barbieri Gorski

COORDENAÇÃO EDITORIAL
Abilio Guerra
Silvana Romano Santos
Fernanda Critelli

ASSISTENTE EDITORIAL
Jennifer Cabral

TRANSCRIÇÃO DE ENTREVISTAS
Josiane Santos
Equipe Prourb/Paisa – Grupo de Pesquisas em Paisagismo (Maria Cristina Góes Soares, Patrícia dos Santos Peixoto e Renata da Justa Menescal)

PESQUISA BIBLIOGRÁFICA E ICONOGRÁFICA
Josiane Santos
Michel Gorski
Equipe Prourb/Paisa – Grupo de Pesquisas em Paisagismo (Adrielly Idalgo, Marcos Moraes de Sá, Patrícia Portella e Renata da Justa Menescal)

PREPARAÇÃO E REVISÃO DE TEXTO
Juliana Kuperman
Abilio Guerra

TRATAMENTO DE IMAGENS
Rafaela Netto

PROJETO GRÁFICO
Alles Blau /
Elisa von Randow
Julia Masagão

IMPRESSÃO
Ipsis

Crédito de imagens

ACERVOS
Acervo José Luiz Brenna p. 299
Acervo Luciano Fiaschi p. 69
Acervo pessoal Rosa Kliass p. 1, 2-3, 4-5, 6-7, 8, 10, 22-23, 24, 27, 29, 31, 33, 34, 38-39, 42, 44-45, 47, 50-51, 52, 57, 58, 61, 62-63, 66, 71, 72-73, 75, 76, 79, 80, 90-91, 92, 97, 99, 101, 102, 104, 108-109, 110-111, 112, 116-117, 122-123, 129, 131, 132, 136, 138-139, 140, 142, 144, 146-147, 150, 152-153, 156-157, 160, 163, 170-171, 176, 180-181, 182, 186-187, 188, 190, 195, 205, 208-209, 218, 218-219, 220, 222-223, 225, 228, 232-233, 234, 237, 238, 240-241, 244, 249, 250, 256, 259, 266-267, 268, 271, 274-275, 276, 279, 280-281, 283, 304, 309, 317, 323, 324, 328-329

FOTÓGRAFOS
Foto Adriano Campos p. 318
Foto Bruno Niz p. 225
Foto João Ramid p. 285
Foto Kênia Hernandes p. 294-295
Foto Michel Todel Gorski p. 311, 314
Foto Nelson Kon p. 226, 296
Foto Sascha Harnish p. 84-85, 86, 89

PUBLICAÇÃO
PREFEITURA DE SÃO LUÍS. *Plano da paisagem urbana do município de São Luís.* São Luís, Instituto de Pesquisa e Planejamento do Município/Instituto Municipal de Paisagem Urbana, 2003 – p. 290-291

Depoimentos

Os depoimentos, feitos entre 2015 e 2017, são de familiares, amigos e profissionais com quem Rosa Kliass conviveu e trabalhou ao longo dos anos. Quando presenciais, os depoimentos foram gravados na forma de entrevistas, sempre com a participação de Rosa Kliass. Cinco depoimentos escritos foram enviados por seus autores via e-mail.

Alberto Botti
Anuar Hindi
Benedito Abbud
Célia Kawai
Ciça Gorski
Dange Cardoso
Darwina Neal
Elza Niero
Etale Wainer
Franklin Gindler
Freida Abramovich
Gláucia Pinheiro
Jorge Rappoport
José Luiz Brenna
Josiane Santos
Lajbus Alembick
Luciano Fiaschi
Maria Gorski
Mariana Siqueira
Michel Gorski
Nina Vaisman
Orlando Busarello
Paulo Chaves
Paulo Kliass
Rafael Birmann
Renata Semin
Silvia Levy
Sonia Kliass
Walter Doering

Patrocinadores
Prourb UFRJ
CNPq
Faperj
Fundação Aron Birmann
Elie Horn
Franklin Gindler
Família Kliass
Sandra e Rubens Gorski

Agradecimentos

Adriano Campos
Altimar Cypriano
Ana Lucia Ancona do Amaral
Angela Gordilho Souza
Cybelle Salvador Miranda
Dange Cardoso
Darkon Vieira Roque
Dina Uliana
Denise Barcellos Pinheiro Machado
Eliane da Silva Bessa
Emerson Fioravante
Emiliano Lôbo de Godoi
Esther Stiller
Fernando Luiz Pessoa
Helena Kon
Jamil José Kfouri
José Meiches
Laura Assef
Mauro Meiches
Mirthes Baffi
Nadia Somekh
Nadir Mezerani
Paulo Kliass
Rafael Birmann
Renata Semin
Sonia Kliass
Vilma Peramezza

Agradecimento especial a Josiane Santos e Michel Gorski por suas participações durante todo o processo de desenvolvimento do livro.

Sobre as organizadoras

LUCIA MARIA SÁ ANTUNES COSTA, 1957. Arquiteta (Universidade Santa Úrsula, 1980) e doutora em paisagismo (University College London, 1992). Professora titular da UFRJ, ex-coordenadora do mestrado profissional em arquitetura paisagística (2010-2014) e coordenadora do Grupo de Pesquisas em Arquitetura Paisagística – Paisa, ambos do Prourb FAU UFRJ. Autora e coautora de vários livros tais como *Rios e paisagens urbanas em cidades brasileiras* (Vianna & Mosley, 2006), *Conectividade e resiliência: estratégias de projeto para a metrópole* (RioBooks, 2012). Bolsista de Produtividade em Pesquisa do CNPq – Nível 1D.

MARIA CECÍLIA BARBIERI GORSKI (Ciça Gorski), 1952. Arquiteta e urbanista (Mackenzie, 1976), especialista em arquitetura paisagística (Fupam/Abap/Ifla, 2005) e mestre em arquitetura e urbanismo (Mackenzie, 2008). Foi professora de paisagismo e controle ambiental (PUC-Campinas, 1979-1985), presidente da Abap (1996-1998) e arquiteta do escritório de Rosa Kliass durante cinco anos, e posteriormente, parceira em vários projetos. Autora do livro *Rios e cidades – ruptura e reconciliação* (Senac São Paulo, 2010), ganhador de menção honrosa na categoria crítica da premiação IAB-SP (2010). Atualmente, é sócia-diretora do escritório Barbieri & Gorski Arquitetos Associados (1985).

Conselho editorial

Abilio Guerra
Adrián Gorelik (Argentina)
Aldo Paviani
Ana Luiza Nobre
Ana Paula Garcia Spolon
Ana Paula Koury
Ana Vaz Milheiros (Portugal)
Ângelo Bucci
Ângelo Marcos Vieira de Arruda
Anna Beatriz Ayroza Galvão
Carlos Alberto Ferreira Martins
Carlos Eduardo Dias Comas
Cecília Rodrigues dos Santos
Edesio Fernandes (Estados Unidos)
Edson da Cunha Mahfuz
Ethel Leon
Fernando Alvarez Prozorovich (Espanha)
Fernando Lara (Estados Unidos)
Gabriela Celani
Horacio Enrique Torrent Schneider (Chile)
João Masao Kamita
Jorge Figueira (Portugal)
Jorge Francisco Liernur (Argentina)
José de Souza Brandão Neto
José Geraldo Simões Junior
Juan Ignacio del Cueto Ruiz-Funes (México)
Luís Antônio Jorge
Luis Espallargas Gimenez
Luiz Manuel do Eirado Amorim
Marcio Cotrim Cunha
Marcos José Carrilho
Margareth da Silva Pereira
Maria Beatriz Camargo Aranha
Maria Stella Martins Bresciani
Marta Vieira Bogéa
Mônica Junqueira de Camargo
Nadia Somekh
Otavio Leonidio
Paola Berenstein Jacques
Paul Meurs (Holanda)
Ramón Gutiérrez
Regina Maria Prosperi Meyer
Renato Anelli
Roberto Conduru (Estados Unidos)
Ruth Verde Zein
Sergio Moacir Marques
Vera Santana Luz
Vicente del Rio (Estados Unidos)
Vladimir Bartalini

Kliass, Rosa Grena
　　O livro da Rosa : vivência e paisagens / Rosa Grena Kliass; organizado por Lucia Maria Sá Antunes Costa e Maria Cecília Barbieri Gorski. – São Paulo: Romano Guerra, 2019.

　　336 p., IL.
　　Bibliografia.
　　ISBN: 978-85-88585-88-1

　　1. Arquitetura paisagística
2. Arquitetos brasileiros – Século XX
3. Arquitetos brasileiros – Memórias
I. Costa, Lucia Maria Sá Antunes
II. Gorski, Maria Cecília Barbieri III. Título

　　　　　　　　　　CDD – 712.0981
Ficha catalográfica elaborada pela bibliotecária Dina Elisabete Uliana
　　　　　　　　　　CRB/8-3760

A reprodução ou duplicação integral ou parcial desta obra sem autorização expressa da autora, das organizadoras e dos editores se configura como apropriação indevida de direitos intelectuais e patrimoniais.
© Rosa Kliass
© Lucia Maria Sá Antunes Costa
© Maria Cecília Barbieri Gorski
© Romano Guerra Editora

Romano Guerra Editora
Rua General Jardim, 645
conj. 31 – Vila Buarque
01223-011 São Paulo SP Brasil
Tel: (11) 3255.9535
rg@romanoguerra.com.br
www.romanoguerra.com.br
Printed in Brazil 2019
Foi feito o depósito legal